Ein Radweg zum Mozartjahr 2006

Nougatkugeln und Kreuzfahrtschiffe, Schokoladelikör und Parfum, ein Flughafen, Museen, Straßen, Gassen, Plätze – sie alle tragen seinen Namen. Und jetzt auch noch eine Fahrradtour. Muss das sein, wo doch feststeht, dass Wolfgang Amadeus Mozart sicher selbst nie mit dem Fahrrad auf Reisen ging?

Die Spurensuche an vielen Orten, die Mozart im Rahmen seiner ausgedehnten Reisen besucht hat, kann eine besondere Note gewinnen, wenn sie aus der Perspektive eines Radfahrers erfolgt. Man stellt fest, dass die Reisegeschwindigkeit der Mozarts in ihrem Reisewagen mit Postpferden durchaus vergleichbar ist mit dem Tempo eines Radreisenden.

Der Blick ins Land, die Orte zur Rast könnten ähnlich gewählt sein wie zu Zeiten Mozarts. Kommt dazu, dass Radfahren über längere Strecken und Zeiträume die Sinne des Reisenden schärft, Ausdauersport schafft einen klaren Kopf, mitunter sogar Glücksgefühle, die man im Alltag nicht erlebt – vielleicht vergleichbar mit dem Entschweben der Sinne, wenn man ungestört der Symphonie Nr. 40 in G-Moll lauscht oder eine Aufführung der Zauberflöte erlebt.

Salzburg als Ausgangspunkt des Mozart-Radweges erscheint logisch – und doch gehört ein Schuss Demut dazu. Denn Mozarts Reisen führen meist von Salzburg weg: In seiner Kindheit ist Vater Leopold geradezu manisch getrieben, den Wunderknaben in ganz Europa zu präsentieren, jahrelange Tourneen durch Deutschland, Frankreich, die Niederlande und England, mehrere Reisen nach Italien und Wien verschaffen den Mozarts überall mehr Zuspruch als in ihrer Heimatstadt.

Der erwachsene Mozart kehrt Salzb[illegible] stellung in Wien, Paris, München und Prag [illegible] en Ort, »für mein Metier der beste der We[illegible] einem Brief an seinen Vater wenig Schm[illegible] alzburg und die Ihnwohner – ich spreche vo[illegible] leiden kann; mir ist ihre Sprache, ihre Leb[illegible] unerträglich.«

Der Autor dieser Zeilen, selbst geborener Salzburger, erlebte die Spurensuche auf 600 Kilometern Mozartscher Reiserouten mit dem Fahrrad als sehr beglückend. Prachtvolle Landschaft gepaart mit der Langsamkeit der Fortbewegung und den spannenden Geschichten aus der Biografie Mozarts tagsüber und ein paar Stunden Musikgenuss am Abend sind eine Kombination, die einen Fahrradurlaub durchaus zu einem Gesamtkunstwerk werden lassen kann.

In diesem Sinne wünsche ich allen Spurensuchern am Mozart-Radweg beglückende Erlebnisse.

Martin Uitz

Der Mozart-Radweg

Routenbeschreibung und Informationen für Radwanderer
von Martin Uitz

Die Route im Überblick

Der Mozart-Radweg führt von der Mozartstadt Salzburg ausgehend in das Salzkammergut, dann in einer Schleife über das Salzburger Seenland in Laufen an der Salzach nach Bayern. Über Waginger See und Chiemsee erreicht die Route Wasserburg am Inn und folgt dann dem Innradweg bis nach Kuftstein in Tirol. Über Kössen und Waidring kehrt der Mozart-Radweg zurück ins SalzburgerLand nach Lofer, folgt der Saalach ins bayerische Bad Reichenhall und führt ins Berchtesgadener Land und an den Ausgangspunkt Salzburg zurück. Diese Streckenführung ist rund 420 km lang.

Eine Variante führt von Laufen über Freilassing, Inzell und Ruhpolding durch die Chiemgauer Alpen und verkürzt den Mozart-Radweg um ca. ein Drittel der Gesamtlänge auf rund 280 km. Weitere Varianten führen u. a. von Bad Reichenhall über Marzoll direkt nach Salzburg oder erweitern die Fahrt ins Salzkammergut um Mondsee und Irrsee.

Die Hauptroute des Mozart-Radweges verbindet teilweise die beliebten Flussradwanderwege an Saalach, Salzach und Inn, den Tauernradweg und den Innradweg, dazwischen gibt es aber immer wieder Abschnitte, bei denen kleinere Steigungen zu überwinden sind. Die Höhenunterschiede sind aber nicht sehr groß. Recht hügelig ist hingegen die Variante durch die Chiemgauer Alpen zwischen Teisendorf und Kössen. Generell sollte man ein Fahrrad mit moderner Übersetzung (drei Zahnkränze vorne, sechs bis neun hinten) wählen, um für die Steigungen gerüstet zu sein.

Der 420 km lange Mozart-Radweg ist eine geschlossene Runde, ein Einstieg ist daher im Prinzip in jedem Ort an der Route möglich. Für Mozartfreunde dürfte allerdings die Mozartstadt Salzburg logischer Ausgangspunkt für die Radtour sein, so ist auch die Beschreibung abgefasst. Im Text ist eine empfohlene Hauptroute beschrieben und in der Karte mit einem dicken, grünen Strich verzeichnet, die Varianten zur Hauptroute sind mit orangem Strich gekennzeichnet, sonstige überregionale Radwege sind in dünnem grünen Strich kartografiert.

Die vorliegende Routenbeschreibung empfiehlt die Befahrung des Mozart-Radweges in Richtung gegen den Uhrzeigersinn, obwohl die Beschilderung in beiden Richtungen vorhanden sein wird. Die empfohlene Richtung ermöglicht in der Regel, Bergstrecken von der »angenehmeren« Seite zu befahren, jedoch ist eine Befahrung im Uhrzeigersinn ebenfalls durchaus möglich.

Streckenlänge, Straßenzustand und Zeitplan

Die Hauptroute des Mozart-Radweges ist 420 km lang, die vielen Ausflugs- und Ergänzungsmöglichkeiten erstrecken sich über nochmals gut 200 km. Der Wegbelag ist auf den bayerischen Streckenabschnitten zu ca. 60% Kies oder Schotter, der Rest verläuft auf meist verkehrsarmen Asphaltstraßen oder Radwegen.

Auf den Salzburger und Tiroler Abschnitten ist Asphaltbelag vorherrschend, gekieste Strecken sind hier nur in einem Ausmaß von ca. 20% der Wegstrecke anzutreffen. Ein gutes Trekking Rad mit nicht allzu grober Bereifung ist für den Mozart-Radweg daher ideal geeignet.

Wer die volle Mozart-Radweg Route ausfahren will, sollte dafür mindestens eine Woche Zeit haben. Die Abkürzungen über die Chiemgauer Alpen oder Bad Reichenhall verkürzen das Programm um zwei Tage. Genießer planen einen zweiwöchigen Urlaub am Mozart-Radweg und verbinden die Radtour mit einer Fülle von Ausflügen, auf die im Text hingewiesen wird. Auch gibt es an vielen Orten der Route Kulturveranstaltungen mit Mozart Bezug, die Palette reicht von den Salzburger Festspielen im Juli und August über Mozart Konzerte auf Schloss Amerang in Bayern bis zu einem volksnahen Theaterstück über den Mozart Zeitgenossen Anton Cajetan Adlgasser in Inzell. Die Radroute führt außerdem an einigen der schönsten Badeseen Salzburgs, Bayerns und Tirols vorbei, ein Grund mehr, einen großzügigen Zeitplan zu wählen.

An- und Abreise

Als Einstiegsort eignet sich im Prinzip jeder Punkt an der Route, da sie sich in einem großen Kreis schließt.

● **mit der Bahn**

Für die Anreise mit der Bahn bietet sich die Stadt Salzburg als Ausgangspunkt an, da hier alle Intercity-Züge aus Deutschland sowie innerösterreichisch aus Wien, Villach und Innsbruck halten. Die Radmitnahme ist innerhalb Österreichs auf den meisten Zügen möglich, aus Deutschland hingegen muss man die Räder in der Regel eine Woche vorher aufgeben. Der Salzburger Hauptbahnhof ist Grenzbahnhof zwischen Österreichischer und Deutscher Bahn, was den Vorteil hat, dass man je nach Herkunft nur die Radmitnahmebestimmungen der jeweiligen Bahn beachten muss.

Eine Alternative für eine innerdeutsche Bahnanreise ist Rosenheim, wo ebenfalls viele Intercity- und alle Regionalzüge halten.

- **mit dem Auto**

Für die Anreise mit dem Auto eignen sich außerhalb der Stadt Salzburg besonders Eugendorf und Thalgau, in Bayern Rosenheim, Teisendorf und Bad Reichenhall, die alle nahe der Autobahn München – Salzburg liegen. Da man wieder an den Ausgangspunkt zurückkehrt, kann man in diesen Orten das Auto meist ohne Probleme beim gebuchten Quartier stehenlassen und sich auf die Tour begeben.

Die im Text erwähnten fahrradfreundlichen Hotels und Pensionen offerieren dies als zusätzlichen Service.

Beschilderung

Der Mozart-Radweg wird im Laufe des Jahres 2003 einheitlich beschildert (siehe Abbildung der Musterschilder für Salzburg und Bayern nebenan), allerdings ist wohl erst mit Saisonbeginn 2004 damit zu rechnen, dass alle Streckenabschnitte verlässlich als Mozart-Radweg markiert sind. Daher wird in der Beschreibung auch auf die jeweils für den Streckenabschnitt bereits vorhandene Beschilderung verwiesen:

- Im Salzburger Bereich stehen große grüne Tafeln im Hochformat (siehe Musterschild). Die Beschilderung ist weitgehend kombiniert mit dem »Tauernradweg« oder dem »Salzkammergutradweg«.
- Im Bayerischen Abschnitt ist der Routenverlauf zwischen Wasserburg und der Tiroler Grenze mit grün-weißen Tafeln mit Radfahrersymbol und der Bezeichnung »Inntal« markiert, über einige Teilstrecken verläuft der Mozart-Radweg auf dem »Alz-Inn-Radweg«, dem »Klosterweg«, dem »von Baum zu Baum«-Weg oder dem »Chiemgauer Radweg«.
- Im Tiroler Streckenbereich gibt es kleine grüne Radwegweiser, die jeweils in den nächsten Ort weisen.

Die beste Jahreszeit

Die besten Reisemonate sind Mai, Juni, September und Oktober. Im Hochsommer haben die Orte an den Badeseen Hochsaison, was mehr Verkehr besonders auf den Ausflugsstraßen und manchmal Probleme bei der Quartiersuche für nur eine Nacht mit sich bringt.

Das richtige Fahrrad

Ideal für die Hauptroute des Mozart-Radweges sind moderne Trekkingräder mit drei Zahnkränzen vorne und sechs bis neun Kränzen hinten. Leichte Tourenräder mit 3-Gang-Schaltung, Mountain Bikes, Rennräder oder behäbige City Bikes sind für die Befahrung ungeeignet.

Übernachtungsmöglichkeiten

Unterkünfte gibt es fast in jedem Ort entlang der Strecke in allen Preisklassen. Viele Gemeinden sind bereits seit Mitte des vorigen Jahrhunderts touristische Zentren, klassische Sommerfrischen oder Kurorte, im südlichen Abschnitt des Mozart-Radweges liegen auch bekannte Wintersportorte. Gastfreundschaft und ein qualitätsvolles touristisches Angebot haben hier Tradition.

Außerhalb der Hochsommermonate sollte es kein Problem sein, Quartier auch ohne Vorbestellung und auch für nur eine Nacht zu bekommen, die örtlichen Tourismusverbände helfen gerne bei der Suche. Im Juli und August sollte man besser zumindest tageweise im Voraus reservieren.

Im SalzburgerLand sind auf Radler spezialisierte Betriebe mit der Fahne »Radfahrer willkommen« gekennzeichnet. Diese Betriebe haben sich auf die Zielgruppe der Radfahrer spezialisiert und sind eigens darauf eingestellt, Gäste am Mozart-Radweg auch für »nur« eine Nacht aufzunehmen. Außerdem findet man hier radfahrerfreundliche Verpflegungsangebote, Radlergetränke, versperrbare Einstellplätze für die Räder sowie Informationen und Kartenmaterial über die Radroute und mit dem Fahrrad erreichbare Sehenswürdigkeiten. Diese Betriebe sind außerdem im Textteil bei den Ortsinformationen aufgelistet.

Im Bayerischen Abschnitt gibt es ebenfalls radfreundliche Betriebe, die den obigen Kriterien entsprechen und im Textteil angeführt sind, es gibt jedoch kein einheitliches Kennzeichnungssystem durch die beschriebene Radlerfahne. Im Tiroler Abschnitt gibt es keine besondere Kennzeichnung von fahrradfreundlichen Betrieben an der Strecke.

Besonders verwiesen sei auf jene Hotels und Pensionen, die im vorliegenden Routenführer inseriert haben und dadurch ihr besonderes Interesse an Fahrradtouristen bekunden.

Pauschalangebote oder individuelles Reisen

Einige Reiseveranstalter offerieren bereits den 2003 eröffneten Mozart-Radweg inklusive Gepäcktransport und voraus reservierten Quartieren. Auf Wunsch werden auch Leihräder und Reiseleitung samt Begleitfahrzeug beigestellt.

Kombinationsmöglichkeiten

Der Mozart-Radweg lässt sich – entsprechendes Zeitangebot vorausgesetzt – sehr gut mit anderen populären europäischen Radrouten kombinieren:

- **Tauernradweg:** Weiterfahrt ab Oberndorf/Laufen entlang der Salzach nach Norden bis Passau und an den Donauradweg oder
  Weiterfahrt ab Lofer an der Saalach Richtung Zell am See und weiter nach Krimml
- **Salzkammergutradweg:** Weiterfahrt ab St. Gilgen nach Bad Ischl, Hallstatt ins Ausseerland und an Traunsee und Attersee
- **Innradweg:** Weiterfahrt ab Wasserburg nach Norden bis Passau und an den Donauradweg oder Weiterfahrt ab Kufstein den Inn aufwärts nach Innsbruck und ins Engadin bis St. Moritz

Für Tauernradweg, Salzkammergutradweg, Innradweg und Donauradweg sind im Verlag Schubert & Franzke vom gleichen Autor Radwegeführer erschienen.

Zusätzliche Informationen

Wenn Sie zur Vorbereitung noch weitere Informationen benötigen, wenden Sie sich bitte an die örtlichen Tourismusverbände oder an

- **SalzburgerLand**, Postfach 1, A-5300 Hallwang bei Salzburg
  Tel. +43(0)662/6688, Fax +43(0)662/668866
  E-Mail **info@salzburgerland.com** Internet **www.salzburgerland.com** **www.mozartradweg.com**
- **Tourismusverband Chiemgau**, D-83278 Traunstein
  Tel. +49(0)861/58555, Fax +49(0)861/64295
  E-Mail **info@chiemgau-tourismus.de** Internet **www.chiemgau-tourismus.de**
- **Tirol Werbung**, Maria-Theresien-Straße 55, A-6010 Innsbruck
  Tel. +43(0)512/7272, Fax +43(0)512/7272-7
  E-Mail **tirol.info@tirolwerbung.at** Internet **www.tirol.at**

Literaturhinweis:

Wer mehr aus der Biografie der Mozarts und über ihre Reisen nachlesen möchte dem seien die folgenden Bücher empfohlen:

Erich Valentin: Zwischen Salzburg und München. Die Familie Mozart in Südostbayern.
Das Buch ist derzeit vergriffen, soll jedoch neu aufgelegt werden. Anfragen und Vorbestellungen an: Nachlass Erich Valentin c/o Clara Ostern, Maillingerstraße 12, D-83043 Bad Aibling, Tel.:+49(0)8061/7714

Walter M. Weiss: Auf den Spuren von Wolfgang Amadeus Mozart. Ein biographischer Reiseführer durch Salzburg, Prag & Wien.
Verlag Christian Brandstätter, ISBN 3-85447-686-9

Die Reisen der Familie Mozart

Mit Reisekutsche und Postpferden war Familie Mozart häufig unterwegs, die Reisen dauerten bis zu drei Jahre und führten dazu, dass Wolfgang Amadeus und seine Schwester Nannerl die italienische, englische, französische und niederländische Sprache erlernten. Zweck der Reisen war meist das Vorspielen bei Hofe und bei wohlhabenden Familien, aber auch die Suche nach Anstellung spielte eine Rolle. Kaum zu glauben, dass eine Familie mit ihren Kindern im 18. Jahrhundert ein so umfangreiches Reiseprogramm absolvieren konnte.

Jänner 1762:
dreiwöchiger Aufenthalt von Vater Leopold mit Wolfgang (damals 6 Jahre alt) und Nannerl in München.

Oktober 1762:
Erste Wien Reise, über Passau und dann per Schiff; Vorspiel des 6jährigen bei Kaiserin Maria Theresia in Schönbrunn. Aufenthalt in Preßburg, Vorspiel bei ungarischen Adeligen. Hier kauft Vater Leopold einen privaten Reisewagen.

Juni 1763 – November 1766:
Dreieinhalbjährige Europatournee. Familie Mozart gastiert in Deutschland (u.a. in München, Augsburg, Ulm, Heidelberg, Mannheim, Frankfurt, Köln und Aachen), fährt dann in das heutige Belgien (Lüttich, Brüssel) und weiter nach Paris, wo sie 5 Monate bleiben. Im April 1764 geht die Reise über Calais und Dover nach London, Mozart spielt am Hofe König George III. und bereist ganz England. Nach 15 Monaten in England kehren die Mozarts auf den Kontinent zurück, konzertieren in Gent und Antwerpen und bleiben dann 6 Monate in den Niederlanden, wo sie u.a. in Amsterdam, Den Haag, Haarlem und Utrecht auftreten. Wolfgang und Nannerl erkranken beide lebensbedrohlich an Bauchtyphus. Im Mai 1766 reisen sie über Brüssel nochmals nach Frankreich, neben Paris diesmal auch nach Dijon und Lyon. Im Spätsommer erreichen sie die Schweiz (Genf, Lausanne, Bern, Zürich). Im Oktober und November 1767: Heimreise über Schaffhausen, Donaueschingen und München.

September 1767 – Dezember 1768:
Die Mozarts verbringen die meiste Zeit in Wien, flüchten vor einer Blattern-Epidemie nach Böhmen, trotzdem erkranken die beiden Kinder an der gefährlichen Krankheit. Intrigen gegen das »Wunderkind« in Wien, schließlich Heimkehr nach Salzburg.

Dezember 1769 – März 1771:
Vater Leopold und Sohn Wolfgang reisen nach Italien, Konzerte und Opernaufführungen in Mailand, Rom, Florenz, Bologna, Parma, Venedig, Verona, Rovereto und vielen anderen Städten.

August – Dezember 1771:
Zweite Italienreise, wieder nach Mailand und in die oberitalienischen Musikmetropolen.

Oktober 1772 – März 1773:
Dritte Italienreise, großer Erfolg im Karneval mit der Oper »Lucio Silla«.

Juli – September 1773:
Vater und Sohn Mozart wieder in Wien.

Dezember 1773 – März 1774:
Vater Mozart mit Amadeus und Nannerl in München.

August 1777:
Wolfgang Amadeus Mozart ersucht um Entlassung aus dem Dienst des Erzbischofs von Salzburg, um frei reisen zu können.

September 1777 – Jänner 1780:
Mozart reist mit seiner Mutter nach München und Mannheim, sucht vergeblich Anstellung am Hofe des Pfalzgrafen. Im März 1778 Weiterreise nach Paris, wo Mutter Anna Maria im Juli stirbt. Wolfgang bleibt bis September, kehrt dann nach Mannheim zurück, während sein Vater in Salzburg erfolgreich die Wiedereinstellung des jungen Musikers am Hofe des Erzbischofs betreibt.

Doch trotz aller väterlichen Ratschläge will Amadeus nicht mehr zurück nach Salzburg. Die Zeit der reisenden Familie Mozart ist vorbei. Der seine Unabhängigkeit liebende, erwachsene Wolfgang Amadeus Mozart lebt hauptsächlich in Wien mit Aufenthalten in Prag und München und seltenen Besuchen bei seinem Vater in Salzburg.

Verzeichnis der in dieser Radkarte beschriebenen Orte

Impressum:

Medieninhaber, Herausgeber und Verleger: Schubert & Franzke Gesellschaft m.b.H.
in Zusammenarbeit mit der SalzburgerLand Tourismus Gesellschaft m.b.H.

Idee und Konzeption: Schubert & Franzke
Text: Dr. Martin Uitz
Titelbild: SalzburgerLand
Gesamtherstellung: Schubert & Franzke Gesellschaft m.b.H., Kartografischer Verlag, A-3100 St. Pölten, Kranzbichlerstraße 57, Tel. +43(0)2742/78501-0, Fax 78501-15, E-Mail office@schubert-franzke.com
Druck: Universitätsdruckerei Klampfer, Weiz.
Alle Angaben wurden mit größter Sorgfalt erhoben, erfolgen jedoch ohne Gewähr und erheben nicht Anspruch auf Vollständigkeit. Stand: Mai 2003. ISBN 3-7056-0907 6

Symbolerklärung

- Bahnhof
- Apotheke
- Krankenhaus
- Information
- Radverleih
- Service / Reparatur-werkstätte
- Radverleih & Service
- Radtaxi
- Campingplatz
- Freibad
- Hallenbad
- Burg
- Kirche, Kloster
- Schloss
- Museum, Ausstellung
- Schifffahrt
- Schaubergwerk, Schauhöhle
- Bergbahn
- andere Sehenswürdig-keiten
- Radfreundlicher Betrieb im SalzburgerLand (siehe Seite 5)
- Radfreundlicher Betrieb

Zeichenerklärung

- A10 S6 Autobahn, Schnellstraße
- 17 21 Hauptverbindung
- Wichtige Nebenverbindung
- Sonstige Straße
- Fahrweg
- Karrenweg
- Fußweg
- Bhf. Eisenbahn m. Bahnhof
- Gewässer
- B./Res./Q. Brunnen, Reservoir, Quelle
- Staatsgrenze
- Landesgrenze
- Bebauung
- Wald
- Friedhof
- Weingarten
- Naturschutzgebiet Nationalpark
- Kirche, Kapelle
- Bildstock, Bildbaum
- Schloss, Schifffahrt
- Burg / Ruine
- Aussichtswarte
- Denkmal
- Wegkreuz
- Höhenkote
- Höhle
- Kraftwerk / Trafo
- Flugplatz
- Bergwerk
- Gasthaus
- Sendeanlage
- Öl- / Gasbehälter
- Campingplatz
- Museum
- Grenzübergang international

Radwege

- Hauptroute
- Variante
- Hauptroute auf mäßig befahrener Straße
- Variante auf mäßig befahrener Straße
- Hauptroute auf stark befahrener Straße
- Variante auf stark befahrener Straße

Verbindung Laufen / Kössen

- Hauptroute
- Hauptroute auf mäßig befahrener Straße
- Hauptroute auf stark befahrener Straße

Maßstab 1 : 50 000

0 1 2 km 3 km 4 km

Eine Blattübersichtskarte finden Sie auf den Seiten 146/147!

SALZBURG

Lehen
Froschheim
Mülln
Burgfried
Neu-Maxglan
Riedenburg
Mönchsberg
Rainberg
Salzach
Ignaz-Harrer-Straße
Saint-Julien-Straße
Rudolf-Biebl-Straße
Maxglaner Hauptstr.
Neutorstraße
Moosstraße
Leopoldskronstraße
Sinnhubstraße
Nußdorferstraße
Leopoldskroner Allee
Guggenmoosstraße
Franz-Martin-Straße
Schumacherstraße
Tulpenstraße
Scherzhauserfeldstr.
Nelkenstraße
Friesachstr.
Siebenstädterstraße
Schießstattstraße
Lehener Park
Casino Stadion
Rosengasse
Hans-Sachs-Gasse
Makartkai
Josef-Mayburger-Kai
Bergheimer Straße
Elisabethstraße
Hotel Hohenstauffen
Wohnheim f. alkoholkranke Männer
General-Arnold-Str.
HBLA für wirtsch. Berufe
Landes-Taubstummenanstalt
Blindenheim
Kuenburgstr.
Strubergasse
Städt. Gaswerk
Studentenheim
Bundesgymnasium
Berufsschule
Fernheizwerk E-Werk Mitte
Wallnergasse
Zaunergasse
Gymn.
St.-Johannsspital Landeskrankenanstalten Salzburg
Mutterhaus
Salzachgasse
Müllner Hauptstraße
Augustinerkloster Mülln
Elisabethkai
Markus-Sittikus-Str.
Auerspergstraße
Salzburg Congress
Kurhaus
Kurgarten
Schloss Mirabell
Zwerglgarten
Bastionsgarten
Mirabellgarten
BA f. Kinderg. pädag.
Müllnersteg
Evang. Kirche
Mozarteum
Landestheater
Hochschule für Musik
Aiglhof
Aiglhofstraße
Wartelsteinstr.
Augustinergasse
Mönchstein 490
Johannes-Schlößl
Marketender-Schlößl
Klausentor
Ursulinenpl.
Markuskirche
Franz-Josef-Kai
Sender
Museumspl.
Makartsteg
Anton-Neumayr-Pl.
Ferd.-Hanusch-Pl.
Griesgasse
Bürgerspitalpl.
Getreidegasse
Bürgerwehr
Universität
Festspielhaus
Siegmundstor
Karolinenhöhe 506
Toscanini
Richterhöhe 508
Villagasse
Gärtnerstr.
Römergasse
Bindergasse
Ganshofstraße
Mühlbach
Wiesbauerstraße
Pillweinstraße
Bayernstraße
Hotel Kur Post
Reichenhaller Straße
Hübnergasse
Riedenburger Str.
Sporthalle
Riedenburgkaserne
Rainbergstraße
Neutorstraße
Hildmannplatz
Akademisches Gymnasium
Dr.-Ludwig-Prähauser-Weg
Am Rainberg
Stiegl-Brauerei
Huemer park
Franz-Huemer-Straße
Sanatorium Dr. Pierer
Gorianstr.
Leopoldskronstraße
Wolfgang-Schaffler-W.
St.-Peter-Weiher
Almkanal
Haslbergerweg
Rosittengasse
Nico-Dostal-Str.
Mörkweg
Carl-Orff-Straße
Lanserhofstraße
Leopoldskroner Schwimmbad
Schloss Leopoldskron
Leopoldskroner Teich
König-Ludwig-Straße
Königswäldchen
Von Großgmain Bad Reichenhall
Stadtgärtnerei
Kleingart. Siedlung
Wilhelm-Backhaus-Str.
Firmianstraße
Glan-Treppelweg
0 250 500 750 m

Frachtenbahnhof
Hst. Gnigl
Gnigler Straße
Samerg.
Samergasse
Stabauerg.
Bayerhamerstraße
Käutzlgasse
Altgasse
Steinhauserstraße
Robinighof
Lokalbhf.
Südtiroler Platz
Lastenstraße
Weiserhofstraße
Breitenfelderstraße
Pelikanstr.
Röcklbrunnstraße
Schallmoos
Vogelweiderstraße
Aglassingerstraße
Merianstr.
Salzburg-AG
Merianstraße
Hertwigstr.
Funkestr.
Rottmerstraße
Robinigstraße
Richard-Kürth-Str.
Röcklbrunnstraße
Harpff-Str.
Paracelsusstraße
Dr.-Hans-Lechner-Park
Pauernfeindstr.
Wilhelmsederstraße
Linzer Bundesstr.
Fürbergstraße
Gabelsbergerstraße
Weitmoserstr.
Sterneckstraße
Rotes Kreuz Zentrale
Dr.-Karl-Renner-Straße
Canavalstraße
Gablerstraße
Fritschgasse
I.-Härtl-Str.
Privatklinik Wehrle
Lasserstraße
Synag.
Forstdir.
Auerspergstraße
Rupertgasse
Grillparzerstr.
E.-Kofler-G.
Feuerwehr
Doblerweg
VHS
Haydnstraße
Wolf-Dietrich-Straße
Nat. bank
Virgilg.
Arnog.
Schallmooser Hauptstraße
Innere Stadt
Eberhard-Fugger-Str.
VS
HS
St. Andrä
Schrannengasse
Bezirks-schulr.
Vierthalerstr.
Glockeng.
Paris-Lodron-
Loreto-Kirche
Franziski-Schlößl
BUSTERMINAL NORD
Bruderhof
St. Sebastian
Bayr. Aussicht 573
Bergstraße
Dreifaltigkeitsg.
Priesterhausg.
Linzer Gasse
Kapuzinerberg
Äußerer Stein
Schloss Fürberg
Stadtaussicht 608
Ledererg.
Imbergstiege
Kapuziner-Kloster
Borromäumstraße
Platzl
Johannis-Kirchlein
Staatsbrücke
Steingasse
Pausingerstraße
Blumensteinstr.
Borromäum
Giselakai
Robert-Jungk-Platz
Imbergstraße
Rehlingenstr.
Gaisbergstraße
Stöcklstraße
Rathaus
Rudolfskai
Mozartsteg
Arenbergstraße
G.-Schuchter-St.
Elsenheimstraße
Judengasse
Waagpl.
Mozartpl.
Landesschulrat
Dr.-Varnschein-G.
Unfall-Krankenhaus
Arenberg-Schloss
Bürglstein 451
Volksschule
Residenzpl.
Dr.-F.-Rehrl-Platz
Bürglsteinstraße
Aigner Straße
Dom
Neugebäude
Landhausg.
Karolinenbrücke
Gersbach
Hermann-Bahr-Promenade
Franziskanerg.
Residenz
Dompl.
Chiemseeg.
Basteig.
Volksgartenbad
Mildenburgg.
Mayr-Melnhof-G.
Lilli-Lehmann-G.
Prälat-Winkler-Str.
St.-Peter-Stift
Kapitelpl.
Kapitelg.
Altstadthotel Weiße Taube
Landesreg.
Kajetanerpl.
Rudolfsplatz
Polizeikaserne
Künstlerhaus
Franz-Josef-Park
Volksgarten
Finanzlandesdirektion
Finanzamt Sbg. Land
Festungsgasse
Herreng.
Landesgericht
Nonnbergstg.
Schanzlg.
Ignaz-Rieder-Kai
Katze
Stift Nonnberg
Tarnoczyg.
Schartentor
Kokoschka-Weg
VS
HS
BG
Hellbrunner Straße
Franz-Hinterholzer-Kai
Josef-Preis-Allee
Kalt-Winkler-Str.
Rennbahnstraße
Hohensalzburg
Nonnberggasse
Erhardg.
Erhardplatz
Petersbrunnstraße
Union-Sportanlage
Sporthalle
Johannes-Filzer-Straße
H.-Sedlmayr-W.
Nonntaler Hauptstraße
Zugallistr.
BUSTERMINAL SÜD
SAK-Sportanlage
St. Josef
Landesgendarmeriekommando
Tauernradweg
Mühlbacherhofweg
Hans-Sedlmayr-Weg
Almg.
Kindergarten
Erzbischof-Gebhard-Str.
Erzabt-Klotz-
V.-Keldorfer-Str.
Haus d. Jugend
Freibad Alpenstraße
Alpenstraße
Uni-Institute
Akademiestraße
BRG
BORG
Pädagogische Akademie
VS
Fürstenallee
Nonntal
Peregrinstr.
Wäschergasse
Freisaalweg
Hellbrunner Straße
Solari-straße
Mascagnigasse
Franz-Hinterholzer-Kai
Hanns-Donnenberg-Park
Pfadfinderw.
Städt. Altersheim
Asperg.
Dariog.
Falstaffgasse
G.-Wagner-G.
Landesregierung
P.-Singer-G.
ORF-Landesstudio
Paris-Lodron-Universität
Menschenrechtspl.
Michael-Pacher-Straße
Hofkirchenstr.
Hellbrunner Bach
Konrad-Laib-Str.
U.-Schreier-Str.
Alter Militärfriedhof
Beethovenstr.
Schloss Freisaal
Erasmus-Stratter-Str.
Max-Reichlich-Str.
Anton-Bruckner-Str.
Hans-Pfitzner-Str.
Hofhaymer Allee
Bocksbergerstr.
Enzingerg.
Alpenstr.
Franz-Schalk-Str.
Friedensstraße
Hellbrunnerstraße
VS
St. Erentrudis
Kleingmainer G.
HS
Von Berchtesgaden/Anif

Salzburgerland C.M. Hutter

Die Festung Hohensalzburg überragt die Türme von Dom (links) und Altem Rathaus

Die Mozartstadt Salzburg ist Ausgangspunkt unserer Reise am Mozart-Radweg. Eine ausführliche Stadtbesichtigung mit besonderer Würdigung jener Plätze und Orte, die im Leben Wolfgang Amadeus Mozarts eine Rolle spielten, kann man auch mit dem Fahrrad unternehmen.

Dazu könnte man folgende Route wählen:

Wir beginnen unsere Mozartische Radrundfahrt am Makartplatz Nr. 8 beim rekonstruierten Mozart Wohnhaus, dem sogenannten Tanzmeisterhaus.

Das Mozart Wohnhaus

Im Jahre 1773 war den Mozarts ihre Wohnung in der Getreidegasse endgültig zu eng geworden, sie übersiedelten in den damals noch jungen Stadtteil an das rechte Salzachufer auf den Hannibalplatz (heute Makartplatz). Lorenz Specker, der Hausbesitzer, gab hier seit Beginn des Jahrhunderts Tanzstunden, daher der Name »Tanzmeisterhaus«. Die Mozarts bewohnten eine geräumige 8-Zimmer-Wohnung. Wolfgang Amadeus Mozart lebte hier bis 1780 und während seines Besuches von August bis Oktober 1783, sein Vater Leopold bis zu seinem Tode 1787. Wolfgang Amadeus Mozart arbeitete hier an 150 Werken, darunter den Opern »Il re pastore«, »Idomeneo« und »La finta giardinaiera«.

Am 16. Oktober 1944 traf eine Fliegerbombe während des ersten alliierten Luftangriffes auf Salzburg das Haus und zerstörte es teilweise. Nach dem Krieg entstand aus der Ruine ein schmuckloses Bürohaus. 1989 erwarb die Stiftung Mozarteum das Haus, rief zu einer weltweiten Bausteinaktion auf und rekonstruierte mit den Spendengeldern das Gebäude. Seit 1996 ist es neben dem Geburtshaus das zweite Mozartmuseum in Salzburg mit modern ausgestatteten Schauräumen, einer Tonbildschau und einem Shop.

Mit dem Fahrrad überqueren wir die Schwarzstraße und biegen beim Hotel Sacher Salzburg auf den Radweg am Salzachufer links ein. Wir kommen an der Terrasse des traditionsreichen Café Bazar vorbei und nehmen die Unterführung unter der Staatsbrücke. Wir folgen dem Radweg bis zum Mozartsteg, biegen rechts ab und schieben das Fahrrad an die andere Seite der Salzach. Geradeaus erreichen wir so den Mozartplatz mit dem Mozartdenkmal. Links könnten wir einen Abstecher zum Papagenoplatz machen, wo die berühmte Figur aus der Zauberflöte seit 1960 einen Brunnen ziert.

Bei Haus Nummer 8 am Mozartplatz erinnert eine Gedenktafel daran, dass hier am 6. März 1842 Constanze Nissen, geborene Weber und in erster Ehe mit Wolfgang Amadeus Mozart verheiratet, starb. Auch ihre Schwester Sophie, Mozarts treue Pflegerin in seiner Todeskrankheit, verstarb in diesem Haus am 26. Oktober 1846.

Das Mozartdenkmal in Salzburg

Erst 1835, also 44 Jahre nach Mozarts Tod, beschließt der Museumsverein in Salzburg, dem Andenken des Komponisten ein Denkmal zu widmen. Konzerte und Sammlungen werden veranstaltet, bis eine ansehnliche Summe zur Verfügung steht, um das Werk in Auftrag zu geben. Der damals vielbeschäftigte Münchner Bildhauer Ludwig von Schwanthaler fertigt 1840 vorerst ein Tonmodell an, in der Münchner Erzgießerei Johann Stiglmaier wird die Statue 1841 in Bronze gegossen. Erst 1842, nach Fertigstellung der Marmorfundamente in Salzburg, wird die Statue in München auf die Reise geschickt. Münchner Chronisten bedauern aus diesem Anlass das gestörte Verhältnis der Münchner zu Mozart. Schließlich wäre er gerne am Hof in München geblieben, allenfalls angestellt worden, doch war sein Idomeneo seinerzeit glatt durchgefallen und hatte Mozart damals die Stadt ohne Lorbeer verlassen. Im »Bayerischen Eilboten« wird die ebenfalls recht glanzlose Verabschiedung der Mozart Statue mit dem Nachsatz kommentiert »Zum zweiten Male musste der König der Musik ohne Sang und Klang unsere Stadt verlassen.«

Ganz anders, nämlich festlich und begeistert gestaltete sich die Durchfahrt der überlebensgroßen Statue durch Wasserburg am Inn (siehe: Die Mozartstadt Wasserburg, Seite 74).

Am 4. September 1842 fand im Beisein beider Mozart-Söhne die feierliche Enthüllung des Denkmals in Salzburg statt. Franz Xaver Wolfgang Mozart dirigierte dabei eine von ihm zu Ehren seines Vaters komponierte Festkantate.

Am Mozartplatz finden wir auch die Tourismus Information der Stadt Salzburg. Gleich an den Mozartplatz schließt der Waagplatz an.

Rund um den Waagplatz

Der Waagplatz hat seinen Namen von der öffentlichen Waage, die im Gebäude des heutigen Café Glockenspiel untergebracht war. An Nr. 1 befand sich die »Städtische Trinkstube«, ebenso wie der traditionsreiche Gasthof »Zum Mohren« in der benachbarten Judengasse von der Familie Eizenberger betrieben.

Der Waagplatz ist der älteste Marktplatz Salzburgs, das Gebäude auf Nr. 1 wohl einer der ältesten Beherbergungsbetriebe der Stadt. Hier logierte schon der Südtiroler Minnesänger Oskar von Wolkenstein, zu Mozarts Zeiten stiegen hier italienische Operntruppen ab, zu deren Aufführungen Wolfgang Amadeus Mozart Einlagen (die heutigen Konzertarien KV 209, 210, 217, 255 und 256) beisteuerte.

Die benachbarte Michaelskirche gilt als älteste Stadtpfarrkirche. Sie birgt eine 1770 von Johann Rochus Egedacher geschaffene Brüstungsorgel, die vom Institut für Musikwissenschaft der Paris-Lodron-Universität hervorragend restauriert wurde und somit ein Originalmusikinstrument aus der Zeit Mozarts darstellt.

Das Geburtshaus des Lyrikers Georg Trakl, ebenfalls am Waagplatz, gehörte zu Mozarts Zeiten der Familie Freysauf zu Neudeck, an deren Namen heute noch der Freysauf-Keller im Restaurant »K&K am Waagplatz« erinnert. Leopold Mozart war mit der Familie gut bekannt.

Das barocke Gebäude rechts daneben liegt bereits am Mozartplatz (Nr. 4) und war im 18. Jahrhundert im Besitz des Hofkanzlers von Antretter, für dessen Familie Wolfgang Amadeus Mozart mehrere Stücke komponierte (u.a. das Divertimento KV 167a).

Mit dem Fahrrad übersiedeln wir jetzt auf den Residenzplatz, flankiert von Dom, Alter und Neuer Residenz und dem Glockenspiel. Seit 1705 erklingen hier dreimal täglich (7.00, 11.00 und 18.00 Uhr) seine im Turm untergebrachten 35 Glocken.

Zwischen Dom- und Residenzplatz

Im zwischen 1610 und 1628 nach Plänen Santino Solaris errichteten, frühbarocken Salzburger Dom empfing Wolfgang Amadeus Mozart am 28. Jänner 1756 das Sakrament der Taufe. Seine Eltern heirateten im Jahre 1747 im Dom.

Als Hoforganist, der Wolfgang Amadeus Mozart von 1779 bis 1781 war, bediente er häufig die prachtvolle Orgel, mit fast 10.000 Pfeifen und 120 Registern nach der Orgel im Wiener Stephansdom die zweitgrößte in Österreich. Die meisten Messen, Litaneien und Kirchengesänge aus Mozarts Hand wurden hier im Dom erstaufgeführt.

In der Alten Residenz trat der junge Mozart als Violine spielender Wunderknabe das erste Mal vor Fürsterzbischof Schrattenbach auf. Die Oper »Il re pastore« wurde hier 1775 uraufgeführt, so wie viele andere seiner Werke hier erstmals erklangen.

Ein paar Meter weiter erreichen wir den Alten Markt, wo wir rechts die Konditorei Fürst sehen, Heimat der echten Salzburger Mozartkugel. Gegenüber liegt das beliebte Café Tomaselli, zu Zeiten Mozarts bereits ein Kaffeehaus, in dem Wolfgang Amadeus Mozart oft verkehrte.

Meister des Brennsuppn-Kaffee

Mit diesem wenig schmeichelhaften Attribut kritisierte Mozart die Qualität der »Staigerschen Caffetterie«. Er verwies weiters auf »schimmlichte Limmonade, Mandl-Milch ohne Mandeln und Erdbeergefrorenes voll Eisbrocken«, war aber trotz dieser harschen Kritik oft zu Gast im auch »Gwölb« genannten Lokal, wo man Billard spielte und sogar Theateraufführungen stattfanden.

Neben dem Kaffehaus, auf Nummer 19, wohnte für kurze Zeit im Jahre 1833 die zum zweiten Mal verwitwete Constanze.

Am unteren Ende des Alten Marktes beginnt links die Getreidegasse, durch die wir unser Fahrrad schieben müssen. Auf Nummer 9, im Hause der Familie Hagenauer, erblickte Wolfgang Amadeus Mozart am 27. Jänner 1756 das Licht der Welt. Auch seine Schwester Nannerl ist am 30. Juli 1751 in diesem Haus geboren.

Das Hagenauerhaus in der Tragasse

So wurde das Mozart-Geburtshaus zu Lebzeiten Mozarts genannt. Der bürgerliche Kaufmann Lorenz Hagenauer vermietete 1747 an seinen jung-verheirateten Freund Leopold Mozart eine Wohnung im dritten Stock. Diese ist bis heute erhalten und Kern des Mozartmuseums. Eine Küche, ein kleines Kabinett sowie je ein Wohn-, Schlaf- und Arbeitszimmer boten ausreichend Platz für das junge Paar.

1856 wurde anlässlich des 100. Geburtstages Mozarts hier eine umfassende Ausstellung gezeigt. Heute stechen unter den Exponaten das Clavicord, welches Mozart beim Komponieren der Zauberflöte 1791 benützte und das vermutlich berühmteste, unvollendete Portrait Mozarts von Joseph Lange aus dem Jahr 1789 hervor.

Wir setzen unsere kleine Rundfahrt fort, schieben unser Fahrrad wieder an das Salzachufer und überqueren den Fluss auf dem Makartsteg. Bevor wir an den Ausgangspunkt zurückkehren, werfen wir noch einen kurzen Blick in den gegenüber des Wohnhauses gelegenen Mirabellgarten. Hier steht im Bastionsgarten das sogenannte Zauberflötenhäuschen, in dem der Legende nach Mozart Teile der Zauberflöte komponiert haben soll. Es stand ursprünglich im Garten des Wiener Freihaustheaters und wurde 1873 der Internationalen Stiftung Mozarteum geschenkt und nach Salzburg gebracht.

Es gibt natürlich noch viele weitere Sehenswürdigkeiten in der Heimatstadt Mozarts, so etwa die Große Aula der Universität, wo Mozart als 5jähriger Statist erstmals vor Publikum aufgetreten war und sein Bühnenerstlingswerk, die

Schuloper »Apollo und Hyazinthus« uraufgeführt wurde. Die Aula wird rechtzeitig für das Mozartjahr 2006 komplett erneuert und umgebaut, sie soll wieder Spielstätte für Mozarts Werke werden.

Am besonders sehenswerten Sebastianfriedhof in der Linzer Gasse liegen etliche Mitglieder von Wolfgang Amadeus Mozarts Familie begraben: sein Vater Leopold, seine Frau Constanze, seine Großmutter mütterlicherseits sowie Tanten und Nichten.

Spezieller Tipp:

Die Firma Top Bike bietet ein Audio-Guide-System eigens auch zum Thema »Mozart« an; ideal für eine Stadtrundfahrt per Rad auf Mozarts Spuren.

Salzburg 425 m Karte 1

(146.500 Einwohner, 9.913 Betten)

Salzburg Information, A-5020 Salzburg, Auerspergstraße 6, Tel. +43(0)662/88987, Fax 8898732, E-Mail tourist@salzburginfo.at - www.salzburginfo.at
weitere Informationsstellen: am Hauptbahnhof neben dem Bahnsteig 2, am Mozartplatz 5, Park+Ride-Parkplatz Salzburg Süd (Ostern-Nov.)

Top Bike, am Bahnhof u. am Franz Josef Kai, Tel. +43(0)6272/4656

Bike Store, Ginzkeyplatz 1, Tel. +43(0)662/621294
Biker's Best, Fürstenallee 39, Tel. +43(0)662/823723
Erich Brenner, Elisabethstraße 63, Tel. +43(0)662/453559
Ebner Radsport, Leitmeritzstraße 2, Tel. +43(0)662/624000
Fahrzeuge Schmirl KG, Sterneckstraße 6-10, Tel. +43(0)662/87115811
Peter Frohnwieser, Linzer Bundesstraße 37, Tel. +43(0)662/640599
Hervis, Europark, Europastraße 1, Tel. +43(0)662/435284501
Intersport Eybl, Alpenstraße 108, Tel. +43(0)662/6285562460
Intersport Eybl, Kasern, Moosfeldstraße 2a, Tel. +43(0)662/4551733599
Margon, Peter-Pfenninger-Straße 2a, Tel. +43(0)662/432110
Maroné, Nonntaler Hauptstraße 26, Tel. +43(0)662/844600
Radsport Wagner, Zillnerstraße 14, Tel. +43(0)662/420098
Rudolf Frey KG, Alpenstraße 85, Tel. +43(0)662/623581273
Schamberger, Elisabethstraße 63, Tel. +43(0)662/452671
VELOrep, Münchner Bundesstraße 4, Tel. +43(0)662/444080

RKS Autozubehör-Handels GmbH., Eberhard-Fugger-Straße 2, Tel. +43(0)662/64255590
VELOactive, Willibald-Hauthaler-Straße 10, Tel. +43(0)662/4355950
Zweirad Service Buchner, Leopoldskronstraße 7, Tel. +43(0)662/8314950

Salzburger Funktaxi-Vereinigung, Rainerstraße 27, Tel. +43(0)662/8111
ÖBB-Kraftwagendienst, Andreas-Hofer-Straße 9, Tel. +43(0)662/930001504
Postbus Zentrum Salzburg, Andreas-Hofer-Straße 9, Tel. +43(0)662/4660320
Queen's Taxi GMBH, Hannakstraße 19a, Tel. +43(0)662/1715
Salzburg AG-Lokalbahn, Plainstraße 70, Tel. +43(0)662/44806166
Top Bike, W.-Heringstraße 8, Tel. +43(0)6272/4656
VELOactive, Willibald-Hauthaler-Straße 10., Tel. +43(0)662/4355950

Kasern, A-5101 Bergheim, Carl-Zuckmayer-Straße 26, Tel. +43(0)662/450576
Nord-Sam, A-5023 Salzburg-Gnigl, Samstraße 22a, Tel. +43(0)662/660494
Panorama Stadtblick, Rauchenbichlerstraße 21, Tel. +43(0)662/450652
Schloss Aigen, A-5026 Salzburg-Aigen, Weberbartlweg 20, Tel. +43(0)662/622079

Freibad Leopoldskron, Leopoldskronstraße 50, Tel. +43(0)662/829265
Freibad Volksgarten, Hermann-Bahr-Promenade 2, Tel. +43(0)662/623183
Freibad Alpenstraße, Tel. +43(0)662/620832
Badesee Liefering, Schmiedingerstraße 6, Tel. +43(0)662/432440

Paracelsus Bad & Kurhaus, Auerspergstraße 2, Tel. +43(0)662/883544

Festung Hohensalzburg, Mönchsberg 34, 1077 erbaut, Europas größte Burganlage, Fürstenzimmer, Goldene Stube, Festungsmuseum, Rainer-Regimentsmuseum, Marionettenmuseum, 9–17 Uhr, Tel. +43(0)662/84243011

Dom, Domplatz, frühbarock, Arch. Santino Solari, Dommuseum, Domgrabungsmuseum, Tel. +43(0)662/8047450
Dreifaltigkeitskirche, Dreifaltigkeitsgasse 14, 1694–1702 erbaut, erster Bau F. v. Erlach, Kuppelfresko J. Rottmayr, Statuen M. Mandl, Tel. +43(0)662/877485
Franziskanerkirche, Franziskanergasse 5, 8. Jh. erstm. erwähnt, roman. Portal, spätgotischer Hallenchor Burghausen/Krumenauer, gotische Madonna M. Pacher, barocker Hochaltar F. v. Erlach, Franziskanerkloster, Tel. +43(0)662/843629
Kollegienkirche, Universitätsplatz, 1696–1707 erbaut, größte Kirche F. v. Erlach, Statuen M. Mandl, Skulpturen Guggenbichler/Pfaffinger, Tel. +43(0)662/841327
Wallfahrtskirche Maria Plain, Plainbergweg, Tel. +43(0)662/450194
Mülln, Augustinergasse, gotischer Saalbau, Tel. +43(0)662/432671
Nonnberg, Nonnberggasse 2, Benediktiner Stift, ältestes Frauenkloster Mitteleuropas, um 700 v. hl. Rupert gegründet, spätgotische Basilika, roman. Fresken, Tel. +43(0)662/8416070
St. Blasius, Bürgerspitalgasse, gotische Hallenkirche, Arkadenhof, Spielzeug- u. Musikinstr.-Museum, Tel. +43(0)662/843401
Stiftskirche St. Peter, St. Peter Bezirk, Erzabtei, Benediktinerkloster, um 700 gegründet, roman. u. gotischer Kreuzgang, spätroman. Portale, Rokokoausstattung, Altarbilder Kremser-Schmidt, Grabmal J. M. Haydn, Petersfriedhof mit frühchristl. Katakomben, Grabmal Nannerl Mozart, Tel. +43(0)662/84457687
St. Sebastian, Linzer Gasse, spätgotisch, Rokokoportal, Grabmal Paracelsus, Sebastiansfriedhof mit Wolf Dietrich Mausoleum u. Grabstätte Fam. Mozart, Tel. +43(0)662/8752080

Hellbrunn, Fürstenweg 37, ehem. erzbischöfl. Lustschloss, manieristisch-frühbarock, Wasserspiele (tgl. ab 9 Uhr, Juli u. Aug. zusätzl. Abendführ.), frei zugängl. Schlosspark, Volkskundemusueum im Monatsschlössl, Zoologischer Garten mit über 400 Tieren (tgl. ab 8.30 Uhr), Tel. +43(0)662/8203720
Mirabell, Mirabellplatz, Marmorsaal (Trauungssaal), Marmorstiege R. Donner, Mirabellgarten (barocke Gartenalage mit Heckentheater, ehem. Vogelhaus, Orangerie, Zwergerlgarten), frei zugängl., Tel. +43(0)662/80720

Haus der Natur, Museumsplatz 5, Naturkundemuseum, Aquarium, Reptilienzoo, Insektenstaaten, Weltraumhalle, Kristalle, Sonderschauen, tgl. 9–17 Uhr, Tel. +43(0)662/8426530 od. 8423220
Mozarts Geburtshaus, Getreidegasse 9, Alt-Salzburger Bürgerhaus, Wohnung Fam. Mozart, Dokumente, Bilder u. Instrumente, tgl. 9–18 Uhr, Juli/Aug. tgl. 9–19 Uhr, Tel. +43(0)662/844313
Mozart-Wohnhaus, Makartplatz 8, 1773–87 Wohnsitz Fam. Mozart, Tanzmeistersaal, Dokumentation über Fam. Mozart, Mozart Ton- u. Filmsammlung, tgl. 9–18 Uhr, Juli/Aug. tgl. 9–19 Uhr, Tel. +43(0)662/87422740
Rupertinum, Museum der Moderne, Wiener-Philharmoniker-Gasse 9, Malerei, Grafik, Plastik, Fotografie, tgl. 10–18 Uhr, Mi. 10–21 Uhr, Tel. +43(0)662/80422541
Barockmuseum, Mirabellplatz 3, Entwürfe europ. Künstler 17./18. Jh., Di.–Sa. 9–12 Uhr u. 14–17 Uhr, So. u. Ftg. 10–13 Uhr, Tel. +43(0)662/877432
Museum Carolino Augusteum, Museumsplatz 1, Salzburgs kulturhistor. Entwickl. Prähistorik–Neuzeit, tgl. 9–17 Uhr, Do. 9–20 Uhr, Tel. +43(0)662/620808200
Stiegl´s Brauwelt, Bräuhausstraße 9, Erlebnisbrauerei, Ausstellung, Bierverkostung, Mi.–So. 10–17 Uhr, Tel. +43(0)662/83871492
Christian Doppler Forschungs- u. Gedenkstätte, Makartplatz 1, Geburtshaus d. Physikers, Di. u. Mi. 9–12 Uhr u. 13–15 Uhr, Tel. +43(0)662/887631
Georg Trakl Forschungs- u. Gedenkstätte, Waagplatz 1a, Geburtshaus d. Dichters, Mo.–Fr. 11 u. 14 Uhr Führung, Tel. +43(0)662/845289

Salzburg Stadt Schiff-Fahrt, Makartsteg, Mitte Apr.–Ende Sept., Tel. +43(0)662/825858

Festungsbahn, Festungsgasse 4, älteste Standseilbahn Österr., tgl. alle 10 Min., Tel. +43(0)662/88849750

Almkanal, Brunnhausgasse/Hans-Sedlmayr-Weg, 1137–43 erbaut, ältestes Stollensystem Mitteleuropas, n. Vereinb., Tel. +43(0)662/80466613
Botanischer Garten d. Universität Salzburg, Hellbrunnerstraße 34, Salzburger Apotheker-Kräutergarten, Alpinum, Hoch- u. Flachmoor, Trockenrasen, Bauerngarten, Mai–Ende Sept. Di. u. Do. 13–18 Uhr, Mi. 13–17 Uhr, So. u. Ftg. 10–17 Uhr, Tel. +43(0)662/80445500
Residenz-Prunkräume, Residenzplatz 1, ehem. Repräsentationsgebäude d. Erzbischöfe, Jän.–Dez. 10–17 Uhr, Tel. +43(0)662/80422690
Residenzgalerie, Residenzplatz 1, europ. Malerei 16.–19. Jh., Ende März–Ende Okt. Di.–So. 10–17 Uhr, Tel. +43(0)662/840451

Stadtführungen per Rad:

CanadierClub Adventure Team, Moosstraße 57a, Tel. +43(0)662/835252
Helmut Ebergassner, Gabelsbergerstraße 20, Tel. +43(0)662/884839
Literaturhaus Salzburg, Strubergasse 23, Tel. +43(0)662/422411
Rupert Riedl, Radetzkystraße 9, Tel. +43(0)676/3426297
Salzburg Guide Service, Pfeifergasse 3/1, Tel. +43(0)662/840406
Top Bike, W.-Heringstraße 8, A-5110 Oberndorf, zusätzl. Audio-Guide-**Service,** auch z. Thema Mozart, Tel. +43(0)6272/4656
VELOactive, Willibald-Hauthaler-Straße 10, Tel. +43(0)662/4355950

Altstadthotel Weisse Taube****, Kaigasse 9, Tel. +43(0)662/842404, Fax 841783, E-Mail hotel@weissetaube.at - www.weissetaube.at
Hotel Hohenstauffen***, Fam. Reichl, Stauffenstraße 18, Tel. +43(0)662/8776690 od. 872193, Fax 87219351, E-Mail hohenstauffen@aon.at - www.hotel-hohenstauffen.at
Hotel zur Post**, Fam. Maier, Maxglaner Hauptstraße 45, Tel. +43(0)662/8323390, Fax 8323395, E-Mail info@hotelzurpost.info - www.hotelzurpost.info
Gasthof zur Kapelle***, Fam. Fuchs, Landstraße 3, Tel. +43(0)662/875002, Fax 8750027
Gasthof Jägerwirt***, Fam. Schwaninger, Kasern 4, Tel. +43(0)662/452177, Fax 45217743, E-Mail info@jaegerwirt.infobox.at - www.jaegerwirt.infobox.at
Gasthof Bräuwirt***, Lengfelden 21, Tel. +43(0)662/452163, Fax 45216353, E-Mail gasthof@braeuwirt.at - www.braeuwirt.at

Verbindung Chiemgauer Alpen Blatt E
Tauernradweg
Hauptroute Blatt 2
1
Obereichet
Salzburghofen
Freilassing
Mitterfelden
Bergheim
Lengfelden
Maria Plain
Kasern
Liefering
Itzling
Gnigl
SALZBURG
Siezenheim
2,0 km
6,0 km
3,0 km
10,0 km
Salzburg-Nord/
Söllheim/Kasern
Salzburg-Mitte
Salzburg-Kleßheim
Gasthof Bräuwirt
Hotel-Gasthof Kamml
Hotel Hohenstauffen
Mozart-Wohnhaus
Hauptbhf.
Bhf. Salzburg-Gnigl
Hst. Salzburg-Maria Plain
Hst. Salzburg-Parsch
Hst. Ainring
Salzach
Saalach

Ausgangspunkt des Mozart-Radweges ist das Mozart-Wohnhaus auf dem Makartplatz, von dem aus wir beim Salzburger Landestheater die Schwarzstraße überqueren und zwischen Hotel Sacher Salzburg und Raiffeisenbank zum **Makartsteg** kommen und an den Radweg am rechten Salzachufer einbiegen. 3 Hier fahren wir auf der Radspur neben den Kastanienbäumen, kommen am Müllnersteg vorbei, unterfahren die Eisenbahnbrücke und die Lehener Brücke. Wir passieren den Traklsteg und kommen kurz darauf zu einer **kleinen Brücke,** bei der wir rechts auf den Radweg entlang des Alterbaches einbiegen.

Varianten und Anschlusswege:

An dieser Stelle könnten wir auch geradeaus auf der als Tauernradweg beschilderten Route bis Passau an den Donauradweg weiterfahren. Auch eine Verkürzung des Mozart-Radweges ist hier möglich, wenn wir z.B.

- *die Verbindungsroute nach Freilassing und weiter über Inzell nach Kössen wählen (siehe Seite 126) oder*
- *an der Salzach bis Oberndorf/Laufen radeln und dort wieder auf den Mozart-Radweg treffen.*

Anreisevariante ab Salzburg Hauptbahnhof:

Wer mit der Bahn nach Salzburg kommt, findet folgendermaßen zum Mozart-Radweg: Vor dem Portal des Salzburger Hauptbahnhofs biegen wir rechts auf eine Rad-spur ein, die über den Parkplatz des Postamtes führt. Links sehen wir das Cineplexx Kino und das Forum Kaufhaus, dazwischen fahren wir durch die Karl-Wurmb-Straße, halten uns bei der Verkehrsampel geradeaus, rechts liegt das Hotel Renaissance. Auch bei der nächsten Ampel geht es geradeaus weiter auf den schmalen Weg mit dem Fahrverbotsschild zu. So kommen wir in die Pestalozzistraße, queren die Plainstraße und folgen den Radwegweisern der Stadt Salzburg, auf denen hier die Zufahrt zum Tauernradweg ausgeschildert ist. Wir erreichen das Salzachufer und biegen rechts auf den Radweg ein, der uns zur oben angegeben Kreuzung führt.

Der Mozart-Radweg verlässt also hier das Salzachufer und folgt der auch als Salkzkammergutradweg beschilderten Route. So kommen wir im Stadtteil Itzling unter der Bundesstraße 156 und der Lokalbahntrasse durch und erreichen schließlich den Autobahnknoten Salzburg Nord und die Westbahntrasse. 10 Der Radweg schlängelt sich unter diversen Straßen- und Bahnbrücken durch und führt links neben der Landstraße bis zu einer Radweggabelung: Wir fahren geradeaus weiter Richtung Hallwang/Eugendorf nochmals unter einer Eisenbahnbrücke durch und überqueren die Samstraße. Hier beginnt der Radweg auf der Ischlerbahntrasse, die sich in einer langen, leicht ansteigenden Kurve nach Nordwesten wendet.

Wir folgen nun für längere Zeit der Trasse der ehemaligen Ischlerbahn, die von 1891 bis 1957 auf Schmalspur Salzburg und Bad Ischl verband. Wenig weitblickende Politiker erklärten bei der letzten Fahrt der dampfbetriebenen Bummelbahn im Jahre 1957, ihre Zeit sei jetzt vorbei, weil nun »endlich auch im Salzkammergut die Vollmotorisierung erreicht sei«. Heute wäre man froh, wenn es dieses sympathische Nahverkehrsmittel noch gäbe; aber wenigstens wurde in den letzten Jahren ein Teil der alten Trasse als Radweg ausgebaut.

Die Ischlerbahntrasse führt über eine kleine Brücke über die Straße nach Hallwang und dann am Gourmetrestaurant »Pfefferschiff« vorbei. Nun queren wir eine Vorrangstraße und radeln dann leicht ansteigend in einer langgezogenen Rechtskurve in ein Waldstück. Rechts unten liegt der Ortsteil Mayrwies. So erreichen wir eine kleine Siedlung, wo der Radweg zwei Querstraßen kreuzt und dann weiter in Richtung eines weithin sichtbaren Autobahnviaduktes ansteigt. Das mächtige Bauwerk mit 15 Doppelbögen gehört zum ältesten Abschnitt der Westautobahn und ist ein hervorragendes Beispiel für die Methoden des Straßenbaues vor dem Krieg. Damals gab es noch keine größeren Spannbetonbrücken, so mussten größere Talübergänge massiv gemauert werden. Beim Viadukt nähert sich der Radweg der Bundesstraße 1, führt aber danach wieder etwas nach links über leicht ansteigende Felder nach Eugendorf. Wir

Eugendorf

DAS TOR NACH SALZBURG

Tourismusverband Eugendorf
A-5301 Eugendorf
info@eugendorf.com
www.eugendorf.com
Tel. +43(0)62 25/84 24
Fax +43(0)62 25/77 73

Preis-Information:
pro Person/Nacht:

Übernachtung/Frühstücksbuffet
im Hotel **ab € 45,–**

Übernachung/Frühstückbuffet
im Gasthof **ab € 33,–**

Übernachtung/Frühstückbuffet
in Pensionen **ab € 25,–**

Übernachtung/Frühstück
im Privathaus **ab € 21,–**

Eugendorf ist der ideale Ausgangspunkt für Ihre Radtour im Salzburger Alpenvorland und Salzkammergut. Das gut ausgebaute Radwegenetz bietet Ihnen die Möglichkeit, sich aus über 1.000 km markierten Radwegen Ihre eigene Route zusammenzustellen. Vom Tauernradweg radeln Sie ohne Anstrengung der Ischlerbahntrasse entlang und erreichen 11 km nach der Stadt Salzburg Eugendorf.
Unsere Gasthöfe laden ein, sich für die nächste Etappe zu stärken, oder einen gemütlichen Abend und eine erholsame Nacht zu verbringen.

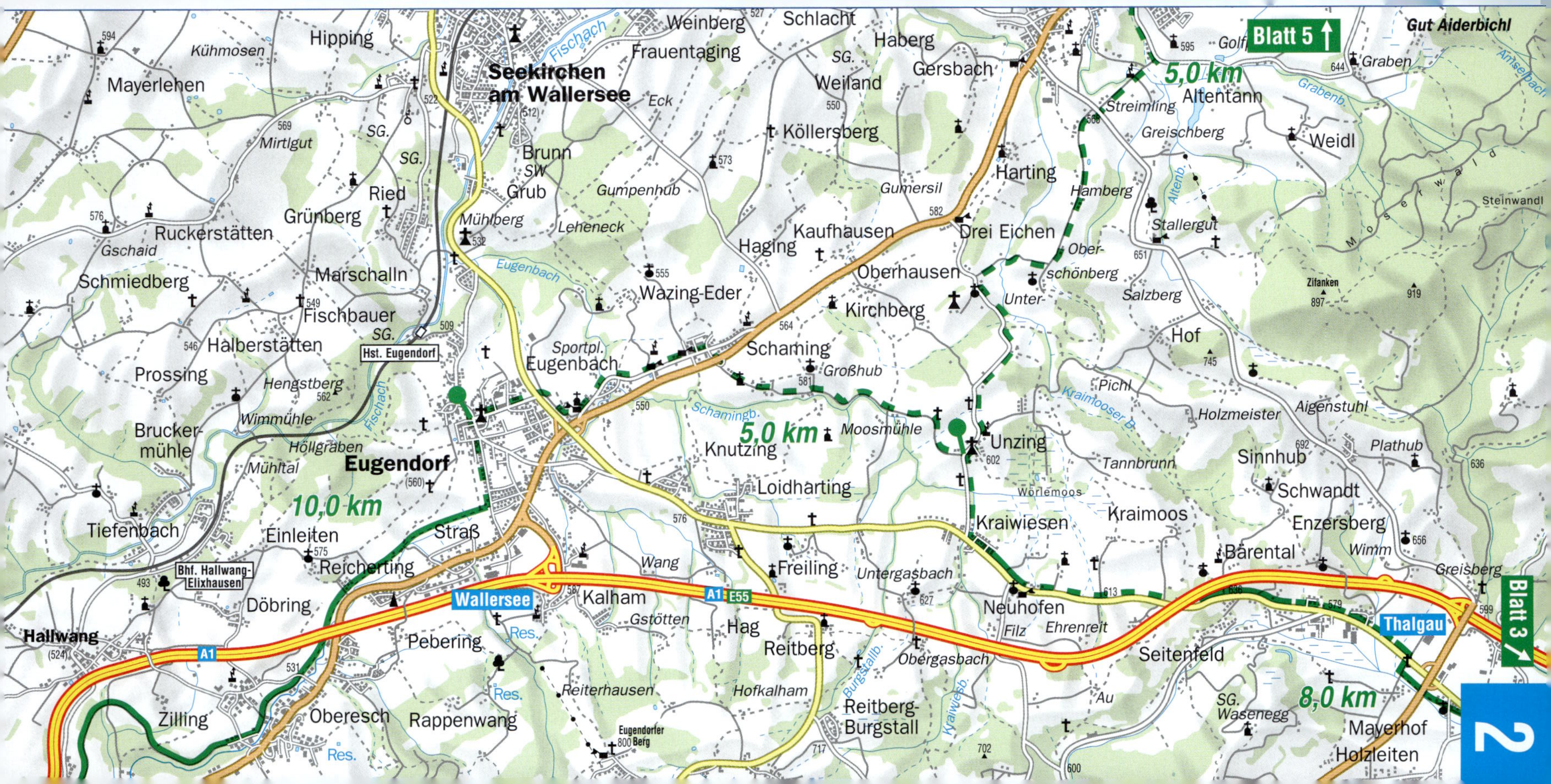

Gut Aiderbichl
Blatt 5
Blatt 3
2
Seekirchen am Wallersee
Eugendorf
Hallwang
Thalgau
Wallersee
A1
E55
5,0 km
5,0 km
8,0 km
10,0 km
Hst. Eugendorf
Bhf. Hallwang-Elixhausen
Eugendorfer Berg
Zifanken
Mayerlehen
Kühmosen
Hipping
Weinberg
Frauentaging
Schlacht
Haberg
Gersbach
Weiland
Köllersberg
Harting
Streimling
Altentann
Greischberg
Weidl
Graben
Grabenb.
Amselbach
Golf
Steinwandl
Moserwald
Mirtlgut
Ried
Grünberg
Ruckerstätten
Gschaid
Schmiedberg
Marschalln
Fischbauer
Halberstätten
Prossing
Hengstberg
Wimmühle
Höllgraben
Mühltal
Bruckermühle
Tiefenbach
Einleiten
Reicherting
Döbring
Zilling
Oberesch
Rappenwang
Pebering
Straß
Brunn
Grub
Mühlberg
Gumpenhub
Leheneck
Eugenbach
Wazing-Eder
Sportpl.
Eugenbach
Fischach
Eck
Haging
Kaufhausen
Gumersil
Drei Eichen
Oberhausen
Kirchberg
Scharning
Großhub
Scharningb.
Moosmühle
Knutzing
Loidharting
Unzing
Ober-
schönberg
Unter-
Hamberg
Altenb.
Stallergut
Salzberg
Hof
Pichl
Kraimooser B.
Holzmeister
Aigenstuhl
Plathub
Sinnhub
Schwandt
Tannbrunn
Wörlemoos
Kraiwiesen
Kraimoos
Enzersberg
Wimm
Bärental
Greisberg
Neuhofen
Filz
Ehrenreit
Seitenfeld
Untergasbach
Freiling
Wang
Kalham
Gstötten
Hag
Reitberg
Obergasbach
Burgstallb.
Kraiwesb.
Hofkalham
Reiterhausen
Reitberg-Burgstall
Au
SG.
Wasenegg
Mayerhof
Holzleiten
Res.

erreichen den Ort bei einigen schönen Villen und biegen links in den Dürrnbichlweg ein. Jetzt geht es immer geradeaus bis zur Kirche.

Eugendorf 560 m **Karte 2**

(6.400 Einwohner, 1.100 Betten)

Tourismusverband A-5301 Eugendorf, Tel. +43(0)6225/8424, Fax 7773, E-Mail info@eugendorf.com - www.eugendorf.com

Bei den Hotels u. Gasthöfen (nur f. Hausgäste)

Landhotel Gschirnwirt, Tel. +43(0)6225/8229

Pfarrkirche, 1737 erbaut, spätbarock, im Kern gotisch, Kreuzigungsgruppe aus M. Guggenbichler Werkstatt, Tel. +43(0)6225/8217
Filialkirche St. Georg, Kirchberg, Hochalter M. Guggenbichler

18-Loch Golf Championship-Anlage, Tel. +43(0)6225/70000

Gasthof Gastagwirt****, Fam. Maislinger, Alte Wiener Straße 37, Tel. +43(0)6225/8231, Fax 823149, E-Mail gastagwirt@aon.at - www.gastagwirt.at
Landgasthof Holznerwirt****, Fam. Bimminger, Dorf 4, Tel. +43(0)6225/8205, Fax 820519, E-Mail hotel@holznerwirt.at - www.holznerwirt.at
Landhotel-Gasthof Drei Eichen****, Fam. Gollackner, Kirchbergstraße 1, Tel. +43(0)6225/8521, Fax 85215, E-Mail landhotel.drei.eichen@sbg.at - www.dreieichen.at
Landhotel Santner***, Fam. Elsenwenger, Alte Wiener Straße 1, Tel. +43(0)6225/82140, Fax 821430, E-Mail salzburg@hotel-santner.at - www.hotel-santner.at
5 **Gasthof Neuwirt*****, Fam. Walkner-Hörl, Dorf 16, Tel. +43(0)6225/8207, Fax 82075, E-Mail neuwirt@sbg.at - www.neuwirt.sbg.at
Gasthof Zur Straß**, Fam. Jessner, Salzburger Straße 25, Tel. +43(0)6225/8218, Fax 8526, E-Mail jessner@gasthof-zur-strass.at - www.gasthof-zur-strass.at

Eine Urkunde erwähnt, dass bereits im Jahre 790 Reisende hier Unterkunft in Herbergen fanden, ein Dorf also mit Jahrtausende alter Tradition in der Kunst der Gastfreundschaft. Bis heute ist der Ort mit seinen guten Hotels und Gasthöfen ein Geheimtipp für Besucher der Mozartstadt, die dem Trubel der Stadt entfliehen möchten. In den letzten Jahren haben sich außerdem viele Gewerbebetriebe hier angesiedelt, die die verkehrsgünstige Lage schätzen. Große Möbelhäuser, eine McDonalds Filiale und Salzburgs größte Dichte an Kreisverkehren prägen das moderne Eugendorf.

Wir kommen am traditionsreichen Landgasthof Holznerwirt vorbei und biegen nach der Kirche rechts ab. Nach 300 Metern geht es rechts und dann gleich links trotz Sackgassenschild in die Feldgasse und dann wieder links hinter die Garagenboxen. Die Radroute führt in einem kleinen Fußgängertunnel unter der Straße nach Seekirchen durch und biegt dann rechts auf eine Nebenstraße, die parallel zur Bundesstraße verläuft. Die Straße biegt dann bei Santner's Einkehr nach links und verläuft parallel zur Bundesstraße 1 nach Norden, sodann kommen wir beim Gastagwirt und schließlich beim Gschirnwirt vorbei und zur Lindensiedlung, wo wir rechts abbiegen. Wir nehmen die Unterführung, die unter der Bundesstraße durch Richtung Unzing führt. In langgezogenen Kurven radeln wir jetzt an großen Bauernhöfen vorbei bis in die kleine Siedlung **Unzing.** Hier biegt die Hauptroute des Mozart-Radweges links Richtung Henndorf ab (siehe Seite 38).

TV Chiemgau

Weiterfahrt nach St. Gilgen:

Auf den Spuren der Familie Mozart zu wandeln, heißt natürlich auch einen Abstecher in das Mozartdorf St. Gilgen am Wolfgangsee zu unternehmen.

Dazu biegen wir in der kleinen Siedlung Unzing bei Eugendorf rechts nach Kraiwiesen ab. Bergab kommen wir nun an die stark befahrene Thalgauer Landesstraße, in die wir links einbiegen. Für ein kurzes Stück gibt es noch links von der Straße einen Radweg, der beim Gasthof in Neuhofen endet. Jetzt müssen wir auf der Landstraße einen kleinen Hügel hinauf. Auf der Kuppe biegt eine kleine Straße links zum Modellflugplatz Kraiwiesen ein, auf dem speziell zu Wochenenden reger Flugbetrieb herrscht (Zuschauer sind willkommen).

Der Mozart-Radweg verläuft nun links neben der Landesstraße durch die neuerbaute Radlerunterführung unter der Autobahn Salzburg-Wien durch, danach ist es jedoch empfehlenswert, auf die Landesstraße zurückzufahren und den weiterhin links verlaufenden Radweg zu verlassen. Dieser endet nämlich bei der nun folgenden Abfahrt mitten im steilsten Abschnitt, wo eine Querung der Thalgauer Landesstraße gefährlich ist. So rollen wir in das Gewerbegebiet von Thalgau und sehen bald links das SONY-Werk. Auf dessen Höhe biegen wir rechts nach Oberdorf ein und nehmen dann gleich links den asphaltierten
8 Radweg entlang des Baches, unterqueren den Autobahnzubringer und kommen durch eine Siedlung zurück an die Landesstraße, auf die wir im Ortsteil Unterdorf für 400 Meter einbiegen. Dann, nach dem Fußgängerübergang, biegen wir links zur originalgetreu renovierten »Alten Fabrik zur Vischwang« ab und dahinter rechts auf den etwas holprigen Radweg ins Ortszentrum von Thalgau ein. Dieser führt nahezu verkehrsfrei immer den Bach entlang bis zu einer Kreuzung, wo wir rechts fahren und beim Recyclinghof vorsichtig links in die Hauptstraße einbiegen, die uns ins Zentrum von Thalgau bringt. Badehungrige finden rechts die Abzweigung zum Schwimmbad.

***Variante:** Kunstinteressierte können in Unterdorf auch auf der Hauptstraße bleiben und die modernen Skulpturen und Restaurationsvarianten an der alten Fabrik und den darauf folgenden ehemaligen Werkhallen der Firma Heuberger bestaunen. Der Unternehmer hat an beiden Straßenseiten großvolumige Skulpturen aus Holz und Metall errichten lassen, gleich danach links ist eine alte Lokomobile in künstlerischem Umfeld zu sehen. Diese Lokomobile aus der Maschinenfabrik Esterer, Baujahr 1941, war ganz speziell für die Holzindustrie ausgerichtet: Als Energiequelle zur Stromerzeugung wurden Holzabfälle des Sägewerkes verbrannt, die heißen Auspuffdämpfe gleichzeitig zur Holztrocknung eingesetzt. Weiter auf der Landesstraße biegt man bei der ersten Gelegenheit links über die Brücke zum Gasthof Bettenmacher ein, wo man auf den Radweg trifft, der hinter der Alten Fabrik begonnen hat.*

● **Thalgau** 545 m **Karte 3**

(5.200 Einwohner, 430 Betten)

Tourismusverband A-5303 Thalgau, Marktplatz 4, Tel. +43(0)6235/7350, Fax 6128, E-Mail tourismus@thalgau.at – www.thalgau.at

OMV Tankstelle, Salzburger Straße 49, Tel. +43(0)6235/20277

Teilw. mit öffentl. Bussen mögl.

Freizeitzentr. Thalgau, Naturschwimmbad, Kinder- u. Babybecken, geheiztes Becken, Tel. +43(0)6235/74710

Ruine Wartenfels, Fuße d. Schobers, 1259 von K. v. Kahlham erbaut, 1301 an Salzburger Erzbischof verkauft, ehem. Sitz des Pflegegerichtes, 1981 restauriert, frei zugängl.

Dekanatskirche hl. Martin, 730 erstm. erwähnt, 1745–55 Erbau d. barocken Hallenkirche, gotische Empore, Taufbecken u. Unterbau des Turmes, Tel. +43(0)6235/7227
Kolomannskirche, letzte vollst. erhaltene Holzkirche Österreichs

Hundsmarktmühle, histor. Mühlenmusum mit jährl. Sonderausstellungen, Juni–Ende Okt. Sa. 14–17 Uhr, Tel. +43(0)6235/6417

Achenherbularium, Wanderweg entlang der Fuschler Ache, 20 Schautafeln

Gasthof Betenmacher***, Fam. Niederbrucker, Unterdorf 1,
Tel. +43(0)6235/7328, Fax 732894, E-Mail gasthof@betenmacher.sbg.at - www.betenmacher.at
Landgasthof Santner***, Fam. Santner, Marktplatz 2,
Tel. +43(0)6235/7216, Fax 721610, E-Mail office@landgasthofsantner.at - www.landgasthofsantner.at

Die Gemeinde Thalgau hat in den letzten beiden Jahrzehnten durch die Ansiedlung von renommierten Industriebetrieben wie SONY (CD-Produktion) und Hörmann (Industrietore) einen gewaltigen wirtschaftlichen Aufschwung erlebt. Das schwere Hochwasser des Jahres 2002 traf den Ort innerhalb nur eines Monats zweimal, weil ein Damm der Wildbachverbauung brach.

In Thalgau gibt es zum Übernachten Quartiere in allen Preis- und Qualitätsklassen. Wenn man Glück hat, kommt man gerade recht zu einer Freilichtaufführung der örtlichen Laien-Theatergruppe.

Der Mozart-Radweg führt auf der Landesstraße ins Ortszentrum, am radfreundlichen Gasthof Santner vorbei und zum Marktplatz mit einem bei Radlern sehr beliebten Trinkwasserbrunnen. Hier halten wir uns halbrechts und fahren
9 geradeaus wieder in eine Nebenstraße Richtung Schulzentrum, die an der Schule vorbei an die Fuschler Ache führt. Wir kommen an der Kläranlage vorbei und biegen bei einem Bauernhof erst rechts und dann gleich links ab. Ein Blick zurück auf das Fresko an der Ostwand des Bauernhauses erinnert an die russischen Kriegsgefangenen des Ersten Weltkrieges, die hier einquartiert und zum Straßenbau eingesetzt waren. Einer von ihnen hat sich hier ein dem Weltfrieden gewidmetes, mehrsprachiges künstlerisches Denkmal gesetzt.

Der Radweg führt weiter an der Fuschler Ache, wir überqueren die Landesgrenze und sehen nun auch kleine, grüne Radwegweiser des Bundeslandes Oberösterreich. Im Bereich Mondseeland wird diese Beschilderung noch durch blaue Tafeln mit Routennummern ergänzt.

Der Mozart-Radweg führt dann auf den Güterweg Kanten, wir folgen der Beschilderung Richtung Scharfling. Geradeaus geht es an einigen Frühstückspensionen vorbei, dann wieder links zurück an das rechte Ufer der Fuschler Ache. Bei einer Vorrangstraße biegen wir halbrechts ein. Links weist ein Wegweiser zum Radlergasthof »Zur Grünen Eiche« (300 Meter), dessen Wirt selbst ein begeisterter Radfahrer ist. Wir radeln direkt auf die felsigen Gipfel von Schober (1.328 m) und Drachenwand (1.176 m) zu.

Wandertipp: Ruine Wartenfels und Schober

Wer Lust auf eine Wanderung hat, kann rechts auf den Güterweg Schober einbiegen und ca. 3 km steil bergauf bis zur Pension »Christl am Schober« radeln. Von hier kann man zu Fuß zur Ruine Wartenfels (1 Stunde) oder auf den Gipfel des Schobers (zweieinhalb Stunden) gelangen. Der Weg ist teilweise etwas ausgesetzt, aber gut gesichert. Vom Gipfel hat man eine herrliche Aussicht auf rund ein Dutzend Seen des Salzkammergutes und des Salzburger Seenlandes.

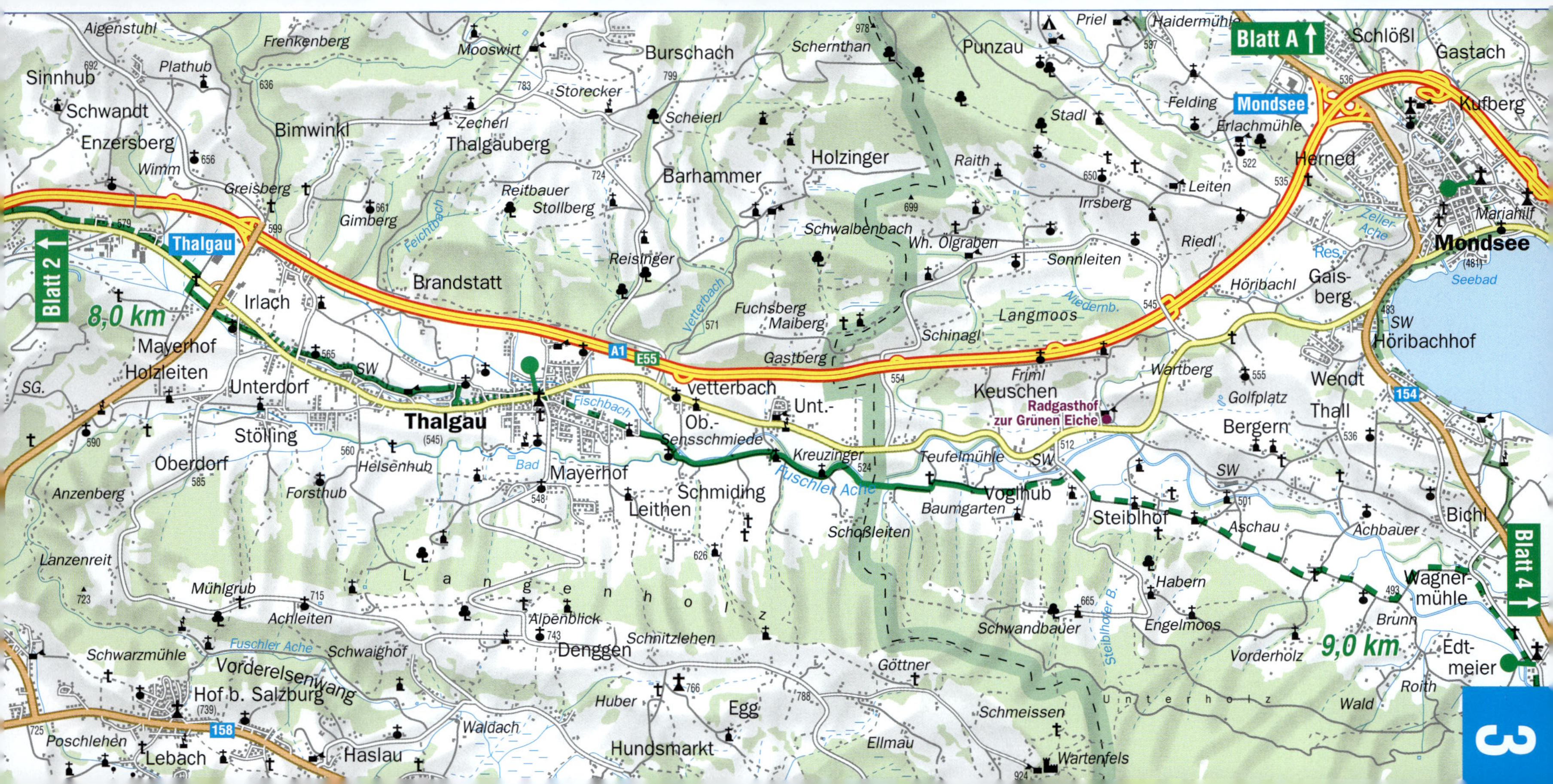
3
Blatt 4
Blatt A
Blatt 2
Mondsee
Thalgau
9,0 km
8,0 km
Radgasthof zur Grünen Eiche
Seebad
Zeller-Ache
Fuschler Ache
Fischbach
Vetterbach
Feichtbach
Steinbichler B.
Niedernb.
Höribachhof
Gaisberg
Wendt
Thall
Bergern
Golfplatz
Wartberg
Keuschen
Friml
Langmoos
Sonnleiten
Irrsberg
Punzau
Stadl
Priel
Haidermühle
Felding
Erlachmühle
Herned
Schlößl
Gastach
Kufberg
Mariahilf
Bichl
Wagnermühle
Edtmeier
Brunn
Roith
Wald
Achbauer
Aschau
Habern
Engelmoos
Vorderholz
Steiblhof
Voglhub
Baumgarten
Teufelmühle
Schwandbauer
Wartenfels
Schmeissen
Göttner
Ellmau
Schoßleiten
Kreuzinger
Unt.-
vetterbach
Ob.-
Sensschmiede
Gastberg
Maiberg
Fuchsberg
Schinagl
Schwalbenbach
Wh. Ölgraben
Riedl
Höribachl
Holzinger
Schernthan
Raith
Leiten
Barhammer
Burschach
Scheierl
Reisinger
Schmiding
Leithen
Mayerhof
Egg
Hundsmarkt
Huber
Schnitzlehen
Denggen
Alpenblick
Langenholz
Unterholz
Stollberg
Reitbauer
Storecker
Thalgauberg
Zecherl
Mooswirt
Brandstatt
Gimberg
Helsenhub
Forsthub
Stölling
Unterdorf
Irlach
Oberdorf
Mayerhof
Holzleiten
Bimwinkl
Frenkenberg
Greisberg
Enzersberg
Wimm
Schwandt
Sinnhub
Plathub
Aigenstuhl
Anzenberg
Lanzenreit
Mühlgrub
Achleiten
Vorderelsenwang
Hof b. Salzburg
Schwaighof
Waldach
Haslau
Lebach
Poschlehen
Schwarzmühle
A1
E55
154
158

TV Chiemgau

St. Lorenz 486 m **Karte 4**

Tourismusverband Mondseeland, A-5310 Mondsee, Dr. Franz Müller Straße 3, Tel. +43(0)6232/2270, Fax 4470, E-Mail info@mondsee.at - www.mondsee.at (siehe Seite 32)

Das Gebiet westlich und südlich von Mondsee gehört zur Gemeinde St. Lorenz mit den Ortsteilen Keuschen, Schwarzindien, Plomberg und Scharfling. Ein eigentliches Ortszentrum gibt es nicht, das Gemeindeamt ist in der Nachbargemeinde Mondsee. Dafür gehört der schönste Teil des Seeufers mit viel Platz zum Baden und zwei großen Campingplätzen und zwei Golfplätzen zu St. Lorenz.

Die Radroute schlängelt sich durch Wiesen und Felder, biegt links über die Fuschler Ache ab und kehrt dann bei der zweitürmigen Kirche von St. Lorenz wieder ans linke Ufer zurück. An der Kirche fahren wir rechts vorbei und sehen jetzt direkt vor uns die Drachenwand mit dem markanten Loch im Fels am zerklüfteten Bergkamm. An der Pension Villa Mizzi vorbei kommen wir an die hier stark befahrene Bundesstraße 154 und biegen rechts nach Plomberg ein. Wir radeln am Südufer des Mondsees auf einer kurvigen Straße nach Scharfling.
11 Hier beginnt links ein Radweg, der allerdings am Ortsende wieder endet. Bei der Straßengabelung halten wir uns rechts Richtung St. Gilgen und kehren wieder auf Salzburger Gebiet zurück. Nun beginnt eine 2 km lange, gemächliche Steigung auf die Scharflinger Höhe (607 m). Bei der Abfahrt kommen wir am tiefgrünen Krotensee vorbei und sehen links das Schloss Hüttenstein. Kurz darauf besteht links die Möglichkeit, nach Fürberg abzubiegen (Sackgasse), wo ein weithin bekanntes Ausflugsgasthaus in einer malerischen Bucht direkt am Wolfgangsee liegt. Eine Weiterfahrt mit dem Rad am Seeufer nach St. Gilgen ist nicht gestattet (Fußweg), jedoch besteht die Möglichkeit, mit dem Schiff ins gegenüberliegende St. Gilgen überzusetzen.

Auf der Hauptstraße geblieben rollen wir weiterhin leicht bergab an zwei Gasthöfen vorbei bis zur ersten möglichen Abzweigung nach links in den Ort St. Gilgen. Steil auf und ab radeln wir zwischen alten Bäumen näher ans Seeufer und vorbei an schönen Villen und am Yachtclub, bis wir die Pfarrkirche von St. Gilgen vor uns sehen.

St. Gilgen am Wolfgangsee 545 m **Karte 4**

(3.800 Einwohner, 3.500 Betten)

Tourismusverband A-5340 St. Gilgen, Tel. +43(0)6227/2348, Fax 23489, E-Mail information@wolfgangsee.at - www.wolfgangsee.at

Bernd Leitgeb, Mondseestraße 3, Tel. +43(0)6227/2604

Reisebüro Traunwieser, Salzburger Straße 13, Tel. +43(0)6227/2139 od. +43(0)664/3234060
Robert Resch, Pöllach 23, Tel. +43(0)6227/2403 od. +43(0)664/9063800
Pepi Resch, Laim 136, Tel. +43(0)6227/2275

Campingpark Abersee, A-5342 Abersee, Reith 22, Tel. +43(0)6227/3512
Birkenstrand am See, A-5342 Abersee, Schwand 18, Tel. +43(0)6227/3029
Wolfgangsee Lindenstrand, A-5342 Abersee, Schwand 19, Tel. +43(0)6227/32050
Seecamping Primus, A-5342 Abersee, Schwand 39, Tel. +43(0)6227/3228
Primusbauer, A-5342 Abersee, Schwand 43, Tel. +43(0)6227/3207 od. +43(0)664/2437197
Seecamping Wolfgangblick, A-5342 Abersee, Seestraße 115, Tel. +43(0)6227/3475 od. 3501
Camping Michlbauer, A-5342 Abersee, Farchen 3, Tel. +43(0)6227/3224
Camping Überfuhr, A-5342 Abersee, Seestraße 126, Tel. +43(0)6227/3595

Strandbad St. Gilgen, Mondseestraße, Tel. +43(0)6227/7147
Waldbad Fürberg, Winkl 19, Tel. +43(0)6227/2385
Badeplatz M. Eisl, A-5342 Abersee, Reith 22, Tel. +43(0)6227/3512

Hallenbad St. Gilgen, Mondseestraße, Tel. +43(0)6227/7147
Hotel Hollweger (n. Vereinb.), Mondsee Bundesstraße 2, Tel. +43(0)6227/2226

Pfarrkirche St. Ägydius, um 1300 erbaut, Rokokoausstattung, Altäre mit Bildern P. Troger, Tel. +43(0)6227/2224
Europa-Kloster, Gut Aich, Winkl 2, Klosterkirche, Kreuzgang, Kräutergarten, Klosterladen, Likörerzeugung, Tel. +43(0)6227/2318
St. Konrad, A-5342 Abersee, 1984 erbaut, dem Kapuzinermönch Konrad v. Parzheim geweiht, Tel. +43(0)6227/2224
Falkensteinkapelle am Falkenstein, am alten Wallfahrtsweg zum hl. Wolfgang mit »Schlufstein« u. »Augenwasserbrünnel«, Tel. +43(0)6227/2224

Heimatkundliches Museum, Pichlerplatz 6, 1655 erbautes Spitzenkrämerhaus, Spitzenklöppelei, Tiersammlung, sakrale Gegenstände, Handwerk, Dokumentarfilme, 1. Juni–30. Sept. Di.–So. 10–12 Uhr u. 14–18 Uhr, Tel. +43(0)6227/2642 od. 2348
Musikinstrumente-Museum der Völker, Aberseestraße 11, ca. 1.000 Musikinstrumente aus aller Welt, Tonbildschau »Die Mozarts u. St. Gilgen« (auf Anfrage), 1. Juni–15. Okt. Di.–So. 9–11 Uhr u. 15–19 Uhr, 7. Jan.–31. Mai Mo.–Do. 9–11 Uhr u. 15–18 Uhr, Tel. +43(0)6227/8235 od. 8274 od. +43(0)676/6758770
Museum der Zinkenbacher Malerkolonie, Aberseestraße 11, österr. Zwischenkriegskunst 1927–38, v.a. Landschaftsmalerei, 15. Juni–15. Sept. Di.–So. 15–19 Uhr, Sa. 15 Uhr Führung, Tel. +43(0)676/7430916
Mozart Gedenkstätte (im Bezirksgericht), Ischler Straße 15, Geburtshaus v. Mozarts Mutter (1720), Mozarts Schwester Nannerl lebte hier bis 1801, 15. Juni–15. Sept. Di.–So. 10–12 Uhr u. 14–18 Uhr, Tel. +43(0)6227/2348

Wolfgangsee Schifffahrt (mit Radbeförderung), Tel. +43(0)6138/22230

Zwölferhorn Seilbahn, auf 1.540 m, Pillstein Rundwanderweg, ganzj., Tel. +43(0)6227/2350
Schafberg Zahnradbahn, auf 1.780 m, Mai–Ende Okt., Tel. +43(0)6138/2232

Hotel Zur Post, Fresken von C. Hohenauer 1618, eines d. ältesten Häuser im Ort

Hotel Gästehaus Kendler***, Fam. Kendler, Kirchenplatz 3, Tel. +43(0)6227/2223, Fax 720390, E-Mail kendler.stgilgen@EUnet.at - www.salzburgerland.com/kendler
Gasthof Zur Post***, Fam. Leitner, Mozartplatz 8, Tel. +43(0)6227/2157, Fax 2158600, E-Mail office@gasthofzurpost.at - www.gasthofzurpost.at

Der Ort nennt sich gerne Mozartdorf, weil die Mutter Wolfgang Amadeus' und seine Schwester Nannerl hier geboren wurden und gewohnt haben. Das ehemalige Wohnhaus erreichen wir, wenn wir bei der Kirche links abbiegen und zum Seeufer fahren. Das denkmalgeschützte Gebäude links von der Straße beherbergt heute eine kleine Mozartgedenkstätte und das Bezirksgericht. Die Beschilderung des Salzkammergutradweges führt hier weiter Richtung Strobl und St. Wolfgang. Die Beschilderung des Mozartradweges endet am Mozartplatz beim Mozartbrunnen vor dem Rathaus.

Anna Maria Walburga Pertl, geboren in St. Gilgen

Wolfgang Amadeus Mozarts Mutter wurde am 25. Dezember 1720 als Tochter des Pflegers (Richters) Wolfgang Nikolaus Pertl im heutigen Bezirksgericht, Ischlerstraße 15, von St. Gilgen geboren. Als 4jährige zog sie nach dem frühen Tod des Vaters mit ihrer Mutter nach Salzburg, wo sie 1747 den aus Augsburg stammenden Leopold Mozart heiratete. Der Ehe entsprangen sieben Kinder, von denen jedoch nur Maria Anna Walburga Ignatia (genannt »Nannerl«) und Wolfgang Amadeus überlebten.

Nannerl heiratete am 23. August 1784 dem 15 Jahre älteren Reichsfreiherrn Johann Baptist Berchtold zu Sonnenburg, einen Amtsnachfolger ihres Großvaters als Pfleger in St. Gilgen. Mit ihm bezog sie wieder das Elternhaus ihrer Mutter in St. Gilgen, gebar drei Kinder, nachdem der verwitwete Sonnenburg schon fünf Kinder in die Ehe mitbrachte.

In der Pfarrkirche erinnert eine Gedenktafel an die Bezüge der mütterlichen Familie Mozarts zu St. Gilgen, eine kleine Mozart Gedenkstätte ist im Bezirksgericht untergebracht, der Mozart-Brunnen am Mozartplatz wurde zu Ehren der Familie des berühmten Sohnes einer St. Gilgnerin errichtet.

Ein anderer berühmter St. Gilgener ist oft beim ebenfalls direkt am Mozart-Radweg liegenden Yachtclub anzutreffen:

Hubert Raudaschl nahm bei Olympischen Spielen zwischen 1960 (Rom, nur als Ersatzmann) und 1996 in Atlanta zehnmal bei den Segelbewerben teil, das bedeutete Weltrekord für den vorbildlichen Sportsmann, der auch zweimal (in Mexiko 1968 und Moskau 1980) eine Silbermedaille erkämpfte.

Ein weiterer Prominenter war jahrzehntelang Wahl-St.Gilgener: der deutsche Ex-Bundekanzler Helmuth Kohl verbrachte hier bis zum Tode seiner Frau Hannelore regelmäßig seinen Sommerurlaub.

4
Blatt A
Blatt 3
Mondsee
Mariahilf
Hilfberg
Riesen
Seegruber
Breitenthaler
Ober-
Stabau
Unter-
Königs-
bad
Seebad
Hammermühle
Zeller Ache
Res.
Höribachl
Gaisberg
SW
Höribachhof
Diestlgraben
Bischof
Schußberg
A1
E60
E55
154
Wendt
Thall
Golfplatz
Bergern
Schwarzindien
In der Leiten
Raststation
Rehrnbach
Mot
Warte a.See
Mooshäusl
Golfpl. Mondsee
Bichl
Aschau
Achbauer
Bad
Wagnermühle
Brunn
Achdorf
Maierhof
9,0 km
Edtmeier
Fuschler Ache
St. Lorenz
Roith
Wald
Stockwinkl
Bachlehen
Gries
Theklakpl.
Geißberg
Hot.
Seehof
Drachenwand
Plomberg
Pichl a. See
Linort
Mondsee
Eibenseeb.
Klausbach
Jhtt.
Plomberg
Wildmoos
Almkogel
Griesberg
Saugraben
Eibensee
Q.
11,0 km
Schafling
Schst.
Höllkar
Brandlberg
Egelsee
Obenauer Alm
Eibenseealm
Einsiedl
Mühlauer Alm (Jhtt.)
Eibenbg.
Hinterwald
Vorder-
Wallhüttenkopf
Obenauerstein
Kleiner
Zeppezau
Nasenbg.
Schmalnau
Mühlbachsau
Mitterstein
Krotensee
Plombergstein
Ghf. Batzenhäusl
Hüttenstein
Res.
Mühlbach
Konlbach
Obenau
Reit
Buchberg
Steinklüfte
Buchberg
Winkl
Kls.
Pucha
Hochlackenhof
Brunnleiten
Aich
Rehgras
Plomberg
Bad
Pöllach
Res.
Brunnwinkl
Saurüssel
Sonnberg
Mozartsteig
Lacken
Res.
St. Gilgen
Fürberg
Sulzberg
Irlreit
Gasthof zur Post
Laim
Hotel-Gästehaus Kendler
Schst.
Asohau
Kühleiten
Pinkenreit
Schst.
Mozart-Gedenkstätte
Wolfgangsee (Abersee)
Ochsenkreuz
Wh. Weißwand
Hochzeitskreuz
Gunzenb.
Kühleithtt.
158
Gamswandalm

4

Variante: Rückfahrt von St. Gilgen über Mondsee und Straßwalchen

*Statt auf derselben Route bis nach Thalgau/Kraiwiesen zurückzuradeln bietet sich die Fahrt über Mondsee an. Wir müssen vorerst auf der gleichen Strecke bis zur Kirche von **St. Lorenz** zurückfahren, dort folgen wir jedoch der Radwegbeschilderung nach Mondsee, die unter der Bundesstraße durch, am Golfplatz vorbei und in Seeufernähe bis an die Ortseinfahrt von Mondsee führt.*

Mondsee *481 m* A **Karten 4, A**

(Mondseeland – 10.641 Einwohner, 4.235 Betten)

***Tourismusverband Mondseeland** (informiert über Mondsee, St. Lorenz, Tiefgraben, Innerschwand), **A-5310 Mondsee, Dr. Franz Müller Straße 3, Tel. +43(0)6232/2270**, Fax 4470, E-Mail info@mondsee.at - www.mondsee.at*

***Radsport Hofer** (April – Sept.), A-5310 Mondsee, Herzog-Odilo Straße 52, Tel. +43(0)6232/3121*
***Toyota Widlroither** (April – Sept.), A-5310 Mondsee, Südtiroler Straße 4, Tel. +43(0)6232/2612*
***Velofant Mountainbikeverleih u. Touren** (Mai–Okt.), c/o Segelschule Mondsee, A-5310 Mondsee, Robert Baum Promenade 3, Tel. +43(0)676/3426297*

***Radsport Hofer,** A-5310 Mondsee, Herzog-Odilo Straße 52, Tel. +43(0)6232/3121*

***Tankstelle Edtmeier,** A-5311 Loibichl, Innerschwand 200, Tel. +43(0)6232/2068*

***Feichtinger,** A-5310 Mondsee, Franz-Kreutzberger-Straße 9, Tel. +43(0)6232/2335*
***Lehrl,** A-5310 Mondsee, Keuschen 54, Tel. +43(0)6232/3212 od. +43(0)664/2200022*

***Austria Camp,** A-5310 Mondsee, St. Lorenz 229, Tel. +43(0)6232/2927*
***Camp Mondseeland,** A-5310 Mondsee, Punzau 21, Tel. +43(0)6232/2600*
***Gries/Plomberg,** A-5310 Mondsee, St. Lorenz 45, Tel. +43(0)6232/2938*
***»Zur alten Ischlerbahn«,** A-5310 Mondsee, St. Lorenz 88, Tel. +43(0)6232/2902*

***Alpenseebad Mondsee,** A-5310 Mondsee, Seebadstraße 3, Tel. +43(0)6232/2291*
***Gemeindebadeplätze** in St. Lorenz, Tiefgraben u. Loibichl*

***Seehotel Pöllmann,** A-4893 Zell am Moos, Am Irrsee 22, Tel. +43(0)6234/8322*

***Stiftskirche hl. Michael,** gotisch, Barockausstattung M. Guggenbichler, Info Führung: Tourismusverband Mondseeland, Tel: +43(0)6232/2270*

***Museum Mondseeland mit österr. Pfahlbaumuseum** (Jungsteinzeit), 1. Mai–7. Sept. Di.–So. 10–18 Uhr, 9. Sept.–5. Okt. Di.–So. 10–17 Uhr, 7. Okt.–26. Okt. Sa., So. u. Ftg. 10–17 Uhr, Tel. +43 (0)6232/2895*
Freilichtmuseum Mondseer Rauchhaus, 1416 erstm. erwähnt, 29. März–27. April Sa., So. u. Ftg. 10–18 Uhr, 1. Mai–7. Sept. Di.–So. 10–18 Uhr, 9. Sept.–5. Okt. Di.–So. 10–17 Uhr, 7. Okt.–26. Okt. Sa., So. u. Ftg. 10–17 Uhr
***Salzkammergut-Lokalbahn-Museum,** ehem. Heizhaus der 1890 eröffn. Schmalspurbahn, Modellbahn im Maßstab 1:87, 17. Mai–15. Sept. Sa., So. u. Ftg. 10–12 Uhr u. 14–17 Uhr, 27. Juni–12. Sept. zusätzl. Fr. 14–17 Uhr*

***Dr. DI Peter Baum,** A-5310 Mondsee, Robert-Baum-Promenade 1, Tel. +43(0)6232/7412 od. +43(0)676/6047644*
***Peter Hemetsberger,** A-5310 Mondsee, Seebadstraße 1 u. Kaipromenade, Tel. +43(0)6232/4934, 2195, 2460 od. +43(0)664/4934684*

Radgasthof Zur Grünen Eiche*, St. Lorenz, Keuschen 53, Tel./Fax +43(0)6232/2130, E-Mail gruene.eiche@magnet.at - www.mondsee.com/grueneeiche*

Tourismusregion Salzkammergut

Mondsee

8

Im Jahre 748 gründete der Bayernherzog Odilo hier ein Benediktinerkloster, die zweitälteste christliche Klostergründung in Österreich. Das im 15. bis 18. Jahrhundert mehrmals erweiterte und umgebaute Stift (heute Schloss genannt) Mondsee wurde 1791 unter Kaiser Josef II. säkularisiert. Das Schloss wurde in den letzten Jahren prächtig renoviert und war 1996 Standort der oberösterreichischen Landesausstellung »Ruf und Nachruf« über bedeutende österreichische Künstlerschicksale. Heute ist das Schloss zum Luxushotel gewandelt.

In der berühmten Stiftskirche mit üppiger Barockausstattung stehen gleich sieben Altäre von Meinrad Guggenbichler. Im Hollywood Film »The Sound of Music« findet die Filmhochzeit zwischen Georg von Trapp (Christopher Plummer) und seiner zweiten Frau Maria Auguste (Julie Andrews) in der Kirche von Mondsee statt. Grund genug für jährlich Tausende Touristen aus Japan, Korea, China und den USA, einen Abstecher nach Mondsee zu unternehmen.

Sehenswert ist auch das Pfahlbaumuseum, das anschaulich die Besiedlung des Mondseelandes in der Jungsteinzeit darstellt. Das Strandbad und die zweimal wöchentlich abendlichen Wasserschivorführungen mit anschließendem Feuerwerk sind Attraktionen für Wassersportler.

Wir fahren am Gehsteig neben der Einfahrtsstraße Richtung Strandbad und biegen dann links in die Schlossallee ein, die zum Marktplatz mit seinen Cafés und rechts an Kirche und Schloss vorbei führt. Dann folgen wir der Odilostraße immer geradeaus, radeln unter der Autobahnbrücke durch in den Ortsteil Schlößl. Hier biegen wir rechts auf den Mondseelandweg ein, der an einer Siedlung entlang leicht bergauf zu einem Nachrangschild führt. Hier halblinks geht's bergab zur Bundesstraße 154, wir biegen auf den Radweg ein, der sie links begleitet. Bei der Abfahrt Irrsee-West halten wir uns links. Auf einer Nebenstraße radeln wir am Gasthof Haidermühle und einigen hübschen Bauernhöfen vorbei, bis wir bei einer Weggabelung rechts der Beschilderung nach Oberhofen am Irrsee folgen. Beim Hotel Pöllmann erreichen wir das Westufer des Irrsees, dem wir auf einer wenig befahrenen Asphaltstraße folgen. Etwas oberhalb des Ufers verläuft diese Straße recht kurvig und manchmal auch ein bisschen auf und ab, führt an mehreren gemütlichen Gasthäusern und Bauernhöfen vorbei, bis zum Nordende des Sees mit seinem schilfigen Ufer.

Subvariante: neuer Radweg am Irrsee Ostufer

Ab der Abfahrt Irrsee-West kann man seit 2003 auch auf einem durchgehenden Radweg am Ostufer über Zell am Moos nach Oberhofen radeln.

Wer am Irrsee baden will, der findet die besseren Strände an der Südostseite, wo die Bundesstraße 154 verläuft. Dort gibt es einen großen, öffentlichen Badeplatz des Landes Oberösterreich. Der Irrsee gehört nicht zu den klassischen Badeseen des Salzkammergutes, obwohl er die höchste durchschnittliche Wassertemperatur aller Salzkammergut Seen aufweist. Dafür ist er bei den Fischern sehr beliebt, ein Anglerverein hat die gesamte Wasserfläche des Sees gepachtet, ein großer Teil der Uferzone ist mit Schilf bewachsen. Das gesamte Seegebiet steht unter Naturschutz, die Wasserqualität ist hervorragend.

● **Zell am Moos** 573 m **Karte A**

(1.400 Einwohner, 460 Betten)

Tourismusverband A-4893 Zell am Moos, Kirchenplatz 1, Tel. +43(0)6234/8215, Fax 82154, E-Mail info@zellammoos.at - www.zellammoos.at

Fam. Gierbl, Lechnerberg 4, Tel. +43(0)6234/7204

Kfz Werkstätte Sesser, Mondseer Straße 1, Tel. +43(0)6234/8206

Maier, Unterschwand 9, Tel. +43(0)6234/7081

Öffentl. Badeplätze am Irrsee (Landesbad Zell am Moos, Gemeindebad Zell am Moos, Seewirt-Badeplatz)

Heimatmuseum »Hans Mairhofer-Irrsee«, bäuerl. Wohnen u. Arbeiten,
6 Galerie H. Mairhofer, Irrsee-Keramik, Gartengalerie, Mai–Ende Okt. Fr., Sa., So., Mo. 14–18 Uhr, Irrsee-Keramik Mo.–Fr. 9–12 Uhr u. 14–18 Uhr, Tel. +43(0)6234/7025

Die Hauptroute verläuft am Westufer auf einer Nebenstraße, die an das Nordende des Sees führt. Hier passieren wir eine interessante Moorlandschaft, die Route biegt hier rechts ab, bei der ersten Weggabelung stoßen wir auf etwas widersprüchliche Beschilderung: Hier konkurrieren die grünen Wegweisers des Landes Oberösterreich mit den blauen Tafeln des Tourismusverbandes Mondseeland. Wir folgen links dem blauen Wegweiser Richtung Oberhofen, fahren beim nächsten Bauernhof rechts und biegen gleich danach links auf einen gekiesten Weg ein. Nun halten wir direkt auf die Kirche von Oberhofen zu, wohin auch die Variante am Ostufer führt.

● **Oberhofen am Irrsee** 573 m **Karte B**

(1.350 Einwohner, 230 Betten)

Tourismusverband A-4894 Oberhofen, Tel. +43(0)6213/8273, Fax 82154, E-Mail tourismus.oberhofen@netway.at - www.tourismus-oberhofen.at

Moosmühle, Laiter 18, Tel. +43(0)6213/8389
Gasthof Fischhof, Fischhof 30, Tel. +43(0)6213/8202

Strandbad Laiter, Tel. +43(0)6213/8464
Strandbad Fischhof, Tel. +43(0)6213/8202

Burgruine Wildeneck, frei zugängl.

Pfarrkirche Oberhofen, M. Guggenbichler Altäre, Tel. +43(0)6213/8367

In Oberhofen hat die deutsche Schauspielerin Barbara Rütting für mehrere Jahre ihre Vision vom biologischen Landbau in die Tat umgesetzt. Das Wirken der begeisterten Vorkämpferin für eine gesunde und mit der Natur im Einklang stehende Lebensart hat auch auf das Tourismusmarketing der gesamten Region abgefärbt.

Die Radroute biegt am Ortseingang links ins Zentrum ein. Wir durchqueren den stattlichen Gutshof, wo ein Vollwertrestaurant zu einer gesunden Rast einlädt. Weiter geht es auf der Gemeindestraße am Gasthaus Baumgartner vorbei in eine kleine Wohnsiedlung, wo die Straße am Bahnkörper der Westbahn endet.

A
Blatt B
Oberhofen a. Irrsee
(573)
Höhenroith
Langert
Mühlbach
Vielweg
Gumpenroid
740
Obernberg
697
Haarberg
584
Wegdorf
587
Ober-
schwand
Schafleiten
Jhtt.
Ginzing
Speck
674
707
656
Gegend
Riedelb.
Schwarzberg
Schoibernberg
883
Stampfhof
Eck
Mühlbauernsäge
Laiter
578
Banngraben
795
SW
Gruber
Stampfl
Bad
Scheibern
Roid
Gommersbg.
806
Steinbach
SW
568
Fischhof
Schneiding
Entachern
Grabenb.
Draxler
Häusern
Schrank
572
742
Stock
Graben
6,0 km
Schweibern
Schwalghof
Wildeneck
Nagendorf
Staller
Bergbauer
Irrsee (Zeller See)
Ramsau
Feichten
Mühle
i. Graben
R. Wildeneck
569
Wolfbauergr.
661
Ober-
Oberlehen
729
schwand
666
Stumer
Unter-
Nieder-
684
Hauben
560
brandstatt
Lindenkpl.
725
Harpoint
Hasenkopf
895
Bad
Dorferwirt
Ober-
Enters-
brandstatt
graben
Zell a Moos
(573)
Jhtt.
874
Bad
Steininger
Zeller B.
Breitenau
Lindau
Thalbauer
795
Bach
Gasleiten
Vormoos
154
864
Bad
Gausen
Hausstätt
561
Zell-
graben
Sulzberg
Hausstätter Gr.
Hingen
676
Ebnat
Schusterberg
Speck
Kasten
723
Iltisbach
Lacken
560
Guggenberg
Vorderau
Schwand
Lackenbg.
925
575
Rauchberg
Wildmoos
Res.
Grub
Guggenberg
St. Koloman
Stöcklberg
Grueb
8,0 km
1098
Au
Jhtt.
Kaltenhaus
Kogler-
binder
Egg
783
Hof
Wiesinger
Berg
Eibersberg
Ritzen
Zeller Ache
Steinerb.
566
Zum-
Weißenstein
609
Res.
Priel
Haidermühle
978
Ritzinger B.
545
Schlößl
Schernthan
Punzau
537
Gastach
536
Kufberg
Felding
Mondsee
Stadl
Erlachmühle
Holzinger
Raith
650
522
Herned
Leiten
535
Irrsberg
699
Mariahilf
Zeller
Ache
Schwalbenbach
Wh. Ölgraben
Riedl
Mondsee
Res.
(481)
Sonnleiten
Seebad
Blatt 4
Niedernb.
545

Rechts zweigt die Radroute nach Frankenmarkt ab, wir halten uns aber links und nehmen die Unterführung unter der Bahn beim Bahnhof Oberhofen-Zell am Moos, am Gasthof zur Westbahn vorbei radeln wir weiter an einer Tennishalle vorbei und kehren dann für kurze Zeit links an die Bundesstraße 154 zurück, die von einem Radweg begleitet wird. Hier überqueren wir die durch einen Granitstein markierte Landesgrenze zu Salzburg. Nach ca. 300 Metern nehmen wir die erste Abzweigung nach links Richtung Taigen. Vor dem Bahndamm geht es rechts Richtung Gasthof Fischwenger und weiter nach Irrsdorf.

Auch hier haben sich bekannte Künstler angesiedelt: der Wiener Schauspieler Karl Merkatz, durch seine Verkörperung des Edmund Sackbauer in der TV-Kult-serie »Ein echter Wiener geht nicht unter« weit über Österreich hinaus bekannt geworden, hat hier ebenso seinen Wohnsitz, wie der Salzburger Filmemacher und TV-Serienschreiber Reinhard Schwabenitzky mit Schauspielergattin Elfi Eschke.
6 *Die beiden landeten unter anderem mit »Ilona und Kurti« einen Kinohit, der Schwabenitzky bei der Berlinale den Karl-Lubitsch-Preis einbrachte.*

Wir bleiben auf der Gemeindestraße, die zwischen Westbahn und Bundesstraße durch den Ort führt. Rechts lohnt sich ein Abstecher zur bekannten Wallfahrts-kirche mit prächtiger barocker Ausstattung von Meinrad Guggenbichler. Interessant auch die zu groß geratene Eingangstüre, die wegen des gotischen Türstockes abgeschnitten werden musste. Wir kommen zu einer Brücke über den parallel zur Straße verlaufenden Bach. Wir wechseln ans andere Ufer und kommen dann wieder zurück an die Bundesstraße 154, wo wir links auf den begleitenden Radweg an der linken Straßenseite einbiegen. So erreichen wir Straßwalchen, wo wir bei der ÖMV-Tankstelle die Bundesstraße 1 überqueren. Das Ortszentrum liegt rechts.

Straßwalchen-Irrsdorf *542 m* **Karte B**

(6.500 Einwohner, 300 Betten)

Tourismusverband A-5204 Straßwalchen, Tel. +43(0)6215/6420, *Fax 5455, E-Mail info@strasswalchen.at - www.strasswalchen.at*

Zweirad Hierl, *Tel. +43(0)6215/7210*

Freibad Straßwalchen, *Tel. +43(0)6215/8376*

Pfarrkirche Straßwalchen, *spätgotisch-barocker Hochaltar (Frühwerk M. Guggenbichler um 1675), Tel. +43(0)6215/8226*
Wallfahrtskirche Irrsdorf, *gotisch, 3 barocke Schnitzaltäre, Kanzel u. Pietà Gruppe M. Guggenbichler; Madonnenrelief, geschnitzte Türflügel v. 1408, Tel. +43(0)6215/8226*

Erlebnispark Straßwalchen, *Österreichs größter Fam.-, Märchen- u. Erlebnispark, tgl. Kinderveranstaltungen u. Theatervorstellungen, Mitte Apr.–Ende Okt. tgl. 10–18 Uhr, Tel. +43(0)6215/8181*

Hotel Gasthof Eder´s,*** *Fam. Eder, Braunauerstraße 5, Tel. +43(0)6215/8238, Fax 823838, E-Mail office@eders.biz - www.eders.biz*
Aignerbauer, *Fam. Loibichler, Stadlberg 8, Tel./Fax +43(0)6215/8433, E-Mail aignerbauer@gmx.at*

5 *Der Ort liegt direkt an der Bundesstraße 1, die vor der Fertigstellung der West-autobahn bis in die Sechzigerjahre die Hauptverbindung zwischen Salzburg und Wien war. Heute ist Straßwalchen ein regionales Einkaufszentrum mit gemütlichen Gasthöfen und Nächtigungsmöglichkeiten. Der Ort ist außerdem sehr geschätzt unter Heißluftballonfahrern, wer das einmal ausprobieren will, meldet sich beim Tourismusverband an.*

Die Variante des Mozart-Radweges überquert am westlichen Ortsrand von Straßwalchen die Bundesstraße 1 und führt in nördlicher Richtung weiter in die Köstendorferstraße. Auf einer wenig befahrenen asphaltierten Nebenstraße queren wir nun eine Nebenbahnlinie und radeln nach links etwas bergauf an Bauernhöfen vorbei auf ein Waldstück zu. Weiter geht es durch den Ortsteil Enharting zu einer Weggabelung, wo wir uns links halten. An Tannham vorbei führt die schmale Asphaltstraße mit schönen Blicken zu Untersberg und Watzmann auf eine Kuppe und dann bergab nach ***Köstendorf*** *(Ortsinformation siehe Seite 41). Hier stoßen wir wieder auf die Hauptroute des Mozart-Radweges.*

B
Straßwalchen
Irrsdorf
Oberhofen a. Irrsee
Neumarkt-
a. Wallersee
6,0 km
5,0 km
4,0 km
3,0 km
Blatt A
Blatt 5
Blatt 6
Hst. Pöndorf
Hst.
Hst. Oberhofen-
Zell a. Moos
Bhf. Straßwalchen
Bhf. Steindorf-
b. Straßwalchen
Bhf. Neumarkt-
Köstendorf
Latein
Haidach
Mitterhackl
Grub
Roidwalchen
Enhartinger Wald
Holzfeld
Tannham
Enharting
Thalleiten
Hofstätter
Gramling
Johannsberg
Kleinköstendorf
Baierleiten
Pfenninglanden
Hufnagl
Bad
Riemerhofsdlg.
Aigelsbrunn
Außerroid
Innerroid
Ruckling
Stauden
Thalham
Rattenberg
Rattensam
Hainbach
Kaufmann
Klein-
stadlberg
Groß-
Steindorf
Hubertuskpl.
Finsterloch
Quengert
Taigen
Irrsberg
Hofstätter
Ederbauer
Diesengr.
Diesenberg
Pfongau
Pfongauer B.
Seitzbach
Wimmer
Spielberg
Lengroid
Wies
Roid
Holzmann
Hangwaldmühle
Sighartstein
Grabenmühle
Steinbach
KA
Haslach
Rabenschwand
Höhenroith
Vielweg
Haarberg
Ginzing
Gegend
Langert
Scheinast
Eingarten
Ederbauer
Ecker Holz
Bodenberg
Neuhofner Holz
Eck
Neuhofen
Pirach
Schwandt
Stockham
Stangling
Hochfeld
Moosleiten
Winzerroid
Doppl
Hub
Kogl
Mühlbach
Gumpenroid
Obernberg
Wegdorf
Ober-
schwand
Schwarzberg
Schafleiten
Hechfeld
Volkerding
Voglhub
Eisbach
Weinbach
Bruckmoos
Haslach
Winkl
Hochfeldler
Reitzingbach
Rilling
Reitzing
Reitzingb.
Wieselkpl.
Pölzleiten
Haselbach
Kogler B.
Jagdhub
Oberholz
Jhtt.
Schoibernberg
Res.
SW
147
154
1

Mozart-Radweg Hauptroute: von Eugendorf/Unzing Richtung Köstendorf

Wir biegen also in **Unzing** (siehe Karte 2) links ab und folgen der Nebenstraße, dann biegen wir rechts auf einen schmalen Weg ein, der an einsamen Bauernhöfen vorbei zu einer Abfahrt in ein Tal führt. Dann radeln wir wieder bergauf, biegen links ab und kommen schließlich zu einer Nachrangtafel.

Wir queren die Verbindungsstraße von Henndorf nach Thalgau und fahren geradeaus Richtung Golfplatz Altentann. Bei der nächsten Abzweigung halten wir und links zur Ortseinfahrt nach Henndorf, rechts geht es zum Golfplatz und zum Gut Aiderbichl.

Ausflugstipp: Gut Aiderbichl

Wenn wir der schmalen Straße rechts Richtung Golfplatz folgen und dann weiter kurz bergauf radeln und den Wegweisern zum Gut Aiderbichl folgen (ca. 2 km), können wir ein besonderes Erlebnis genießen: Michael Aufhauser, ein wohlhabender Tierfreund, hat dieses Gut vor einigen Jahren erworben und hier gequälten und bedrohten Tieren eine neue Heimat gegeben. Auf dem
5 *weitläufigen Areal leben Pferde, Schweine, Rinder, Hunde, Katzen, Hasen und allerlei Federvieh in friedlicher Eintracht miteinander. Während einer Führung erfährt man Details über so manches Schicksal dieser Tiere, die Aufhauser oft vor quälenden Transporten oder aus nicht artgerechter Haltung gerettet hat.*

Gut Aiderbichl ist zum häufigen Treffpunkt nicht nur vieler Tierfreunde geworden, sondern zieht auch Salzburgs Prominente an: der Wahl-Salzburger Formel-1 Pilot Ralf Schuhmacher hat hier seinen Bullen eingestellt, Uschi Glas hat das Schwein in Kost gegeben, das früher in ihrem Haus lebte. Im Vordergrund stehen aber nicht Promis, Film- und Fernsehjounralisten sondern die Tiere, denen man es förmlich ansieht, dass sie auf Gut Aiderbichl ein kleines Paradies gefunden haben. Für einen Besuch mit Führung sollte man sich zwei Stunden Zeit nehmen.

Henndorf am Wallersee 551 m **Karte 5**

(4.956 Einwohner, 180 Betten)

Tourismusverband A-5302 Henndorf am Wallersee, Hauptstraße 65, Tel. +43(0)6214/6011, Fax 8277,
E-Mail henndorf@salzburger-seenland.at
- www.wallersee.com/ferienland u. www.salzburger-seenland.at

Fenninger Spitz, Tel. +43(0)6214/8443

Strand- u. Freibad Henndorf,
beheiztes Schwimm- u. Babybecken,
Beach-Volleyballplatz, Tel. +43(0)6214/8263

Ruine Lichtentann, Mitte 12. Jh. erbaut, bis 1591 Pflegegericht, frei zugängl.

Wiesmühl, Wohnhaus C. Zuckmayer
Gut Aiderbichl, Berg 20, Begegnungsstätte zw. Mensch u. Tier, nur mit Führung (Dauer 1–1,5 Stunden) tgl. um 15 Uhr,
Tel. +43(0)662/625395
Eiszeit-Rundweg, informative Tageswanderung

Gasthof Caspar Moser Bräu, Hauptstraße 61,
Tel. +43(0)6214/8228, Fax 20162

Der beliebte Ort am Ostufer des Wallersees war einst Wahlheimat von Carl Zuckmayr.

Wir halten uns im Ort immer rechts und biegen dann auf die kleine Straße nach Firling ab. Hier stoßen wir auf eine Asphaltstraße, der wir links in den Ortsteil Berg folgen. Danach biegen wir rechts ab und nehmen dann die erste Abzweigung links nach Haslach. Diese Route ist auch als »Zuckmayr-Route« beschildert.

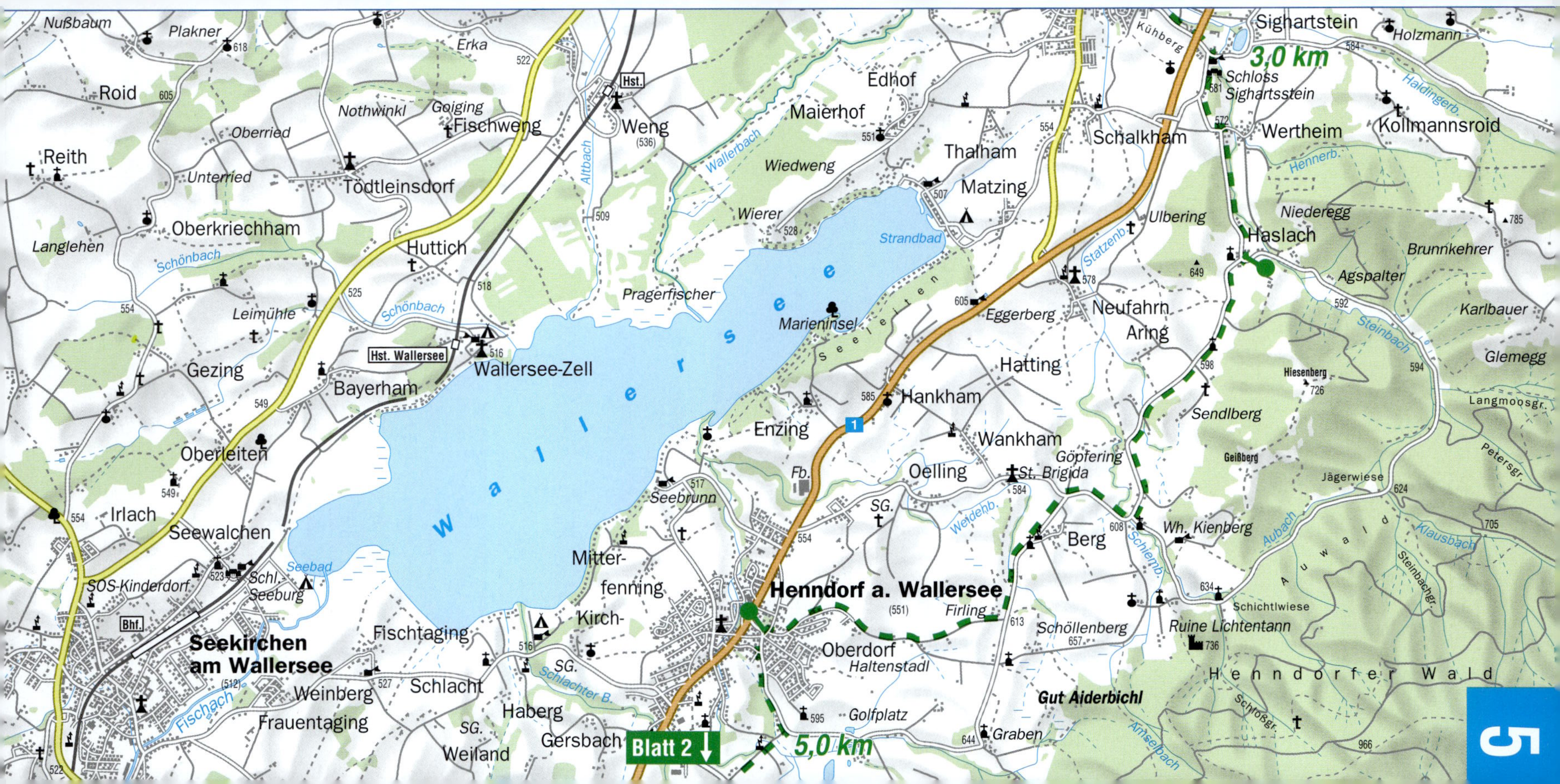

5
Wallersee
Henndorf a. Wallersee
Seekirchen am Wallersee
Sighartstein
Schloss Sighartsstein
3,0 km
5,0 km
Blatt 2
Holzmann
Kollmannsroid
Wertheim
Haldingerb.
Hennerb.
Kühberg
Schalkham
Edhof
Maierhof
Thalham
Matzing
Strandbad
Ulbering
Niederegg
Haslach
Brunnkehrer
Agspalter
Karlbauer
Glemegg
Steinbach
Hiesenberg
Langmoosgr.
Petersgr.
Jägerwiese
Geißberg
Sendlberg
Neufahrn
Aring
Statzenb.
Eggerberg
Seeleiten
Marieninsel
Hatting
Hankham
Wankham
Göpfering
St. Brigida
Oelling
Weidenb.
Enzing
Fb.
Seebrunn
SG.
Berg
Wh. Kienberg
Schiemb.
Aubach
Auwald
Klausbach
Steinbachgr.
Schichtlwiese
Ruine Lichtentann
Henndorfer Wald
Schloßgr.
Anzelbach
Schöllenberg
Firling
Oberdorf
Haltenstadl
Golfplatz
Gut Aiderbichl
Graben
Mitter-
fenning
Kirch-
Fischtaging
Schlachter B.
Schlacht
Haberg
Gersbach
Weiland
Weinberg
Frauentaging
Fischbach
Seebad
Schl. Seeburg
SOS-Kinderdorf
Bhf.
Seewalchen
Irlach
Oberleiten
Bayerham
Hst. Wallersee
Wallersee-Zell
Pragerfischer
Wierer
Wiedweng
Wallerbach
Weng
Hst.
Altbach
Erka
Goiging
Fischweng
Nothwinkl
Tödtleinsdorf
Huttich
Schönbach
Leimühle
Gezing
Oberkriechham
Langlehen
Unterried
Oberried
Reith
Roid
Plakner
Nußbaum

Das Stück vom Paradies

Die liebliche Landschaft östlich des Wallersees war es wohl, die Carl Zuckmayer in seiner Wahlheimat Henndorf so inspirierte. Wenn heute Salzburger Tourismuswerber ihr Land als »kleines Paradies« anpreisen, so geht dieses auf die Zuckmayersche Feststellung, dieses Land sei für ihn »Ein Stück vom Paradies« zurück. Sein Werk »Der Seelenbräu« nahm sich des traditionellen Henndorfers Gasthöfs Bräu an, einem der ältesten Wirtshäuser der Region, in dem auch Ödon von Horvath und viele weitere Künstler Stammgäste waren. Im »Henndorfer Pastorale« beschreibt Zuckmayer seine Gedanken in jenen für den von den Nazis zur Emigration gezwungenen Schriftsteller so glücklichen Jahren in Österreich. Im heutigen Caspar Moser Bräu mitten an der Ortsdurchfahrt kann man immer noch gemütlich ein Bier trinken. Der Pächter zeigt auch gerne jenes Zimmer, in dem Zuckmayer oft als Gast genächtigt hat und offeriert eine Carl-Zuckmayer-Jause, serviert am Stammplatz des Dichters.

In Haslach halten wir uns links und biegen beim Schlosswirt von Sighartsstein links ab, nehmen die Unterführung unter der Bundesstraße 1 und erreichen die Stadt Neumarkt am Wallersee. Im Ortszentrum biegen wir rechts ab.

● Neumarkt am Wallersee 552 m Karte 6

(5.749 Einwohner, 308 Betten)

Tourismusverband A-5202 Neumarkt am Wallersee, Hauptstraße 30, Tel. +43(0)6216/6907, Fax 7324,
E-Mail neumarkt@salzburger-seenland.at - www.salzburger-seenland.at

FA Rauchenschwandner, Hauptstraße 29, Tel. +43(0)6216/5232

Seecamp, Uferstraße 3, Tel. +43(0)6216/4400

Strandbad Neumarkt, Uferstraße 3, Tel. +43(0)6216/4400
Strandbad Winkler, Thalham 12, Tel. +43(0)6216/5270

Pfarrkirche hl. Nikolaus, 1888 erbaut, Historismus Stil, Erdwallanlage mit frühbarockem Torturm
Filialkirche Pfongau, 8. Jh., Fundamente röm. Gebäude, Schnitzrelief »Marienkrönung«
Wallfahrtskirche Sommerholz, 1475 erbaut, barocker Hochaltar J. Gerold

Museum Fronfeste, Hauptstraße 27, originaler Zellentrakt aus 1600, Hutmacher, Gerber, Römerausstellung, Mai–Ende Okt. Di. u. Do. 10–12 Uhr, Sa. u. So. 14–17 Uhr, Tel. +43(0)6216/5704

Wenger Moor, Naturschutzgebiet, Hoch- u. Niedermoor, sibir. Schwertlilie, gr. Brachvogel

Gasthof Eggerberg, Fam. Weinbacher, Neufahrn 22, Tel. +43(0)6216/6711
Gasthof Krone (Karlwirt), Michaela Lindinger , Tel. +43(0)6216/5224,
E-Mail gasthof.krone@sol.at - www.gasthof-krone-neumarkt.at

Schön restaurierte Wirtshäuser laden hier entlang der Hauptstraße zur Rast. Auch Familie Mozart schätzte die Gastfreundschaft in Neumarkt.

Mozart in Neumarkt am Wallersee

Die beschwerliche Reise mit der Postkutsche von Salzburg nach Wien führte über Neumarkt, wo in der Postmeisterei die Pferde gewechselt wurden. Zumindest zweimal verweilte Wolfgang Amadeus Mozart aus diesem Anlass in der Posttaverne, dem heutigen Gasthof Gerbl in der Hauptstraße Nr. 28: bei der Wien-Reise mit dem 11jährigen Wunderkind im Jahre 1767 und später nochmals im Juli 1773. Salzburger und kaiserlicher Postmeister zu Neumarkt war damals Franz Xaver Eisenhut. Eine Abbildung der Postkutsche befindet sich auf dem sogenannten »Kranzingerhaus«, Hauptstraße Nr. 21. Auch im nahegelegenen Schloss Sighartstein war Mozart einmal zu Gast und musizierte zu einer Soirée.

Nach der Abfahrt aus dem Ortszentrum biegen wir links Richtung Köstendorf ab. Vor dem Bahndamm zweigen wir nochmals links auf eine Nebenstraße ab, folgen dem Bahndamm bis zur kleinen Kreuzung, wo wir rechts abbiegen und die Westbahn überqueren. In Kleinköstendorf müssen wir bei einem großen Bauernhof für ein kurzes Stück auf die Landesstraße nach links einbiegen. Nach ca. 400 Metern beginnt auf der rechten Straßenseite ein Radweg, dem wir nach Köstendorf, aber nur bis zum Freizeitzentrum (und Gasthof) Brötzner folgen. Wir biegen in die Tannerstraße rechts ein und folgen dann dem kleinen Bach, nach der kleinen Holzbrücke biegen wir links in die Enhartingerstraße ein und befinden uns ab jetzt wieder auf der Route des Salzkammergutradweges.

Köstendorf 561 m Karte 6

(2.500 Einwohner, 50 Betten)

Gemeinde A-5203 Köstendorf, Tel. +43(0)6216/5313, Fax 531310, E-Mail office@koestendorf.at - www.salzburger-seenland.at

Wallfahrtskirche Köstendorf, barock, Marmorhochaltar mit Bachlehner Madonna
St. Johann am Berg, histor. Pestfriedhof, Tel. +43(0)6216/5308

Heimatmuseum, alte bäuerl. Geräte mit J. Mösl Stube, n. Vereinb.,
5 Tel. +43(0)6216/6554

Zwei histor. Krämerläden, Ortszentr., während Geschäftsz.

Freizeitzentrum Brötzner***, Josef-Mösl-Straße 4, Tel. +43(0)6216/7688, Fax 76884, E-Mail info@freizeitcenter.at - www.freizeitcenter.at

Beim beliebten Gasthof Fritzenwallner radeln wir links steil hinauf, queren vorsichtig die Landesstraße und folgen dem Radweg, der wieder an die Bahntrasse zurück führt. Dann geht es rechts zur Fischachmühle, bei der Kreuzung geradeaus und auf einer Nebenstraße nach Schleedorf.

Schleedorf 616 m Karte 6

(900 Einwohner, 40 Betten)

Museum Agri-Cultur, A-5205 Schleedorf 26, Tel. +43(0)6216/6911, Fax 69114, E-Mail info@agricultur.at - www.schaudorf.at

KFZ Binder, Munten 5, Tel. +43(0)6216/6586

Pfarrkirche hl. Stephanus, 1872 erbaut, Schnitzwerke (1699–1701) M. Guggenbichler, Tel. +43(0)6216/6574

Erlebnismuseum Agri-Cultur, Haus d. Naturgeschichten, heimische Tierwelt, nostalgische Schaubäckerei, Dorfschmiede, Führung n. Voranmeld., Mai–Ende Okt. tgl. 10–18 Uhr, Tel. +43(0)6216/6911
Salzburger Käsewelt, erste Bio-Schaukäserei Österreichs, Mo.–Sa. 8–18 Uhr, So. 9–18 Uhr, Tel. +43(0)6216/4198

7 **Naturerlebnis Tiefsteinklamm,** romant. Klamm mit Wasserfall
Naturschutzgebiet Egelseen
Schleedorfer Puppenfenster, über 60 bewegl. Tonpuppen, bei Trachtenschneiderei Wimmer am Dorfplatz ganzj. v. außen zu besichtigen

Hier im »Schaudorf-Schleedorf« gibt es mit dem lebendigen Museum Agri-Cultur interessantes aus der Welt der Landwirtschaft zu sehen. Im mystisch wirkenden Ambiente des Agri-Cultur tauchen die Besucher ein in die faszinierende Welt des heimischen Obstbaues, der Bienen, Schmetterlinge, des Getreidebaues, der Hecken und Zauberpflanzen sowie der heimischen Tierwelt.

In der »Käsewelt«, der ersten Bio-Schaukäserei Österreichs, kann man dabei sein und zusehen, wie aus silofreier Rohmilch vorzüglicher, vielfach prämierter Käse hergestellt wird, der in ganz Europa seine Abnehmer findet. Man kann dort sogar selber seinen eigenen Käse herstellen. Als Veranstaltung im Rahmen des Salzburger Bauernherbstes wird hier das jährliche Käse-Gourmet-Fest gefeiert.

SalzburgerLand

Von Schleedorf folgt der Mozart-Radweg dem auch als Salz+Seen Tour ausgeschilderten verkehrsfreien Weg durch das Naturschutzgebiet Egelsee, dann biegen wir rechts ab und erreichen bei einer Bootswerft wieder die Landstraße nach Mattsee, wo wir links einbiegen. Von hier geht es bergab zum Mattsee. Von einem Parkplatz am rechten Straßenrand hat man einen schönen Blick über den Mattsee und den Obertrumer See. Bei der Kreuzung biegen wir rechts ins Zentrum von Mattsee ab.

● Mattsee 506 m Karten 6, 7

(2.925 Einwohner, 600 Betten)

Tourismusverband A-5163 Mattsee, Tel. +43(0)6217/6080, Fax 7421, E-Mail mattsee@salzburger-seenland.at - www.salzburger-seenland.at

FA Grabner, Salzburger Straße 129, Tel. +43(0)6217/6333

Pfadfinder Zellhof, Tel. +43(0)6217/7066

Strandbad, Tel. +43(0)6217/5252

Stifts- u. Pfarrkirche, frühgotische Basilika, barockisiert, Bildhauerarbeiten Guggenbichler Werkstatt

Stiftsmuseum, in ehemaliger Propstei, Mitte Juni–Aug., Einzelbesucher: Do. u. Sa. 17–19 Uhr, So. 11–12 Uhr, Gruppen: jederz. n. Vereinb., Tel. +43(0)6217/5202

Bajuwarengehöft, 7. Jh., Tel. +43(0)6217/6080

Vitalhotel Seewirt****, Fam. Blüthl, Seestraße 4, Tel. +43(0)6217/5271, Fax 54558, E-Mail office@seewirt.to - www.seewirt.to

Gasthof Fürst***, Fam. Fürst, Aug 1, Tel./Fax +43(0)6217/5400, E-Mail gasthof_fuerst@utanet.at

Gasthof Mitterhof***, Fam. Gruber, Mitterhof 4, Tel. +43(0)6217/5570, Fax 55704, E-Mail gasthof@mitterhof.at - www.mitterhof.at

Gasthof Moorbad***, Fam. Haselberger, Moorbad 1, Tel. +43(0)6217/5238, Fax 52385, E-Mail Gasthof_Moorbad@hotmail.com

Seepension Fischerstüberl Wagner***, Weyer 4, Tel. +43(0)6217/20207

Seepension Feichtner, Fam. Feichtner, Fisching 5, Tel./Fax +43(0)6217/5445, E-Mail seepension.feichtner@sbg.at

Der größte Ort im Salzburger Seenland liegt auf einer Halbinsel, die östlich vom Mattsee, westlich vom Obertrumer See begrenzt wird. Das aus dem 8. Jahrhundert stammende Stift, eine ehemalige Benediktinerabtei, die frühgotische Stiftskirche und das Stiftsmuseum waren vor einigen Jahren Zentrum der Salzburger Landesausstellung »Die Bajuwaren«. Aus diesem Anlass wurde auch ein Freilichtmuseum eingerichtet, wo am Beispiel eines rekonstruierten bajuwarischen Gehöftes aus dem 7. Jahrhundert anschaulich das damalige Leben gezeigt wird. In der Hochsaison ist die Besichtigung täglich außer Dienstag möglich, außerhalb der Saison gegen Anmeldung. Der Bajuwaren-Radweg verbindet Mattsee mit Waging am See in Bayern.

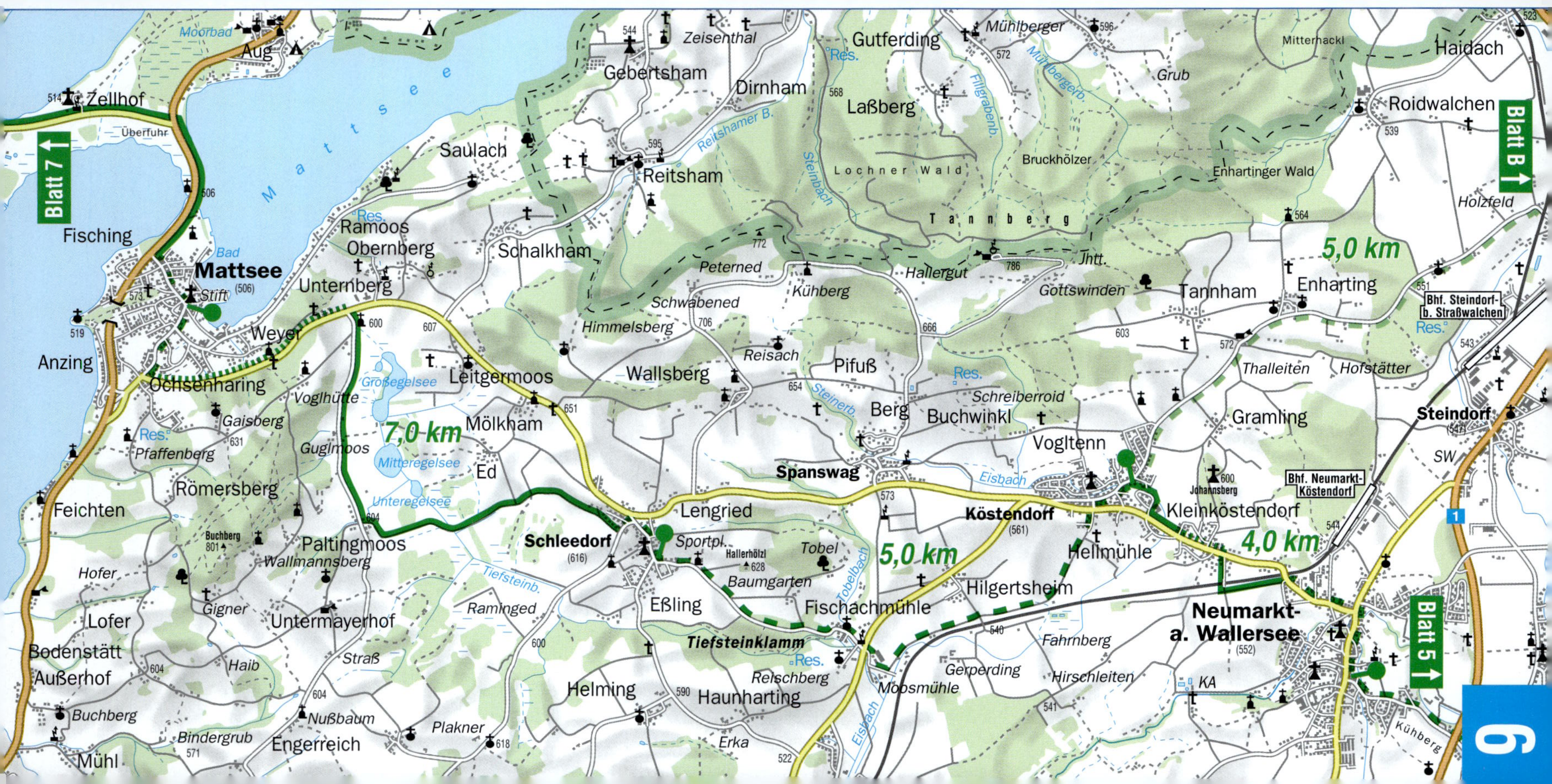
6
Blatt B
Blatt 5
Blatt 7
Mattsee
Neumarkt-
a. Wallersee
Köstendorf
Schleedorf
Spanswag
Steindorf
Bhf. Steindorf-
b. Straßwalchen
Bhf. Neumarkt-
Köstendorf
5,0 km
4,0 km
5,0 km
7,0 km
Zellhof
Überfuhr
Fisching
Anzing
Aug
Moorbad
Bad
Stift
Weyer
Unternberg
Obernberg
Ramoos
Saulach
Schalkham
Gebertsham
Reitsham
Dirnham
Zeisenthal
Gutferding
Laßberg
Mühlberger
Lochner Wald
Tannberg
Bruckhölzer
Enhartinger Wald
Mitterhackl
Haidach
Roidwalchen
Holzfeld
Grub
Enharting
Tannham
Gottswinden
Hallergut
Jhtt.
Peterned
Kühberg
Schwabened
Himmelsberg
Reisach
Pifuß
Wallsberg
Berg
Buchwinkl
Schreiberroid
Gramling
Thalleiten
Hofstätter
Vogltenn
Kleinköstendorf
Johannsberg
Hellmühle
Hilgertsheim
Fahrnberg
Hirschleiten
Gerperding
Moosmühle
Fischachmühle
Tobel
Baumgarten
Hallerhölzl
Sportpl.
Lengried
Eßling
Tiefsteinklamm
Reischberg
Haunharting
Helming
Erka
Raminged
Plakner
Engerreich
Nußbaum
Straß
Untermayerhof
Paltingmoos
Wallmannsberg
Gigner
Haib
Bindergrub
Mühl
Buchberg
Außerhof
Bodenstätt
Lofer
Hofer
Feichten
Römersberg
Pfaffenberg
Gaisberg
Voglhütte
Guglmoos
Großegelsee
Mitteregelsee
Unteregelsee
Leitgermoos
Mölkham
Ed
Ochsenharing
Mattsee
Reitshamer B.
Steinbach
Fillgrabenb.
Mühlbergerb.
Steinerb.
Eisbach
Tobelbach
Tiefsteinb.
Res.
SW
KA
1
523
539
544
551
543
564
568
572
595
596
600
603
604
606
607
618
628
631
651
654
666
706
772
786
801
506
514
519
522
540
541
571
573
590
(506)
(547)
(552)
(561)
(616)

Mattsee ist auch ein Zentrum des Wassersports: Segelschule, Bootsverleih und das Strandbad sind mitten im Ort, wo es auch eine reiche Auswahl an Restaurants, Gasthöfen und Pensionen gibt.

Der Mozart-Radweg führt direkt durch das Ortszentrum über den verkehrsberuhigten Marktplatz links am Gasthof Postkutsche vorbei Richtung Norden. Beim Surfplatz kehren wir an die Mattseer Landesstraße zurück, die rechts ein asphaltierter Radweg begleitet. Nach zwei Kilometern erreichen wir eine Abzweigung nach links Richtung Seeham. Geradeaus führt der Radweg weiter zum am Nordufer des Mattsees gelegenen Campingplatz Jochum, wir folgen aber der Beschilderung nach Seeham. Der Radweg verläuft weiter rechts neben der Verbindungsstraße, die nun zwischen dem Obertrumer See und dem Grabensee nach Westen führt. Über zwei kleine Holzbrücken kommen wir zu einer Kreuzung mit der Landesstraße nach Perwang. Hier folgen wir erst kurz dem Radweg Richtung Perwang, überqueren aber dann die Straße und biegen in den Ortsteil Fraham ein. Am Ortsende kehren wir an die Landesstraße nach Seeham zurück, wo rechts ein paralleler Radweg beginnt. Dieser führt bis zum Ortseingang von Seeham.

● Seeham 506 m A Karte 7

(1.750 Einwohner, 570 Betten)

Tourismusverband A-5164 Seeham, Dorf 5, Tel. +43(0)6217/5493, Fax 6482, E-Mail info.seeham@sbg.at - www.seeham-info.at

Schwaighofer Wilhelm, Hauptstraße 57, Tel. +43(0)6217/5579

FA Grabner, Salzburger Straße 129, Tel. +43(0)6217/6333

Sporthof Wimmer, Hauptstraße 74, Tel. +43(0)6217/7297

Strandbad, Tel. +43(0)6217/5596

Gasthof Schießentobel, Tel. +43(0)6217/5386

Pfarrkirche hl. Johannes, teilw. 1400, Madonnenstatue v. Weißenkirchner 1685, Tel. +43(0)6217/7234

Freilichtmuseum Kugelmühle, 1983 an histor. Stelle wieder errichtet, Murmeln durch Wasserkraft erzeugt, frei zugängl., Führung n. Vereinb., Tel. +43(0)6217/7318
Brechlbad Ausstellung, revitalisiertes Bad mit Ausstellung »Vom Flachs zum Tuch«, Hörstation, offen n. Vereinb., Tel. +43(0)6217/5349
Armbrustausstellung u. Schießstand, n. Vereinb., Tel. +43(0)6217/5386

Trumer Seen Schifffahrt, Linien- u. Ausflugsschifffahrt Mai–Ende Okt., Anlegestellen Mattsee, Obertrum am See u. Seeham, Tel. +43(0)6217/5432 od. 5493

Röhrmoos Mühle, seit 1835, Schaubetrieb »Der Weg vom Korn zum Brot«, Führung Di. 10–13 Uhr, So. 14–16 Uhr, Gruppen jederz. n. Vereinb., Tel. +43(0)6217/7318
Naturerlebnisweg Teufelsgraben, 17 Stationen, Normalroute ca. 2,5 km, Kurzroute ca. 1,5 km, Führung durch geprüfte Naturführer n. Vereinb., Tel. +43(0)6217/5493
Seebühne, Freilufttheater, Spielsaison Juni, Juli, Aug., Tel. +43(0)6217/552115

Hotel Walkner***, Fam. Haberl, Eisenharting 4, Tel. +43(0)6217/5550, Fax 555022, E-Mail hotel.walkner@eunet.at - hotel-walkner.at
Hotel-Landgasthof Zum Altwirt***, Fam. Leobacher, Dorf 1, Tel. +43(0)6217/5522, Fax 612040, E-Mail info@altwirt.at - www.altwirt.at
Gasthof Entenwirt***, Fam. Wallner, Hauptstraße 61, Tel. +43(0)6217/7110, Fax 711033, E-Mail entenwirt@sbg.at - www.sbg.at/entenwirt
Gast- u. Reiterhof Grabensee***, Fraham 10, Tel./Fax +43(0)6217/5384, E-Mail office@gasthof-grabensee.com - www.gasthof-grabensee.com
Gasthof Schießentobelhof, Fam. Rosenstatter, Schießentobel 1, Tel. +43(0)6217/5386, Fax 538666, E-Mail schiessentobel@utanet.at - www.schiessentobel.at

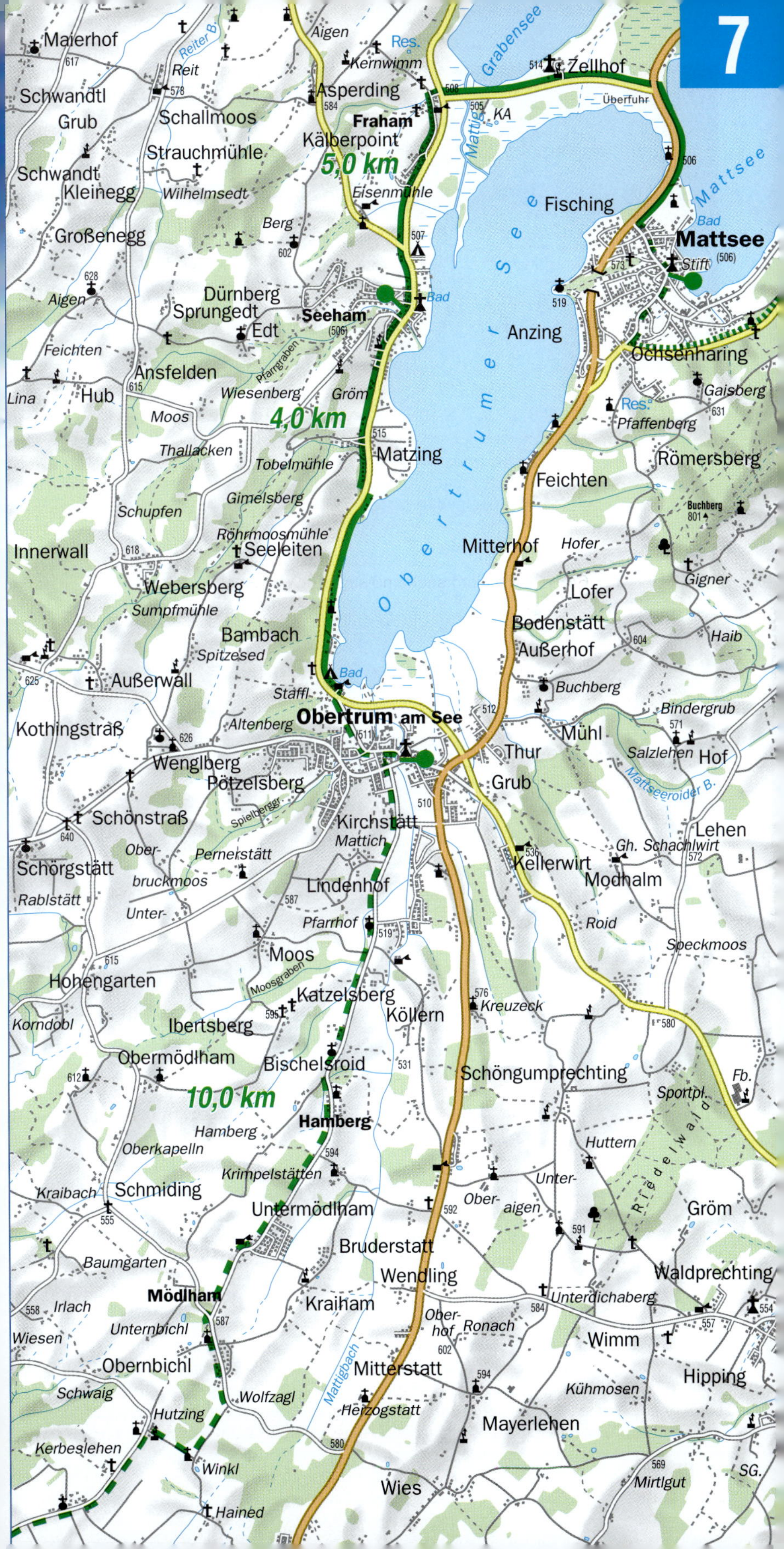
7
Maierhof
Reiter B.
Reit
Aigen
Res.
Kernwimm
Grabensee
Zellhof
Asperding
Überfuhr
Schwandtl
Grub
Schallmoos
Fraham
Kälberpoint
KA
Mattig
Strauchmühle
5,0 km
Schwandt
Kleinegg
Wilhelmsedt
Eisenmühle
Fisching
Mattsee
Großenegg
Berg
Bad
Stift
Aigen
Dürnberg
Sprungedt
Edt
Seeham
Anzing
Feichten
Ansfelden
Pfarrgraben
Ochsenharing
Lina
Hub
Wiesenberg
Gröm
Gaisberg
Moos
4,0 km
Res.
Pfaffenberg
Thallacken
Tobelmühle
Matzing
Römersberg
Feichten
Obertrumer See
Gimelsberg
Buchberg
Schupfen
Röhrmoosmühle
Mitterhof
Hofer
Innerwall
Seeleiten
Gigner
Webersberg
Lofer
Sumpfmühle
Bambach
Bodenstätt
Haib
Spitzesed
Außerhof
Außerwall
Staffl
Buchberg
Altenberg
Obertrum am See
Bindergrub
Kothingstraß
Mühl
Thur
Salzlehen
Hof
Wenglberg
Pötzelsberg
Grub
Mattseeroider B.
Spielberggr.
Schönstraß
Kirchstätt
Lehen
Mattich
Gh. Schachlwirt
Ober-
Pernerstätt
Kellerwirt
Schörgstätt
bruckmoos
Modhalm
Lindenhof
Rablstätt
Unter-
Pfarrhof
Roid
Speckmoos
Moos
Hohengarten
Moosgraben
Katzelsberg
Kreuzeck
Korndobl
Ibertsberg
Köllern
Obermödlham
Bischelsroid
Schöngumprechting
Fb.
Sportpl.
10,0 km
Hamberg
Hamberg
Oberkapelln
Huttern
Riedelwald
Krimpelstätten
Unter-
Kraibach
Schmiding
Ober-
aigen
Gröm
Untermödlham
Baumgarten
Bruderstatt
Wendling
Waldprechting
Mödlham
Unterdichaberg
Irlach
Kraiham
Wiesen
Unternbichl
Ober-
hof
Ronach
Wimm
Obernbichl
Mattigbach
Mitterstatt
Hipping
Schwaig
Wolfzagl
Kühmosen
Herzogstatt
Hutzing
Mayerlehen
Kerbeslehen
Winkl
Wies
Mirtlgut
SG.
Hained

SalzburgerLand

Hier gibt es ein sehr schönes Strandbad mitten im Ort sowie eine große Auswahl an Übernachtungsmöglichkeiten in gemütlichen Gasthöfen und Pensionen. Der moderne Maler und Keramiker Peter Mairinger hat hier sein Atelier (Besuch gegen Voranmeldung beim Tourismusverband). Ein Ausflug lohnt zum Freilichtmuseum Kugelmühle neben dem Naturdenkmal Wildkarwasserfall, wo
4 durch Wasserkraft Murmeln erzeugt werden. Im Juli und August ist der Kugelmüller vormittags anwesend.

Noch vor dem Ortsende beginnt wieder rechts der Hauptstraße ein asphaltierter Radweg. So kommen wir in den Ortsteil Matzing und weiter nach Obertrum, wo wir beim Ortsanfang rechts ins Zentrum einbiegen.

● Obertrum am See 511 m A Karte 7

(4.200 Einwohner, 170 Betten)

Tourismusverband A-5162 Obertrum, Mattigplatz 1, Tel./Fax +43(0)6219/6307, E-Mail obertrum@salzburger-seenland.at - www.salzburger-seenland.at

Strandcamping Grabner-Oitner, Staffl, Tel. +4306219/6442 od. 6263

Strandcamping Grabner-Oitner, Staffl, Tel. +4306219/6442 od. 6263

Trumer Brauerei, Tel. +43(0)6219/7411

Puppenmuseum, Tel. +43(0)6219/6582

Gasthof Neumayr***, Fam. Neumayr, Dorfplatz 8, Tel. +43(0)6219/6302, Fax 630240, E-Mail gasthof.neumayr@aon.at - www.gasthof-neumayr.at

Der kleine Ort ist bekannt als Heimat des Trumer Bieres, das hier in der Privatbrauerei Sigl gebraut wird. Besonders das Pils gilt als eines der besten seiner Art. Es ist durch geschicktes Marketing ein echtes Modegetränk geworden. Kurios auch die Kleinserie von Flaschenbieren nach mexikanischem Muster (müssen ohne Glas aus der Flasche getrunken werden), die Etiketten zeigen in- und ausländische Männer und Frauen, die mit frechen Sprüchen locken.

10

In Obertrum halten wir auf die Kirche zu und kommen rechts zum Braugasthof in typisch Flachgauer Architektur. Links steht die Trumer Brauerei, wir biegen aber gleich nach dem Braugasthof rechts ab und nehmen die erste Straße nach links Richtung Petermühle. Vorbei am neuen Berufsschulzentrum fahren wir jetzt immer geradeaus etwas bergauf bis zum Ortsteil Hamberg. Hier nehmen wir die linke, untere Straße und kommen auf Nebenstraßen nach Mödlham. Unterwegs haben wir herrliche Aussicht auf den Untersberg und dahinter das Hagen- und Tennengebirge. Beim Nachrangschild biegen wir links ein und kommen nochmals in einen Ortsteil von Mödlham. Nach dem Ortsende geht es rechts Richtung Anthering, dann nochmals rechts, kurz bergauf und auf der Kuppe in Hutzing nach links. Jetzt sehen wir über das Salzachtal weit ins Bayrische hinein. Durch den Ortsteil Trainting und an einem großen Wegkreuz vorbei kommen wir zu einer steilen Abfahrt nach Anthering.

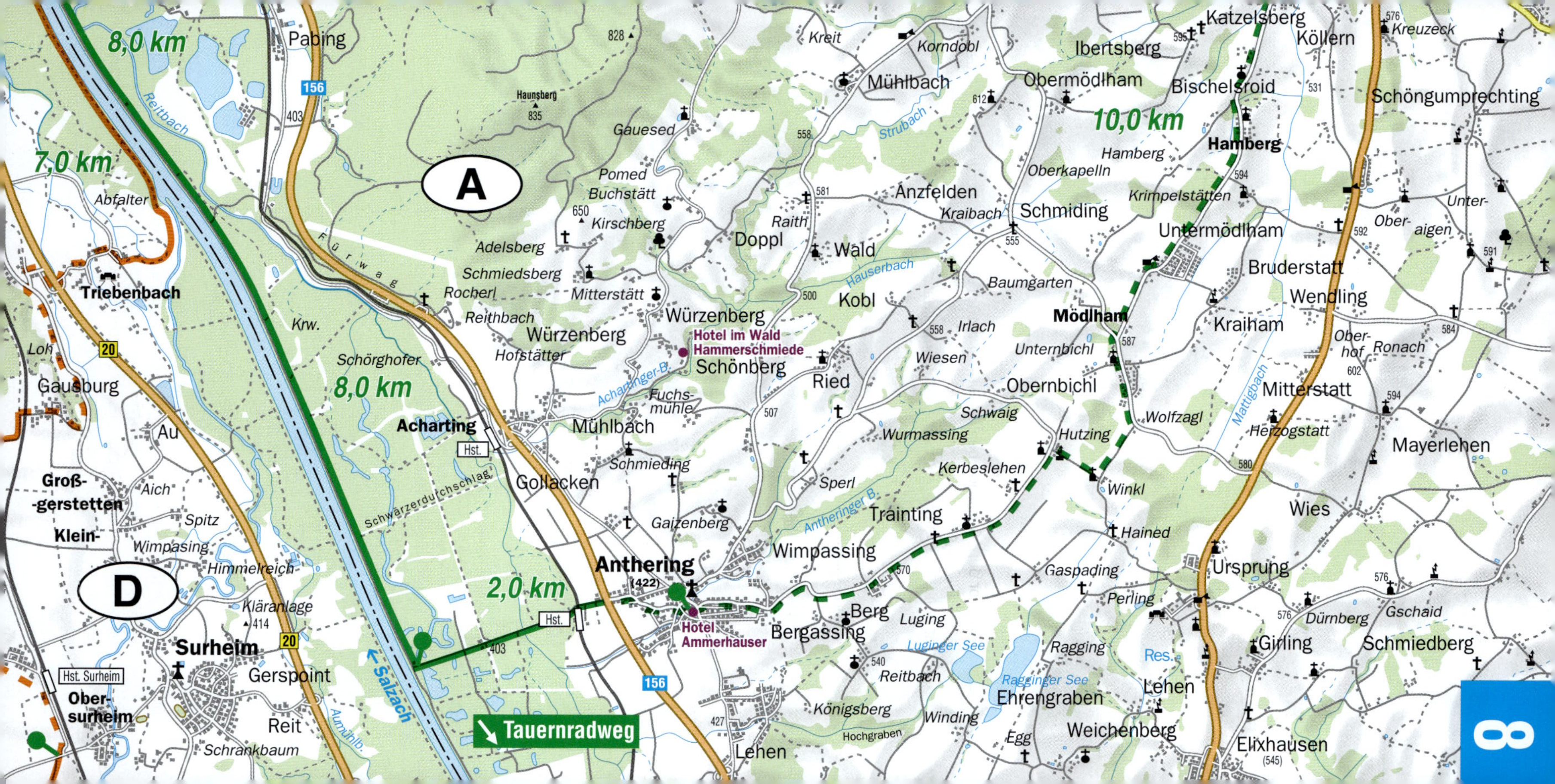
8
8,0 km
7,0 km
8,0 km
2,0 km
10,0 km
A
D
Tauernradweg
Salzach
Pabing
Triebenbach
Gausburg
Groß-
-gerstetten
Klein-
Surheim
Ober-
surheim
Acharting
Gollacken
Anthering
Hotel Ammerhauser
Hotel im Wald Hammerschmiede
Würzenberg
Schönberg
Mühlbach
Doppl
Kobl
Ried
Wimpassing
Trainting
Bergassing
Lehen
Ehrengraben
Weichenberg
Obernbichl
Mödlham
Untermödlham
Schmiding
Anzfelden
Obermödlham
Ibertsberg
Bischelsroid
Hamberg
Katzelsberg
Köllern
Schöngumprechting
Bruderstatt
Wendling
Kraiham
Mitterstatt
Mayerlehen
Wies
Ursprung
Girling
Schmiedberg
Elixhausen
Hst. Surheim

● **Anthering** 422 m **Karte 8**

(3.000 Einwohner, 200 Betten)

Tourismusverband A-5102 Anthering, Tel./Fax +43(0)6223/2279, E-Mail office@anthering-info.at - www.anthering-info.at

Autohaus Anthering, Salzburger Straße 23, Tel. +43(0)6223/2208

Freibad Anthering, Tel. +43(0)6223/2929

Pfarrkirche Mariä Himmelfahrt, 1450 erbaut, gotische Apostelkreuze u. spätgotische Madonna, Krypta

Kräutergarten, frei zugängl., Führung n. Vereinb.

Hotel Gasthof Ammerhauser****, Fam. Ammerhauser, Dorfstraße 1, Tel. +43(0)6223/2204, Fax 220462, E-Mail info@ammerhauser.at - www.ammerhauser.at

Hotel im Wald Hammerschmiede****, Ernestine Stadler, Acharting 22, Tel. +43(0)6223/2503, Fax 250377, E-Mail info@hammerschmiede.at - www.hammerschmiede.at

10

Die Radroute führt erst rechts zur Kirche und biegt dann links in die Bahnhofstraße ein. Die führt uns unter der Bundesstraße durch und zum Bahnhof Anthering der Salzburger Lokalbahn. Mit dem Fahrrad fahren wir geradeaus unter der Bahntrasse durch und auf einem geschotterten Weg durch die Aulandschaft bis ans Salzachufer. Hier treffen wir auf den Tauernradweg, dem wir nun rechts entlang des Ufers und der Salzachauen folgen.

Der Radweg führt immer geradeaus bis zu einer scharfen Kurve nach rechts, wo wir das Rad über eine schmale Holzbrücke schieben müssen. Dann geht es kurz steil hinauf zur Gemeindestraße, die zum Ortseingang von Oberndorf führt. Wir fahren parallel zur Salzach ins Ortszentrum und kommen an die Hauptstraße, die links zur Grenzbrücke nach Laufen/Bayern führt.

Max Mustermann
SalzburgerLand
CARD
12 E

RADTOUREN IN ÖSTERREICH
MITGLIEDSBETRIEB

Hotel im Wald ★★★★
Hammerschmiede
RADTOUREN IN ÖSTERREICH
A-5102 Anthering bei Salzburg, Acharting 22,
Tel. (0) 62 23/25 03, Fax 25 03-77
E-Mail: info@hammerschmiede.at
www.hammerschmiede.at

TV Chiemgau

SalzburgerLand, C.M. Hutter

Wallfahrtskirche Maria Bühel nördlich von Oberndorf

Oberndorf 394 m Karte 9

(5.500 Einwohner, 54 Betten)

Tourismusverband A-5110 Oberndorf, Stille-Nacht-Platz 2, Tel./Fax +43(0)6272/4422, E-Mail oberndorf.info@salzburg.co.at - www.oberndorf.co.at/info

Top Bike, W.-Hering-Straße 6, Tel. +43(0)6272/4656 od. +43(0)676/4767259

Radsportfachgeschäft Höfelsauer, Salzburger Straße 21, Tel. +43(0)06272/7224

Top Bike, W.-Hering-Straße 6, Tel. +43(0)6272/4656 od. +43(0)676/4767259

Stadtpfarrkirche St. Nikolaus, neugotisch, z. T. alte Schifferkirche, in der »Stille Nacht!« uraufgeführt wurde, Tel. +43(0)6272/4311
Wallfahrtskirche Maria Bühel, 1663 erbaut, barock, Kuppelfresco W. Köberl, Hochaltar mit Gnadenbild kaiserl. Hofarch. A. Beduzzi 1722, Tel. +43(0)6272/4243

Stille-Nacht- u. Heimatmuseum im Bruckmannhaus, Ortsgeschichte, altes Handwerk, Salzachschifffahrt, Entst. d. Weihnachtsliedes, tgl. 9–12 Uhr u. 13–17 Uhr, Tel. +43(0)6272/4422

Plättenfahrten auf der Salzach, mit Schiffergarde, Tel. +43(0)6272/4422

Stille-Nacht Gedächtniskapelle, urspr. Platz d. St. Nikola Kirche, wo »Stille Nacht!« 1818 erstm. aufgeführt wurde, tgl. 9–18 Uhr n. Vereinb., Tel. +43(0)6272/4422
Kalvarienbergtreppe, Wallfahrtsweg zur Kirche Maria Bühel, Steinstatue hl. Nepomuk 1720 J. A. Pfaffinger
Schifferkapelle, Ortsteil Altach am Salzachufer
Tettenbach Denkmal, Bildstock mit Mariendarstellung aus Konglomerat

Gasthof Salzachhof, Fam. Ploner, Brückenstraße 14, Tel.+43(0)6272/424

Der kleine Ort Oberndorf liegt an der Salzachschlinge gegenüber der bayerischen Grenzstadt Laufen. Bis 1816 war Oberndorf ein Vorort von Laufen, das damals noch zu Salzburg gehörte. Weltberühmt wurde der kleine Ort durch die erstmalige Aufführung des Weihnachtsliedes »Stille Nacht, Heilige Nacht« im Jahre 1818. Der Oberndorfer Joseph Mohr und der Halleiner Franz Xaver Gruber schrieben es am Vortag des Heiligen Abends in aller Eile, als sie bemerkten, dass die Orgel in der Kirche nicht funktionierte und man daher auf ein Lied mit Gitarrenbegleitung ausweichen musste. Die alte Pfarrkirche wurde in den Zwanzigerjahren abgerissen, heute erinnert die »Stille Nacht Kapelle« an das Lied, das von Oberndorf aus in die ganze Welt getragen wurde.

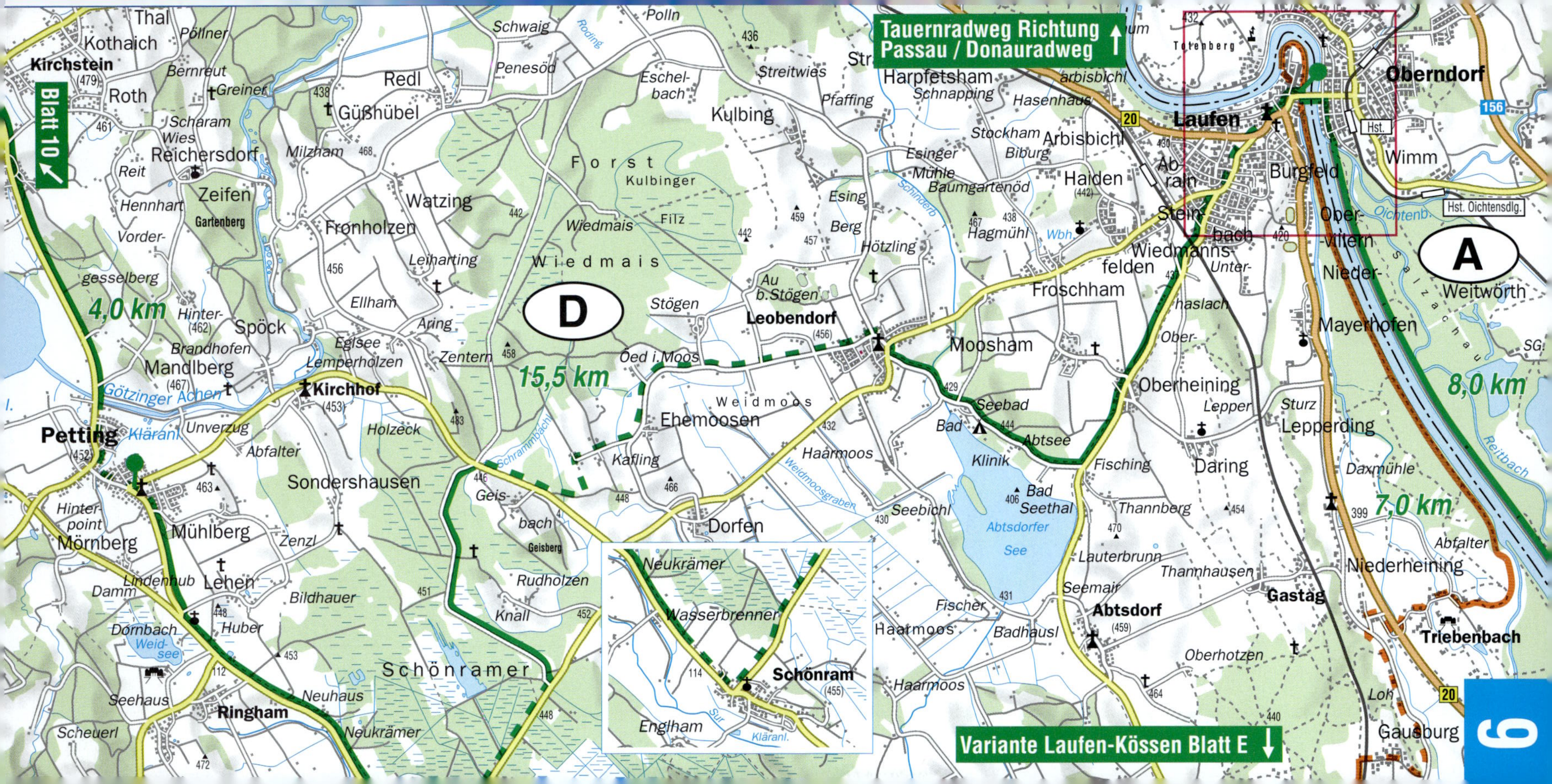

Tauernradweg Richtung
Passau / Donauradweg
Variante Laufen-Kössen Blatt E
Blatt 10
9
4,0 km
15,5 km
8,0 km
7,0 km
D
A
Laufen
Oberndorf
Petting
Kirchstein
Kothaich
Thal
Roth
Reichersdorf
Zeifen
Gartenberg
Spöck
Mandlberg
Götzinger Achen
Kirchhof
Sondershausen
Mühlberg
Mörnberg
Lehen
Ringham
Neuhaus
Neukrämer
Schönramer
Fronholzen
Watzing
Güßhübel
Redl
Forst
Kulbinger
Filz
Wiedmais
Stögen
Leobendorf
Öed i. Moos
Weidmoos
Ehemoosen
Dorfen
Kafling
Geisbach
Rudholzen
Knall
Kulbing
Harpfetsham
Arbisbichl
Haiden
Froschham
Moosham
Wiedmannsfelden
Steinbach
Burgfeld
Oberheining
Lepperding
Daring
Mayerhofen
Weitwörth
Niederheining
Triebenbach
Gausburg
Gastag
Abtsdorf
Abtsdorfer See
Bad Seethal
Klinik
Seebad
Abtsee
Schönram
Wasserbrenner
Englham
Hst. Oichtensdlg.
Wimm

Wir fahren über die **Salzachbrücke,** die Oberndorf mit Laufen verbindet. Erst seit dem Jahre 1816 verläuft hier die Staatsgrenze zwischen Bayern und Österreich, davor gehörte Laufen wie der gesamte »Rupertiwinkl« zum Fürsterzbistum Salzburg.

Laufen an der Salzach 430 m Karte 9

(6.510 Einwohner, 250 Betten)

Touristikverband Abtsdorfer See, D-83410 Laufen, Schlossrondell 2, Tel. +49(0)8682/1810, Fax 809914, E-Mail info@abtsdorfersee.de - www.abtsdorfersee.de

Gasthof Sonnenheim, Weiherstraße 16, D-83416 Saaldorf, Tel. +49(0)8654/2626

Zweirad Eidenhammer, Tittmoningerstraße 70, Tel. +49(0)8682/1227

Campingplatz Abtsdorfer See, Tel. +49(0)8682/369 od. 9951

Ruperti Sauna, Kohlhaas-Straße 7, Tel. +49(0)8682/9740

Stiftskirche Mariä Himmelfahrt, älteste gotische Hallenkirche S-Deutschlands, Tel. +49(0)8682/1810

Schloss Triebenbach, Privatbesitz, Mozart-Räumlichkeiten w. renoviert u. öffentl. zugängl., Tel. +49(0)8682/1810

Stiftsschatz Laufen, spätgotische Tafelbilder aus Salzburger Raum, Sammlung Laufener Kanonikatsstift, n. Vereinb.(nur mit Führ.), Tel. +49(0)8682/89610 od. 1810

Plättenfahrt auf der Salzach, mit Schiffergarde, Ende Mai–Ende Sept., Tel. +49(0)8682/1810

Urlaub auf dem Bauernhof, Regina u. Christian Schauer, Moosham 44, Tel./Fax +49(0)8682/7123

Die historische Bedeutung der Stadt an der Salzachschlinge liegt im Salzhandel und Schifferwesen. Erst durch den Bau der Eisenbahn verlor dieser Wirtschaftszweig seine Bedeutung. Die Laufener Schiffergarde erinnert heute noch an diesen traditionsreichen Berufsstand.

In der fürsterzbischöflichen Herbstresidenz

In einem Brief an Lorenz Hagenauer in Salzburg deutet Leopold Mozart einen Besuch beim Fürsterzbischof Siegmund Christoph Graf Schrattenbach in dessen Laufener Residenz an. Der Besuch muss im November 1766, wenige Tage vor dem Ende der mehr als dreijährigen Westeuropa Reise der Familie Mozart stattgefunden haben. Am 29. November kamen die Mozarts schließlich in Salzburg an.

Laufen, bis 1816 zu Salzburg gehörend, diente seit dem frühen 17. Jahrhundert als herbstlicher Sitz der Salzburger Bischöfe, die dort 1608 vom italienischen Baumeister Vincenzo Scamozzi eine Residenz errichten ließen.

Mit dem heute zur Stadtgemeinde Laufen gehörenden alten Wasserschloss Triebenbach verbinden Wolfgang Amadeus Mozart besonders schöne Kindheitserinnerungen.

Mit Joachim, dem Sohn des wohlhabenden Gutsbesitzers Joachim Ferdinand von Schidenhofen, verband den 11jährigen Wolfgang eine Bubenfreundschaft (siehe auch: Die Mozarts auf Triebenbach, Seite 128)

Die Radroute zwischen Laufen und Waginger See verläuft weitgehend identisch mit dem ebenfalls beschilderten Bajuwaren-Radweg.

Mit dem Rad kommen wir in Laufen an den Marienplatz, hier biegt die Variante über Freilassing, Inzell und Ruhpolding nach Reit im Winkl und Kössen rechts ab (siehe Seite 126).

Der Mozart-Radweg biegt links in die Schlossstraße ein, führt durch das Stadttor und biegt danach bei der Nachrangtafel halbrechts in die Tittmoninger Straße ein. Dann nehmen wir links die Abzweigung nach Waging und nochmals links die Straße Richtung Abtsdorfer See.

Wir kommen am urigen Café Steinbach vorbei, nach der Eisenbahnunterführung beginnt links ein Radweg neben der Straße zum Freizeitgelände Abtsdorfer See. Wir durchradeln den Ortsteil Oberheining, der Radweg wechselt an die rechte Seite, nun sehen wir den Abtsdorfer See vor uns.

Bevor wir den See erreichen biegen wir rechts auf den Radweg neben der Straße nach Leobendorf ein, kommen an den Badeanlagen am Abtsdorfer See vorbei und erreichen Leobendorf. Wir biegen kurz rechts ab und nehmen die erste Abzweigung links Richtung Sportplatz. Die Bergstraße führt halbrund um die Kirche, wir fahren über eine Kuppe und nehmen die Nebenstraße Richtung Stögen.

In einer Kurve kommen wir am Bauernhof Ehemoosen vorbei und halten uns dann geradeaus nach Kafling. Vor dem Sackgassenschild biegen wir links ab und fahren auf einem gekiesten Feldweg weiter, der rechts abbiegt. Bei der Nachrangtafel wieder rechts kommen wir an Geisbach vorbei und erreichen die Grenze des Landkreises Traunstein.

Hier biegen wir links auf eine geschotterte Forststraße ein. Der Weg verläuft nun für einige Kilometer auf einem Damm zwischen der Latschen- und Heidelandschaft des Schönramer Filzes.

Wandertipp: Der Schönramer Filz

Als vor 10.000 Jahren die Gletscher der letzten Zwischeneiszeit zu schmelzen begannen, bildeten sich Seen und Moorlandschaften. Der 500 Hektar große Schönramer Filz ist eines der größten Hochmoore Bayerns und teilt sich in den sogenannten Latschenfilz mit seinem Bergkiefernbewuchs und in den von bis zu 6 Meter dicken Torfschichten geprägten Äußeren Filz. Über das gesamte 20. Jahrhundert wurde diese einzigartige Landschaft industriell zur Torfgewinnung genutzt, gleichzeitig entwässert und aufgeforstet. Seit 1990 gibt es im Rahmen der neuen Naturschutzbestimmungen für Moorlandschaften ein Pflege- und Renaturierungsprogramm.

15,5 *Ein interessanter Rundwanderweg auf Holzstegen führt ab dem »Parkplatz Heidewanderung« durch die verschiedenen Landschaftstypen, Gehzeit ca. 1 Stunde, eine Übersichtstafel erklärt die verschiedenen Entwicklungsstadien des Moores.*

Mit dem Rad erreichen wir den »Parkplatz Heidewanderung«, den Erholungssuchende für Wanderungen im Schönramer Filz benutzen, wo wir rechts in die Landstraße nach Schönram einbiegen. Wir halten direkt auf das Bräustüberl Schönram zu und biegen hier rechts ab.

Jetzt verläuft rechts neben der Straße ein Radweg, auf dem wir nach Petting rollen.

● **Petting** 452 m A **Karten 9, 10**

(2.300 Einwohner, 500 Betten)

Tourist-Information, D-83367 Petting, Hauptstraße 13, Tel. +49(0)8686/200, Fax 1328, E-Mail touristinfo@gemeinde-petting.de - www.gemeinde-petting.de

Hainz am See, Hainz am See 2, Tel. +49(0)8686/287
Kühnhausen, Tel. +49(0)8686/8037 od. +49(0)8685/1049

Strandbad Kühnhausen, Tel. +49(0)8686/8087

Pfarrkirche Petting, spätgotisch, 3 Flügelaltäre
Kirchberg, 15. Jh., barocke Ausstattung
Kirchhof, alter Kirchenweiler, freigelegte Fresken

Seehaus, am Weidsee, urspr. Burg zum Schutz d. unteren Salzstr.,
Gerichtsschranne, 1610 Geschenk Fürsterzbischof W. v. Raitenau an heiml. Gemahlin

4 **Schönramer Filz,** Hochmoor- u. Heidelandschaft

Gasthof Seehaus** (Fewo***), Johann Reiter, Seehaus 3, Tel. +49(0)8686/98810, Fax 988117, E-Mail info@gasthof-seehaus.de - www.gasthof-seehaus.de
Pension Götzinger***, Fam. Götzinger, Seestraße 43, Tel. +49(0)8686/8010, Fax 985940, E-Mail gaestehausgoetzinger@planetinternet.de - www.wagingersee.de
Bräustüberl Schönram, Johann Rehrl, Schönram, Salzburger Straße 10, Tel. +49(0)8686/271, Fax 8244, www.wagingersee.de

Der Radweg endet an der Einfahrt des bekannten Erholungsortes am Waginger See, wir fahren geradeaus und kommen an mehreren Gasthöfen vorbei. Bei der Stopptafel am Ortsende biegen wir rechts Richtung Strandbad Kühnhausen ab und folgen jetzt der beschilderten Radroute »Seeweg«, die rund um den Waginger See verläuft.

Wir folgen dem Radweg rechts neben der Straße, links sehen wir den Waginger See. Bei der Abzweigung zum Strandbad Kühnhausen wechselt der Radweg an die linke Seite, wir radeln nun leicht bergauf, rechts liegt der Ort Kirchanschöring mit der sehenswerten, spätgotischen St. Ägidius Kirche.

TV Chiemgau

● **Kirchanschöring** 460 m **Karte 10**

(3.000 Einwohner, 300 Betten)

Tourist-Information D-83417 Kirchanschöring, Laufener Straße 8, Tel. +49(0)8685/7793920, Fax 7793930, E-Mail info@kirchanschoering.de - www.kirchanschoering.de

Konrad Bräumann, Götzinger Straße 17, Tel. +49(0)8685/274

Marx-Reisen, Strohhof 8, D-83413 Fridolfing, Tel. +49(0)8684/98790

Camping auf dem Bauernhof, Pöllner 1, Tel. +49(0)8685/314
Campingplatz Gut Horn, Gut Horn Tettenhausen, D-83329 Waging am See, Tel. +49(0)8681/227

Gut Horn Tettenhausen, D-83329 Waging am See, Tel. +49(0)8681/227

St. Michael, 1885 erbaut, neuromanisch, Wandgemälde G. Geschwendner, Tel. +49(0)8685/222
St. Ägidius, Kirchstein, Mitte 15. Jh. erbaut, spätgotisches Rippengewölbe, Tonrelief aus 16. Jh., Tel. +49(0)8685/336

Rupertiwinkler Bauernhofmuseum, in Hof, Dampfdreschen-Vorführung letzter So. im Aug., 15. Mai–1. Okt. Sa. 12–17 Uhr u. Mi. 12–17 Uhr, Tel. +49(0)8685/469

Luise Obermayer, Wolkersdorf 22, Tel. +49(0)8681/9667
7 **Urlaub auf dem Bauernhof,** Annelies Vordermayer, Kothaich, Kirchsteiner Straße 7, Tel. +49(0)8685/1327, Fax 919768, E-Mail fam.vordermayer@gmx.de - www.pongrazhof.de

Der Waginger See ist wegen seiner geringen Tiefe (maximal 27 Meter) als Badesee mit schon im Frühsommer angenehm warmen Wassertemperaturen sehr beliebt. Im Hochsommer schafft er es schon mal bis auf 26 Grad aufzuheizen.

Nach Lampoding zweigt der Radweg links von der Hauptstraße ab und windet sich durch Wolkersdorf und nach Tettenhausen, hier biegen wir am Radweg links ab, durchqueren den Ort auf der Hauptstraße, am anderen Ortsende links beginnt wieder ein Radweg. Über eine Radlerbrücke fahren wir zwischen Waginger und Tachinger See durch, erreichen die Bundesstraße, eine Unterführung bringt uns an den Radweg auf der anderen Seite, dem wir links nach Waging folgen. Beim Strandbad Seeteufel wechselt der Radweg durch eine Unterführung wieder an die linke Seite, führt über eine Wiese in den Ortsteil Fisching und weiter auf das Strandkurhaus von Waging zu. Hier biegen wir rechts ab, fahren geradeaus über die Brücke und in das Zentrum der Marktgemeinde auf den Kirchturm zu.

Waging am See 465 m Karte 10

(6.100 Einwohner, 1.900 Betten)

Tourist Information D-83329 Waging am See, Salzburger Straße 32, Tel. +49(0)8681/313, Fax 9676, E-Mail info@waging-am-see.de - www.waging-am-see.de

FA Bikesport Mayer, Bahnhofstraße 2, Tel. +49(0)8681/871

FA Krasauskeite, Traunsteiner Straße 2, Tel. +49(0)8681/233
FA Schmuck, Wilhelm-Scharnow-Straße 9, Tel. +49(0)8681/222

Strandcamping, Am See 1, Tel. +49(0)8681/552
Schwanenplatz, Am Schwanenplatz 1, Gaden, Tel. +49(0)8681/281
Seecamping Tettenhausen, Hauptstraße 1, Tettenhausen, Tel. +49(0)8681/1622

Waginger See, Naturbadesee mit Strandbädern, Tel. +49(0)8681/313

Pfarrkirche St. Martin, 1612 erbaut, stuckverziertes Tonnengewölbe (Wessobrunner Schule), Tel. +49(0)8681/218
Wallfahrtskirche Maria Mühlberg, 1709/10 erbaut, 14 Kreuzwegstationen, Tel. +49(0)8681/218

Bajuwarenmuseum, Salzburger Straße 32, archäologische Funde d. Bajuwarenzeit (500–700 n.Chr.), szen. Darstellungen, Mai–Ende Okt. Di.–So. 10–18 Uhr, Tel. +49(0)8681/45870

Strandkurhaus/Kurhausstüberl, Am See 1, Tel. +49(0)8681/40090, Fax 400925, E-Mail strandkurhaus@t-online.de - www.strandkurhaus.com
Hotel Wölkhammer, Fam. Wölkhammer, Haslacher Weg 3, Tel. +49(0)8681/4080, Fax 4333, E-Mail info@hotel-woelkhammer.de - www.hotel-woelkhammer.de
Gästehaus Schmid, Franz Schmid, Wiesenweg 6, Tel. +49(0)8681/4917, www.waging-am-see.de
Gästehaus Stachl, Hubert Stachl, Kirchberg 7, Gaden, Tel. +49(0)8681/69790, Fax 697989, E-Mail gaestehaus.stachl@t-online.de - www.gaestehaus-stachl.de
Gästehaus Tanner, Richard Tanner, Hochfellnstraße 17, Tel. +49(0)8681/9219, Fax 45747, www.waging-am-see.de

Waging am See hat nicht nur schöne Badeplätze in Tettenhausen, Seeteufel und beim Strandkurhaus sondern ist auch Ausgangspunkt des Bajuwaren-Radweges. Gleich neben dem Verkehrsamt befindet sich das Bajuwarenmuseum mit Funden aus einem Gräberfeld beim Friedhof.

Beim Gasthaus zum Bräukeller biegen wir rechts gegen die Einbahn ab, kommen an einem Eisgeschäft vorbei und radeln über den Marktplatz mitten durch das hübsche Ortszentrum mit seinen stilvollen Gasthöfen und Bürgerhäusern. Dann biegen wir bei der Bäckerei links in die Bahnhofsstraße ein, der wir nun am Postamt vorbei und über den Höllenbach folgen. Nach der Brücke bei der Shell-Tankstelle biegen wir links in die Traunsteiner Straße ein, die wir bis zum Ortsausgang entlang fahren.

Waginger See
442 Mittlerer Wasserspiegel
Tachinger See
Taching a.See
Tettenhausen
Waging a.See
Lampoding
Kirchanschöring
Kirchstein
Petting
St.Leonhard a.Wonneberg
7,0 km
4,0 km
22,0 km
Hp.Otting
Seiboldhof
Harmannschlag
Sauberg
Reschberg
Schnöbling
Röhrmoos
Lohen
Wolkersdorf
Hausen
Dürnberg
Hermöd
Lacken-bach
Pöllner
Wald
Guggenberg
Zebhausen
Ribing
Thal
Kothaich
Bernreut
Roth
Scharam
Wies
Reichersdorf
Stockach
Reit
Zeifen
Gartenberg
Hennhart
Kühn-hausen
Whs
Vorder-gesselberg
Hinter-
Brandhofen
Mandlberg
Götzinger Achen
Kläranl.
Unverzug
Seehof
Quell-grund
Kronwitt
Horn
Gut
Kurhaus
Bad
Angerpoint
Fisching
Gaden
Seeleiten
Mühlberg
Buchwinkel
Wendling
Eichberghof
Musbach
Hainz a.See
Seeberg
Gilling
Stötten
Ober-vockling
Unter-
Unterholzen
Kleeham
Parschall
Igelsbach
Plattenberg
Thal
Buch
Zözenberg
Ropferding
Unterropferding
Starz
Dobel-graben
Feichten
Hirschhalm
Lohschuster
Geismühle
Egg
Wilden-hofen
Aglassing
Steppach
Halmberg
Graben
Schuster a.See
Reindlmühle
Haslach
Höllhaslach
Wolfsberg
Ramgraben
Burgstall
Untermoosen
Heinrichsdorf
Aich
Köpfelsberg
Enzersdorf
Obermoosen
Gänsberg
Panolsreut
Breiterleiten
Sträubl
Scharling
Gastag
Ruhsdorf
Mittermühle
Gessenberg
Oberleiten
Markt
Holzleiten
Füging
Kammering
Gepping
Hausleiten
Krautenberg
Krautenbach
Unter-stefling
Ober-
Sterfling
Klein-
Groß-scherzhausen
Mooshäuser
Sprinzenberg
Otting
Plosau
Partenhausen
Leopoldsberg
Elsenloh
Straß
Scharmeß
Freimann
Oed
Au
Mauerlohen
Breiten-loh
Molbaum
Ober-
Unter-aschau
Lug
Kirch-halling
Alperting
Grenzgraben
Miesenböck
Mayerhofen
Hoch reit
Altbach
Höllenb.
Panolsgraben
Schinderb.
Ötzbach
Wienerb.
Rambicheln
Planthal
Hucking
Tetten-berg
Eibl
Haunerting
Garscham
Höhenberg
Holzhausen
Biburg
Hausstätt
Kelten-schanze
Hofbauer
Tettelham
Untertaching
Au
Bad

Der Pfarrer wusste von der »Historie« nichts.

Am 23. September 1777 trat Wolfgang Amadeus Mozart mit seiner Mutter die Reise nach Paris an, wobei in Waging die Postpferde gewechselt wurden. Mozart gibt noch am selben Abend aus Wasserburg »eine kleine Reisebeschreibung«: Demnach besuchte er während des Aufenthaltes in Waging den Pfarrer Johann Ferdinand Mayr, der »machte große Augen; er wusste von unserer ganzen Historie nichts.« Gemeint ist die am 28. August 1777 erfolgte Entlassung Mozarts aus dem fürsterzbischöflichen Dienst in Salzburg.

Auf einer Nebenstraße folgen wir jetzt der Bahnlinie, die wir mehrmals queren. Durch ein Wäldchen kommen wir zu einer Kreuzung, fahren halbrechts und weiter Richtung Oberaschau. Leicht bergauf über einen unbeschrankten Bahnübergang biegen wir bei der nächsten Nachrangtafel rechts ein und passieren die Ortsteile Hochreit und Öd. Bei der T-förmigen Einmündung in Straß biegen wir links Richtung Kammer auf die stärker befahrene Landstraße ab. Nach 800 m Steigung überqueren wir eine Kuppe, kommen durch Kronacker und sehen dann die Kirche von Kammer vor uns. Hier fahren wir im Ortszentrum geradeaus in die Neuhauser Straße und folgen jetzt wieder einer Nebenstraße bergab nach Neuhausen.

Hier halten wir uns links Richtung Kaltenbach, eine Abfahrt führt malerisch an einer Fischzucht vorbei in ein kleines Tal nach Kaltenbach. Weiter geht es auf einer schmalen Asphaltstraße bis zu einer Brücke über die Traun, von wo wir in den Ortsteil Aiging hinauffahren. Wir biegen rechts ab, links führt der Traun-Alz-Radweg nach Traunstein.

Traunstein 580 m Karte 11

(18.000 Einwohner, 920 Betten)

Tourismusbüro, D-83278 Traunstein, Im Stadtpark,
Tel. +49(0)861/9869523, Fax 9869524,
E-Mail tourismus@traunstein.de - www.traunstein.de

Parkhotel Traunsteiner Hof, Bahnhofstraße, Tel. +49(0)861/988820

Fahrrad Mayer, Ludwigstraße, Tel. +49(0)861/4541
Sport Schneider, Chiemseestraße, Tel. +49(0)861/4157

Hochberg-Süd, Tel. +49(0)861/9586

Erlebniswarmbad Traunstein, Tel. +49(0)861/164744

Stadtpfarrkirche St. Oswald, barock, Tel. +49(0)861/4445
Kirche in Ettendorf, Tel. +49(0)861/4445

Stadt- u. Spielzeug-Museum, altes Spielzeug, Sonderausstellungen, Ostern–Okt., Tel. +49(0)861/164786
Hofbräuhaus, n. Vereinb., Tel. +49(0)861/9886642
Druckereimuseum Miller, Gutenberg bis heute, Mi. 14–16 Uhr, Tel. +49(0)861/98770

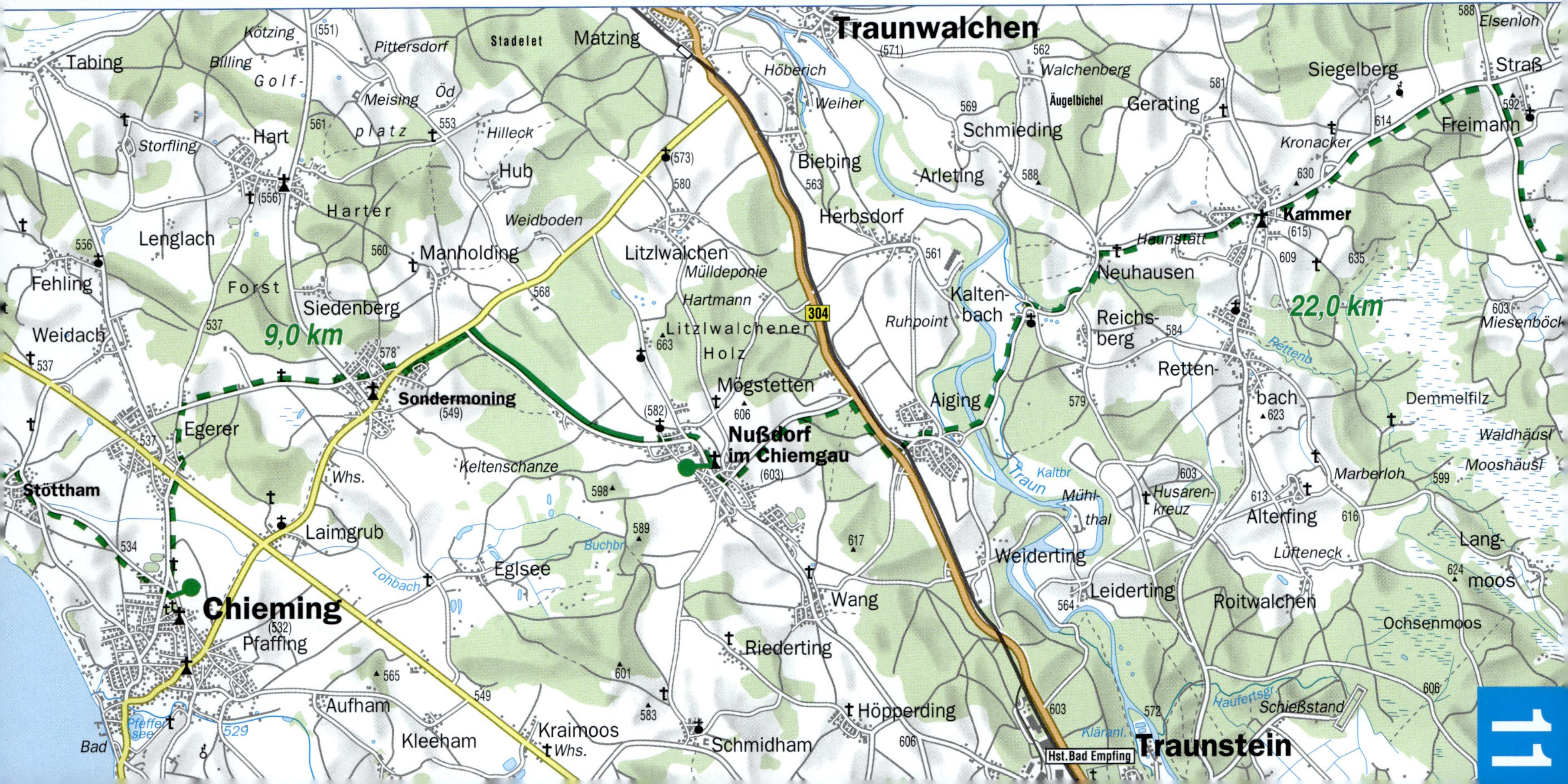
Traunwalchen
Traunstein
Chieming
Nußdorf im Chiemgau
Sondermoning
Kammer
Stöttham
Matzing
Stadelet
Pittersdorf
Kötzing
Tabing
Billing
Golf-
platz
Meising
Öd
Hilleck
Hub
Storfling
Hart
Harter
Forst
Lenglach
Fehling
Weidach
Siedenberg
Manholding
Weidboden
Egerer
Laimgrub
Whs.
Pfaffing
Aufham
Kleeham
Kraimoos
Bad
Pfeffersee
Lohbach
Eglsee
Buchbr.
Keltenschanze
Litzlwalchen
Mülldeponie
Hartmann
Litzlwalchener Holz
Mögstetten
Höberich
Weiher
Biebing
Herbsdorf
Arleting
Schmieding
Walchenberg
Ägelbichel
Gerating
Kronacker
Siegelberg
Freimann
Straß
Elsenloh
Haunstätt
Neuhausen
Kaltenbach
Ruhpoint
Reichsberg
Rettenbach
Rettenb.
Aiging
Traun
Kaltbr.
Mühlthal
Husarenkreuz
Weiderting
Leiderting
Wang
Riederting
Höpperding
Schmidham
Alterfing
Lüfteneck
Roitwalchen
Marberloh
Demmelfilz
Waldhäusl
Mooshäusl
Miesenböck
Langmoos
Ochsenmoos
Schießstand
Haufertsgr.
Kläranl.
Hst. Bad Empfing
304
9,0 km
22,0 km

TV Chiemgau

Radlerparadies Chiemgau

Die alte Handels- und Salinenstadt liegt südlich des Mozart-Radweges. Wer allerdings sein Fahrrad zu Ostern hierher bewegt, sollte den kleinen Umweg nicht scheuen: Am Ostermontag findet der in ganz Oberbayern bekannte Georgiritt in Traunstein statt. Der auf eine heidnische Tradition zurückgehende Umritt gilt als farbenprächtigste derartige Veranstaltung in Bayern. Zu Glockengeläute und Fanfarenklängen begeben sich pünktlich um 10 Uhr Schwerttänzer, Eisenritter
22 und Trachtengruppen hoch zu Ross auf den Umzug.

Wir fahren auf der Vorrangsstraße am Ausgang von Aiging links, unterqueren die Bahntrasse und biegen für ein kurzes Stück auf die Bundesstraße 304 ein. Bei der ersten Abzweigung zweigen wir links auf eine Nebenstraße bergauf nach Nußdorf ab.

● Nußdorf im Chiemgau 603 m Karte 11

(2.500 Einwohner, 125 Betten)

Gemeindeamt D-83365 Nußdorf, Tel. +49(0)8669/87370, Fax 873725, E-Mail gde.nussdorf.chiemgau@t-online.de

Kirche St. Nikolaus, Sondermoning, spätgotisch, Flügelaltar 15. Jh.

Wir kommen am Rathaus vorbei und biegen bei der T-förmigen Einmündung links ab. Nach der spätgotischen Kirche St. Laurentius nehmen wir links die erste Abzweigung in die Dorfstraße und fahren danach wieder links in die Weidangerstraße, die zum Radweg entlang der Sondermoniger Straße führt. Hier biegen wir links ab, kommen am Kieswerk vorbei und biegen bei Nachrang links
9 bergab in den Ortsteil Sondermoning ab.

Hier endet der Radweg, wir fahren auf die St. Nikolauskirche zu. Ein Besuch in diesem kleinen Gotteshaus lohnt sich, denn in der spätgotischen Kirche steht der älteste erhaltene gotische Flügelaltar des Chiemgaues mit Darstellungen aus dem Leben der Muttergottes.

Der Mozart-Radweg zweigt noch vor der Kirche rechts ab und biegt dann links in die Harterstraße. Bei der Nachrangtafel fahren wir geradeaus weiter. Die schmale Asphaltstraße führt nach Egerer, kurz vor dem kleinen Ort nehmen wir links die Wasserloher Straße, die durch eine Wohnsiedlung zur Unterführung der Staatsstraße führt. Geradeaus folgen wir dem Radweg längs der Poststraße Richtung Chieming. Bei der Hauptschule biegen wir rechts auf den Mitterweg Richtung Stöttham ab, geradeaus ginge es weiter nach Chieming.

Chieming 532 m SH Karte 11

(4.472 Einwohner, 2.200 Betten)

Tourist-Information D-83339 Chieming, Hauptstraße 20b, Tel. +49(0)8664/ 988647, Fax 988619, E-Mail info@chieming.de - www.chieming.de

Minigolfplatz, Grabenstätterstraße, Tel. +49(0)8664/927706

R. Fröhlich, Hauptstraße 21, Tel. +49(0)8664/985900

Kupferschmiede, Trostbergerstraße 1, Chieming-Arlaching, Tel. +49(0)8667/330
Möwenplatz, Grabenstätterstraße, Tel. +49(0)8664/361
Gasthaus Seehäusl, Tel. +49(0)8664/303

Strandbad Chieming, Tel. +49(0)8664/513

Hotel Gut Ising, Kirchberg 3, Chieming-Ising, Tel. +49(0)8667/790

Pfarrkirche Maria Himmelfahrt, 2 röm. Altarsteine im Vorraum
Wallfahrtskirche Ising, 1389 erstm. erwähnt

Chiemsee-Schifffahrt Ludwig Feßler, Prien, Ende Mai–Ende Sept. ab Chieming (ab Prien, Gstadt ganzj.), Radbeförderung, Tanzschifffahrt Ende Juni–Anf. Sept., Tel. +49(0)8051/6090

Landgasthof Goriwirt**, Anneliese Redenböck, Egerer, Truchtlachinger Straße 1, Tel. +49(0)8664/98430, Fax 984355, E-Mail info@goriwirt.de - www.goriwirt.de
Ferienresidenz Chiemseestrand***, Peter Stocker, Arlaching, Seestraße 6, Tel. +49(0)8667/8710, Fax 871498, E-Mail reservierung@ferienresidenz.de - www.ferienresidenz.de
Naturkostpension Moierhof, Gebhard Schuhböck jun., Eglsee 2, Tel. +49(0)8664/9870, Fax 987200, E-Mail moierhof-naturkost@t-online.de - www.moierhof-naturkost.de
Hotel Gut Ising****, Ising, Kirchberg 3, Tel. +49(0)8667/790, Fax 79432, E-Mail gutising@t-online.de - www.gut-ising.com
Kaiserschallmeierhof, Maria Huber, Stöttham, Dorfstraße 11, Tel./Fax +49(0)8664/1376

16

Der Ort am östlichen Ufer ist der Namensgeber für den Chiemsee. Funde aus der Keltenzeit zeugen von früher Besiedelung, drei römische Altarsteine, die dem Chiemseegott Bedaius geweiht sind, stehen heute im Vorraum der Chieminger Kirche.

Unsere Radroute führt jedoch auf einem Kiesweg in den Ortsteil Stöttham, links sehen wir bereits den Chiemsee. In Stöttham bei der Nachrangtafel biegen wir halbrechts ein, die dritte Straße nehmen wir scharf links Richtung Schützing.

Nun lohnt ein kleiner Umweg: wir radeln bis zur T-förmigen Einmündung nahe dem Chiemseeufer, biegen rechts in die Steinhellstraße (Sackgasse) ein, bald beginnt ein grob geschotterter Weg, der uns zu einer kleinen Kapelle inmitten eines Friedhofes führt. Die spätgotische Kirche ist dem heiligen Johannes dem Täufer geweiht und soll auf einem Pestfriedhof errichtet worden sein. Sehenswert ist der Renaissancealtar, einziger seiner Art in Südostbayern.

Die Schotterstraße führt zurück an die Verbindungsstraße nach Schützing, ab hier verläuft ein verkehrsfreier Kiesweg nach Arlaching. Bevor wir aber den Ort und die Hauptstraße erreichen, biegen wir auf einen der Wege links an das Seeufer ab, wo ein schmaler gekiester Geh- und Radweg nach Seebruck verläuft. Bei Arlaching unterqueren wir dann die stark befahrene Staatsstraße und kommen auf den Radweg, der in den Ortsteil Seebruck führt.

Seeon-Seebruck 537/526 m Karte 12

(5.000 Einwohner, 1.488 Betten)

Tourist-Information D-83358 Seebruck, Am Anger 1, Tel. +49(0)8667/7139, Fax 7415, E-Mail tourismus@seeon-seebruck.de - www.seeon-seebruck.de

Seehotel Wassermann, Ludwig-Thoma-Straße 1, D-93358 Seebruck, Tel. +49(0)8667/871460
Alois Schuhbeck, Weinbergstraße 14, D-83358 Seebruck, Tel. +49(0)8624/1505
Rad`l Stadl, Westenstraße, D-83376 Truchtlaching, Tel. +49(0)8667/7821 od. +49(0)170/3420602

Alois Schuhbeck, Weinbergstraße 4, D-83376 Seeon, Tel. +49(0)8624/1505

Bikes and more, Am Seefeld 4, D-83358 Seebruck, Tel. +49(0)8667/876855

Lambach, D-83358 Seebruck, 1. Apr. – 30. Nov., Tel. +49(0)8667/7889

Chiemsee-Strandbad, Chiemseepark, D-83358 Seebruck, Tel. +49(0)8667/687
Strandbad am Seeon-See, Seestraße, D-83370 Seeon, Tel. +49(0)8624/4411
Alzbad, Wehrländer Straße, D-83376 Truchlaching, Flussbad

Landgasthof Hotel Lambach, Lambach 8–10, D-83358 Seebruck, Tel. +49(0)8667/87990

Kloster Seeon, Klosterkirche St. Lamberg, 1000jähr. ehem. Benediktiner Kloster, Renaissance Malerei, Kreuzgang, Abtskapelle, Barbarakapelle, Tel. +49(0)8624/89850
Walburgis Kirche, ehem. Nonnenkloster, gotisch, russ.-orthodoxe Grabkreuze
St. Maria in Bräuhausen, Seeon, spätgotisch, barocke Altäre u. Figuren

Römermuseum Bedaium, Römerstraße, Seebruck, Vor- u- Frühgeschichte d. Chiemgaus, Mai–Sept. Di.–Sa. 10–17 Uhr, So. 13–17 Uhr, Tel. +49(0)8667/7503
Freigelände Römerstraße, Seebruck, Hypocaustanlage 1./2. Jh. in überdachter Darre, Räucherkammer, frei zugängl.
Friedhof von Bedaium, Seebruck, Nachbildung eines röm.-norischen Gräberfeldes, frei zugängl.
Siedlung Stöffling, Nachbildung eines Keltengehöftes, frei zugängl.

Chiemsee-Schifffahrt, Anlegestelle Seebruck, Trauner Straße, Ende Mai–Ende Sept., Tel. +49(0)8051/6090

Friedhof Seebruck, Grabstätte Mutter v. Ludwig Thoma

Seehotel Wassermann***, Peter Stocker, D-83358 Seebruck, Ludwig-Thoma-Straße 1, Tel. +49(0)8667/8710, Fax 871498, E-Mail reservierung@hotel-wassermann.de - www.hotel-wassermann.de
Hotel-Café-Restaurant Malerwinkel, Fam. Loh, D-83358 Seebruck, Lambach 23, Tel. +49(0)8667/88800, Fax 888044, E-Mail malerwinkel@seebruck.de - www.seebruck.de/malerwinkel
Gästehaus Kaltner, Fam. Kaltner, D-83358 Seebruck, Traunsteiner Straße 4, Tel. +49(0)8667/88820, Fax 7116, E-Mail ch.kaltner@t-online.de - www.seebruck.de/cafe-kaltner.de
Pension Seeblick, Fam. Niederauer/Mayer, D-83358 Seebruck, Traunsteiner Straße 55, Tel. +49(0)8667/208, Fax 217, E-Mail seeblick.seebruck@t-online.de - www.seebruck.de/seeblick
Schönbrunner Sieglinde, D-83358 Seebruck, Lärchenweg 5, Tel. +49(0)8667/7373
Cafe-Pension Klosterblick, Fam. Windstoßer, D-83370 Seeon, Weinbergstraße 56, Tel. +49(0)8624/8969811, Fax 8969815, E-Mail klosterblick@t-online.de - www.klosterblick.de
Gabrielhof, Anna u. Ludwig Schuster, D-83370 Seeon-Roitham, Kohlstattweg 17, Tel. +49(0)8667/7820, Fax 879147
Gasthof Gruber-Alm, Thea Saur, D-83370 Seeon-Roitham, Almweg 18, Tel. +49(0)8667/696, Fax 1445
Gästehaus Barbara***, Fam. Josef Mainzl, D-83376 Truchtlaching, Brunnäckerstraße 1, Tel. +49(0)8667/969, Fax 1325
Gasthof Zur Post, Fam. Kriner, D-83132 Oberbrunn, Seeoner Straße 14, Tel. +49(0)8624/89840, Fax 898442, E-Mail info-radl@gasthofzurpost.de - www.gasthofzurpost.de

Esterer
Lochenhäusl
Massingmühle
Wies
Schachen
Bürghub
Holzen
Mörn
Eglhart
Aign
Wöllhub
Guggenbichl
Brandhub
Staller
Höllthal
Brandl
Offling
Schmidberg
Erlberg
Appering
EW
Whs.
Alz
Eglsee
Sandgrub
Seeon
Klostersee
Steinrab
Niesgau
Hohe Reut
Poing
Straß
Baderpoitnt
Point
Döging
Perading
Bauschberg
Keltenschanze
Viehhauser
EW
Mühle
Pattenham
Leiten
Maisham
Ischl
Truchtlaching
Seilerberg
Käs
Heimhilgen
Pullach
Ebering
Gde Seeon-Seebruck
16,0 km
Eglsee
Castrum
Stöfling
Dorf
Wald
Castrumer See
Luging
Luginger See
Burgham
Tabing
Graben
Thauern-
hausen
Wimpersing
Esbaum
Seebruck
Whs
Holzmann
Ising
Golf-
platz
Arlaching
Fehling
Eichet
Dt. Ferienroute Alpen-Ostsee
Weidach
Neubauer
Schützing
Stöttham
St.Johann
Whs.
Chiemsee

Seebruck wurde nach umfangreichen Grabungen in den vergangenen fünfzig Jahren eindeutig als die römische Siedlung Bedaium identifiziert. Eine römische Säule am Ortseingang zeugt von der bedeutenden Vergangenheit des Ortes.

Variante: Am Chiemseeufer nach Gstadt

Wer die Strecke in diesem Bereich bedeutend abkürzen will und auf den Besuch von Kloster Seeon verzichtet, der kann ab Seebruck an dem schmalen Kiesweg am Ufer des Chiemsees bleiben und über Gollenhausen nach Gstadt radeln, Weiterfahrt von dort nach Breitbrunn und am Mozart-Radweg Richtung Wasserburg.

Seebruck – das römische BEDAIUM

Die nach dem Chiemseegott Bedaius benannte Siedlung hatte eine strategisch wichtige Brückenposition an der Römerstraße von Augsburg (augusta vindelicum) nach Salzburg (iuvavum). Der Kern der Siedlung lag im Winkel zwischen Alz und Seeufer, also in unmittelbarer Nähe des Flussüberganges. In umfassenden Grabungskampagnen wurde ein Gräberfeld mit zahlreichen Grabbeigaben freigelegt, darunter ein 28teiliges Service, das auf erklecklichen Wohlstand seiner Besitzer hinweist. Schönstes Stück der Sammlung im Römermuseum »Bedaium« ist ein kleines Terrakottapferdchen. Zu dem Museum gehören auch in unmittelbarer Nähe freigelegte Fundamente des spätrömischen Castells – und zur Stärkung eine Römische »Taverna«.

Bei der römischen Säule fahren wir rechts in die Traunsteinerstraße, kurz bevor diese zurück an die Hauptstraße führt, biegen wir rechts auf den als Klosterweg beschilderten gekiesten Radweg ein. Entlang der Alz radeln wir jetzt auf eine kleine Anhöhe, biegen links Richtung Truchtlaching ein und kommen zum restaurierten Keltendorf Stöffling.

Stöffling – die keltische Siedlung

Die Rekonstruktion des aus vier Einzelbauwerken bestehenden Gehöftes führt uns in das 3. Jahrhundert vor Christus. Aus der sogenannten La-Tené-Zeit stammen etwa 650 keltische Münzfunde an diesem Standort, wahrscheinlich gab es hier sogar eine eigene Münzprägestätte. Außerdem wurden 24 prächtige Metall-Fibeln (Gewandspangen) gefunden, als man 1966/67 bei Drainagearbeiten auf die Reste dieser Siedlung stieß. Das Gehöft ist frei zugänglich und stellt Station 3 des archäolog. Rundweges durch Seebruck dar. Es vermittelt einen sehr plastischen Eindruck vom Alltag einer keltischen Bauernfamilie.

Wir radeln weiter und biegen vor der Einmündung in die Hauptstraße links auf die Nebenstraße nach Truchtlaching ein. Bei der Nachrangtafel rechts folgen wir weiter den Wegweisern »Klosterweg«, bei der Stopptafel biegen wir links in die Hauptstraße ein. Wir biegen vor der Kirche von Truchtlaching links ab und fahren über die Alzbrücke. Dann biegen wir halbrechts in die Wehrländerstraße ein, die in zwei Serpentinen bergauf Richtung Höllthal führt. Auf einem Kiesweg passieren wir den Flecken Poing und fahren mit schönen Ausblicken auf die Alzschleife bis zu einer Nachrangtafel, rechts ginge es zum beliebten Jausengasthof Höllthal. Wir fahren jedoch geradeaus weiter auf einem Feldweg Richtung Seeon. Wir kommen am Eglsee vorbei, queren bei Nachrang die Hauptstraße und fahren auf die Kirche von Seeon zu.

Variante: Direkt von Truchtlaching nach Seeon

Ein neuer Radweg führt neben der stark befahrenen Straße nach der Alzbrücke von Truchtlaching nach Seeon. Der Weg ist kürzer, man verpasst allerdings die malerische Landschaft an der Alzschleife.

Nach der Schule biegen wir in Seeon rechts ab, fahren dann beim Gasthof Neuwirt links und durch den Ort. Der Mozart-Radweg führt dann rechts ans nördliche Seeufer, kommen zum Gasthof Klosterblick, links neben der Kirche beginnt ein Fußweg hinunter zur Holzbrücke zum Kloster Seeon (Fahrräder schieben). So erreichen wir das Kloster und auch die im Klosterhof am Seeufer untergebrachte Gastwirtschaft.

Frische Radler-Infos aus Bayern's schönster Ecke

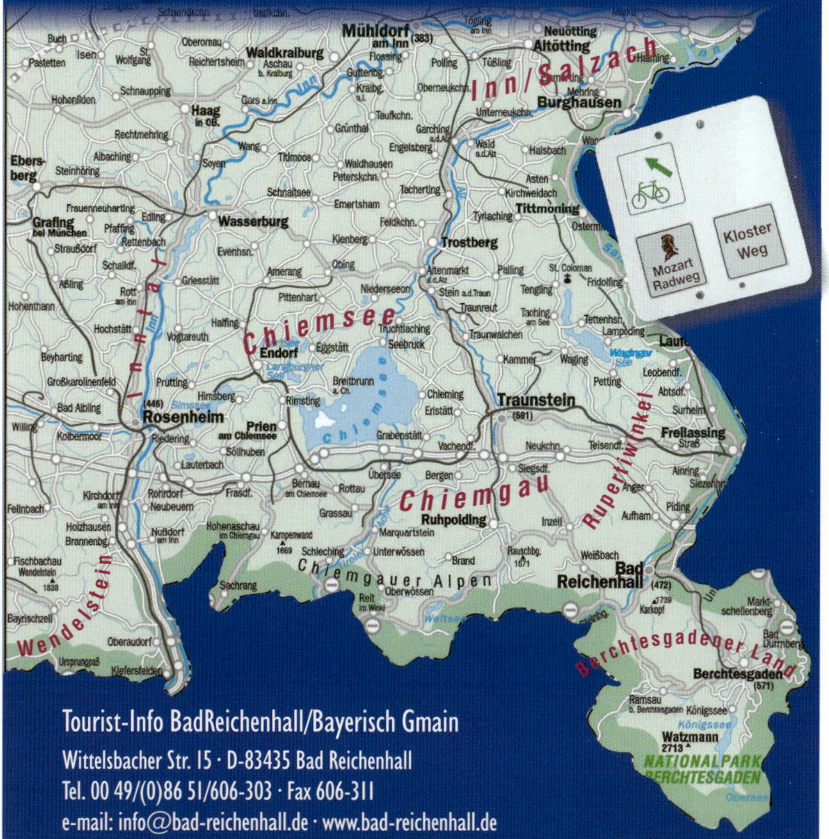

Tourist-Info BadReichenhall/Bayerisch Gmain

Wittelsbacher Str. 15 · D-83435 Bad Reichenhall
Tel. 00 49/(0)86 51/606-303 · Fax 606-311
e-mail: info@bad-reichenhall.de · www.bad-reichenhall.de

Tourismusverband Chiemgau

Ludwig-Thoma-Straße 2 · D-83278 Traunstein
Tel. 00 49/(0)8 61/5 85 55 · Fax 6 42 95
e-mail: info@chiemgau-tourismus.de
www.chiemgau-tourismus.de

Tourismusverband Wendelstein

Bahnhofstraße 5 · D-83075 Bad Feilnbach
Tel. 00 49/(0)80 66/88 7 56 · Fax 88 7 57
e-mail: info@wendelstein-ist-inn.de
www.wendelstein-ist-inn.de

Tourismusgemeinschaft Inn-Salzach e. V.

Kapellplatz 2a · D-84503 Altötting
Tel. 00 49/(0)86 71/50 62 28 · Fax 8 58 58
e-mail: info@inn-salzach.com
www.inn-salzach.com

Chiemsee Tourismus

Felden 10 · D-83233 Bernau
Tel. 00 49/(0)80 51/96 55 50 · Fax 96 55 30
e-mail: info@chiemsee.de
www.chiemsee.de

Berchtesgadener Land - Rupertiwinkel

Berchtesgadener Str. 12 · D-83458 Schneizlreuth
Tel. 00 49/(0)86 65/74 89 (=Fax)
e-mail: info@bgl-rupertiwinkel.de
www.bgl-rupertiwinkel.de

Berchtesgaden Tourismus

Königsseer Straße 2 · D-83471 Berchtesgaden
Tel. 00 49/(0)86 52/967-0 · Fax 967-402
e-mail: info@berchtesgadener-land.com
www.berchtesgadener-land.com

Die ehemalige Benediktinerabtei wurde 994 gegründet, einzigartig ist die Ausmalung der Stiftskirche mit Renaissance Fresken von 1579. Auch der Kreuzgang kann besichtigt werden. Eine eigene Mozartwoche erinnert mit musikalischen Veranstaltungen an die häufigen Besuche der Mozarts in Seeon.

Mozart bei den Benediktinermönchen von Seeon

Die ehemalige Benediktinerabtei Seeon gehörte zum Fürsterzbistum Salzburg und stand daher in engem Kontakt mit der Benediktineruniversität und der Stadt Salzburg. Mehrere Konventualen in Seeon stammten aus Salzburg, darunter u.a. Matthias Ranftl, Johann Franz Kerschbaumer und Felix Gyri, die zum Bekanntenkreis von Leopold Mozart zählten. Diese Männer nahmen den kleinen Wolfgang Amadé des öfteren mit nach Seeon.

Die in der Aula der Salzburger Universität uraufgeführte Schulkomödie »Clementia Croesi« gilt zumindest hinsichtlich des dreiteiligen Intermezzos »Apollo und Hyazinth« als erstes Bühnenwerk des erst 11jährigen Mozart. Leiter der Aufführung war damals der Seeoner Pater Rufinus.

Nicht genau datiert ist ein Besuch des wohl erst 9jährigen Knaben auf Seeon, in dessen Verlauf Abt Augustin Sedlmayr geklagt hatte, dass die Abtei einen Mangel
15,5 an Offertorien für das Benedictus Fest habe. Der kleine Mozart soll daraufhin spontan mit Bleistift das »Scande coeli limina« niedergeschrieben haben. Möglicherweise handelte es sich aber nur um eine Skizze. Zwei weitere Seeoner Offertorien hat der junge Mozart zwischen 1767 und 1771 verfasst.

Im Seeoner Musikinventar von 1803 befinden sich eine Reihe von frühen Abschriften von Mozartwerken, darunter vier Offertorien, zwei Motetten und eine Litanei. Die umfassende Sammlung ist ein Beweis für die engen Beziehungen der Familie Mozart zum Stift Seeon. Mozart hat auf seinen Reisen viele Klöster besucht, jedoch nur zwei können sich rühmen, Widmungsträger Mozartscher Kompositionen zu sein: Seeon und St. Peter in Salzburg.

Wir verlassen das Kloster Seeon, kommen an der Walpurgis Kirche vorbei und biegen links neben der Hauptstraße auf einen gekiesten Radweg ein. In Scheitzenberg fahren wir rechts ab Richtung Pavolding, eine Nebenstraße führt in den kleinen Ort, wo wir gleich am Ortseingang links abbiegen. Es lohnt jedoch, zuerst noch einen kurzen Abstecher in des Dorf Pavolding zu machen, wo der Künstler Heinrich Kirchner eine große Zahl von Skulpturen im Freien ausstellt.

Der Mozart-Radweg führt nun auf einem Radweg nach Roitham, vor der kleinen Brücke biegen wir rechts ab und fahren auf Kies durch Wald und Feld immer Richtung Fembach. Ab hier geht es wieder auf Asphalt hügelig weiter nach Süden, durch den Ortsteil Stetten, wo wir beim »kleinen Wirtshaus« mit eigenem Radlerparkplatz links auf die stark befahrene Straße nach Seebruck einbiegen.

Nach 300 Metern fahren wir rechts auf die Nebenstraße nach Gollenshausen ab. Am Ortseingang halten wir uns rechts Richtung Lienzing, fahren dann geradeaus durch den Ortsteil Ed nach Breitbrunn.

● Breitbrunn am Chiemsee 539 m Karte 13

(1.370 Einwohner, 350 Betten)

Tourist Information D-83254 Breitbrunn am Chiemsee, Tel. +49(0)8054/234, Fax 1272, E-Mail kontakt@breitbrunn-info.de - www.breitbrunn-info.de

Sylvia Schlosser, Rimstinger Straße 8, Tel. +49(0)8054/447

ÖPNV (Buslinie Prien-Traunstein), Linienfahrten bis zu 2 Räder, Tel. +49(0)8031/354950

Strandbad Breitbrunn-Stadl, Strandpavillon, Tel. +49(0)8054/7914
Altes Bad Breitbrunn-Kailbach, Tel. +49(0)8054/7914

Pfarrkirche St. Johannes, neubarock, Tel. +49(0)8054/331

Rathaus, Funde aus Jungsteinzeit u. Römerzeit, Mo.–Fr. 8–12 Uhr, Do. 13–17 Uhr, Tel. +49(0)8054/90390

Chiemsee-Schifffahrt, Prien, Tel. +49(0)8051/6090

Lohholz
Dt. Ferienroute Alpen-Ostsee
Bad Griessee
Brunnensee
580
571
Pittenhart
(563)
589
Fachendorf
Thalham
Kloster-
Neu-
bichl
Weinberg
571
Bräu-
hausen
Kloster
Seeon
Seeleiten-
See
NSG. Jägersee
Klostersee
NSG.
Whs.
Straßberg
575
604
543
576
Hinzing
Windschnur
Wattenham
Scheitzenberg
Grünweg
560
Fremdling
Nieder-
brunn
Ober-
564
(546)
Hammerschmiede
527
NSG.
Bansee
Wimm
569
Roitham
545
Pavolding
553
548
Eschenau
Karlswerk
Schleinmoos
533
Niederham
Ischler Achen
545
Whs.
Laubensee
Eschenauer See
531
Meisham
Weit-
moos
Freimoos
Reischel
holz
530
Burghamer Filz
Wöhr
Liensee
524
Eggstätt
(539)
Klärani.
15,5 km
543
Fembach
520
Hofsee
Straßham
Whs.
524
Lambach
Stetten
Whs.
541
Söll
Aich
535
541
Gollenshausen a.Chiemsee
Weisham
Lienzing
Lienzinger
Preinersdorf
Bad
(540)
Filz
540
Oberndorf
6,0 km
539
540
Ed
558
Mooshappen
Haus
Mitterndorf
530
552
Unter-
kitzing
Aiglsbuch
Aiglsbuch
543
Frieberting
Schalchen
551
Whs.
Loiberting
Wolfs-
539
Breitbrunn a.Chiemsee
Kailbach
berg
Gstadt a.Chiemsee
(538)
Mühln
2,0 km

Schon vor 6.000 Jahren in der Jungsteinzeit siedelten hier Menschen, was Breitbrunn zur ältesten Siedlung der Region macht. Heute wird anlässlich des Kirchweihfestes in der neubarocken Pfarrkirche alljährlich das Seeoner
2 Offertorium »Joane Baptiste« von Wolfgang Amadeus Mozart aufgeführt.

Von Breitbrunn sind es nur drei Kilometer für einen Abstecher nach Gstadt am Chiemsee, von wo die Schiffe zu Ausflügen zu den Chiemseeinseln verkehren.

● Gstadt-Gollenshausen am Chiemsee 538 m **Karte 13**

(1.200 Einwohner, 780 Betten)

Tourist Information D-83257 Gstadt am Chiemsee, Seeplatz 5, Tel. +49(0)8054/442, Fax 7997, E-Mail info@gstadt.de - www.gstadt.de

Gästehaus Chiemseestern, Seeplatz 8, Gstadt, Tel. +49(0)8054/906690

Anner, Breitbrunnerstraße, Gstadt, Tel. +49(0)8054/909807

Strandbad Hofanger, Seestraße 6, Gstadt, Tel. +49(0)8054/7110
Strandbad Inselblick, Seeplatz 9, Gstadt, Tel. +49(0)8054/7815
Strandbad Seehäusl, Gollenshausen, Tel. +49(0)8054/854

St. Petri, Gstadt, 1168 erstm. erwähnt
St. Simon- u. Judas Kirche, Gollenshausen, Außenwand Fresken 1430

Schifffahrt Gstadt, Seeplatz 8, Tel. +49(0)8054/9136 od. 7100
Vereinigte Schiffer Gstadt, Seeplatz 7, Sonderschiff zur Fraueninsel u. Rundfahrten f. Gruppen, Tel. +49(0)8054/7420 od. +49(0)175/2415832

Ferienresidenz Chiemseestern, Fam. Heistracher, Gstadt, Seeplatz 8, Tel. +49(0)8054/906690, Fax 9066955, E-Mail info@chiemseestern.de - www.chiemseestern.de
Katharina Heindl, Gstadt, Schalchen 4, Tel. +49(0)8054/7575, Fax 7475
Urbanhof, Hans Reif, Söll/Gstadt, Söll 11, Tel. +49(0)8054/357, Fax 902261, E-Mail johann.reif@t-online.de

Der Ort gehört zu den kleineren Dörfern am Chiemseeufer. Direkt am Anlegesteg der Linienschiffe aber auch bei den vielen Nebenstegen der Bootsvermieter
6 und Segler haben sich Cafés und Gaststätten mit Terrassen in großartiger Aussichtslage eingerichtet. Im historischen »Café am See« trafen sich schon vor Jahren Dichter und Maler, die auf der Fraueninsel die berühmte Künstlerkolonie gegründet haben.

Ausflugstipp: zu den Chiemsee Inseln

Ab Gstadt verkehren Ausflugsschiffe nach Herrenchiemsee und Frauenchiemsee.

Das »Alte Schloss« auf Herrenchiemsee war ursprünglich eine Benediktinerabtei, die um 765 vom Agilolfinger Herzog Tassilo gegründet wurde. Das spätere Augustiner Chorherrenstift wurde 1803 säkularisiert. Das »Neue Schloss« hingegen ist eines der prunkvollen Königsschlösser, die König Ludwig II. im Jahre 1878 errichten ließ. Neben der üppigen Ausstattung des Schlosses, seiner Garten- und Brunnenanlage ist hier auch das König-Ludwig-II.-Museum untergebracht, das die sagenumwobene und tragische Lebensgeschichte des Künstlerkönigs beleuchtet.

Frauenchiemsee, die kleinere der beiden Inseln, ist ein Gesamtkunstwerk für sich. Der uralte Klosterbau beherbergt Wandmalereien aus dem 9. Jahrhundert und stellt den ältesten, völlig erhaltenen Hochbau Süddeutschlands dar. In der romanischen Kirche Maria Opferung sind Bauelemente aus dem 8. Jahrhundert erhalten.

Mozart auf Frauenchiemsee?

Wolfgang Amadeus Mozart war vermutlich nicht selbst auf der zweiten bewohnten Insel im Chiemsee gewesen, doch seine Eltern erwähnen Frauenchiemsee mehrmals. Mutter Maria Anna erwähnt in ihrem Tagebuch eine Abreise des Erzbischofs nach Frauenchiemsee zur Weihe der Äbtissin der dortigen Benediktinerinnenabtei, Vater Leopold schreibt an Nannerl über den Tod des Ranftl-Sohnes Pater Rupert, der als Kaplan auf der Insel im Alter von 35 Jahren am Faulfieber verstorben sei.

Die Hauptroute des Mozart-Radweges führt beim Gemeindeamt von Breitbrunn vorbei und dann rechts an den Radweg, der neben der Landstraße Richtung Eggstätt verläuft. Der Radweg endet bei den Bauernhöfen im Ortsteil Haus, wir rollen auf der Landstraße auf eine Kreuzung mit Stopptafel zu, fahren geradeaus und kommen nach Eggstätt.

● **Eggstätt** 539 m **Karten 13, 14**

(2.860 Einwohner, 512 Betten)

Tourist-Info D-83125 Eggstätt, Obinger Straße 7, Tel. +49(0)8056/1500, Fax 1422, E-Mail tourist-info@eggstaett.de - www.eggstaett.de

Unterwirt, Kirchplatz 6, Tel. +49(0)8056/337

Hartsee, Badesee mit Badesteg, Umkleidekabinen, Kiosk, Biergarten, Tel. +49(0)8056/1097

St. Georg, gotisch, Buntglasfenster, Tel. +49(0)8056/244

Seenplatte, ältestes Naturschutzgebiet Bayerns, 17 Seen, Bootsfahrten u. Naturführungen, Tel. +49(0)8056/1500

Hotel Linde, Josef Schnell, Priener Straße 42, Tel. +49(0)8056/905590,
5,5 Fax 9055918, E-Mail linde.eggstaett@t-online.de - www.hotel-linde-chiemsee.de

Riedlhof, Renate Riedl-Eder, Hofseeweg 9, Tel./Fax +49(0)8056/202

Wir durchqueren Eggstätt und halten uns danach halbrechts vorerst Richtung Seeon. Dann nehmen wir bei der Weggabelung vor der Kirche die linke Straße Richtung Höslwang. Nun radeln wir geradeaus, kommen links an der Abzweigung zum Badeplatz Hartsee vorbei, hier beginnt wieder ein Radweg rechts neben der Straße. Diesem folgen wir jetzt immer Richtung Höslwang.

Nach dem Ortsteil Oberulsham biegen wir links auf eine Nebenstraße ab, kommen durch Gachensolden und biegen hier rechts ab. Ein leichter Anstieg führt auf den Ort Höslwang zu, wir biegen erst links ab und zweigen dann rechts ins Ortszentrum ab.

Höslwang 594 m **Karte 14**

(1.300 Einwohner, 200 Betten)

Gemeindeamt D-83129 Höslwang, Kirchplatz 12, Tel. +49(0)8055/488, Fax 8523, E-Mail gemeinde.höslwang@freenet.de

Kfz Küssel u. Pestner, Schönbrunner Straße 2, Tel. +49(0)8055/8964

Pfarrkirche St. Nikolaus, Rokokoausstattung

Gut Kronberg, Golfplatz, Tel. +49(0)8075/8206

Wirtshaus Zur schönen Aussicht**, Johann Gehrlein, Kirchplatz 9, 83129, Tel. +49(0)8055/483, Fax 8031, E-Mail hans@gasthaus-gehrlein.de - www.gasthaus-gehrlein.de

Wir biegen links in die Schönbrunnerstraße ein, beim Nachrangschild fahren wir links in die Ameranger Straße, die von einem Radweg begleitet wird. Leicht bergauf kommen wir nach Obergebertsham, wo wir links abbiegen, bei einem einsamen Gehöft rechts fahren und wieder an den Radweg an der Landstraße nach Amerang zurückkehren, der im Ortsteil Meilham endet. Nochmals geht es nun bergauf nach Oberratting und jetzt flach weiter, links sehen wir Schloss Amerang.

5

Mozartkonzerte auf Schloss Amerang

Amerang wurde bereits 1072 als Adelssitz erwähnt. Der heutige Renaissance Bau aus dem 16. Jahrhundert geht auf den Einfluss der Veroneser Fürstenfamilie der Scaliger zurück, die hier im Exil lebte. Besonders sehenswert sind Arkadenhof und Rittersaal.

In diesem Arkadenhof des Schlosses Amerang finden im Sommer Mozart-Konzerte statt, unter anderem mit einem Programm »Mozart auf Reisen« des Salzburger Ensembles Tobi Reiser.

Links vor dem Schlosseingang steht die sogenannte Prügellinde, wo bis in das 18. Jahrhundert noch von der niederen Gerichtsbarkeit der Hofmarken ausgesprochene Prügelstrafen vollstreckt wurden.

Das Schloss ist seit mindestens 700 Jahren und 22 Generationen im Besitz der Freiherren von Crailsheim.

Wir rollen nun bergab nach Amerang, halten uns rechts Richtung Automobil- und Bauernhofmuseum und durchfahren den Ort.

Amerang 570 m A **Karte 14**

(3.547 Einwohner, 200 Betten)

Tourist-Info D-83123 Amerang, Bahnhofstraße 3, Tel. +49(0)8075/919728, Fax 919719, E-Mail info@amerang.de - www.amerang.de

Radl-Ladl, Obinger Straße 7, Tel. +49(0)8075/1698

Friedlsee, Badesee

Kirche von Meilham, 1,5 km südöstl. v. Schloss Amerang, im 12. Jh. erbaut, 1500 v. Laimingern umgestaltet
Pfarrkirche St. Rupert, 1367 einschiffig gotisch erbaut, 1506 u. 1958 erweitert, barocke Umgestaltung u. Einrichtung Aiblinger Schule ca. 1700, Tel. +49(0)8075/91830

Schloss Amerang, über 22 Generat. im Familienbes., Arkadenhof 16. Jh., n. Vereinb., Tel. +49(0)8075/91920

Bauernhausmuseum, Im Hopfgarten 2, Bauernhöfe u. Handwerksgebäude aus 5 Jahrhunderten, Mitte März–Mitte Nov. Di.–So. 9–18 Uhr, Tel. +49(0)8075/915090
EFA Museum für Deutsche Automobilgeschichte, Wasserburger Straße 38, 220 Exponate ab 1886, Modelleisenbahnanlage Spurgröße II, März–Okt. Di.–So. 10–18 Uhr, Tel. +49(0)8075/8141

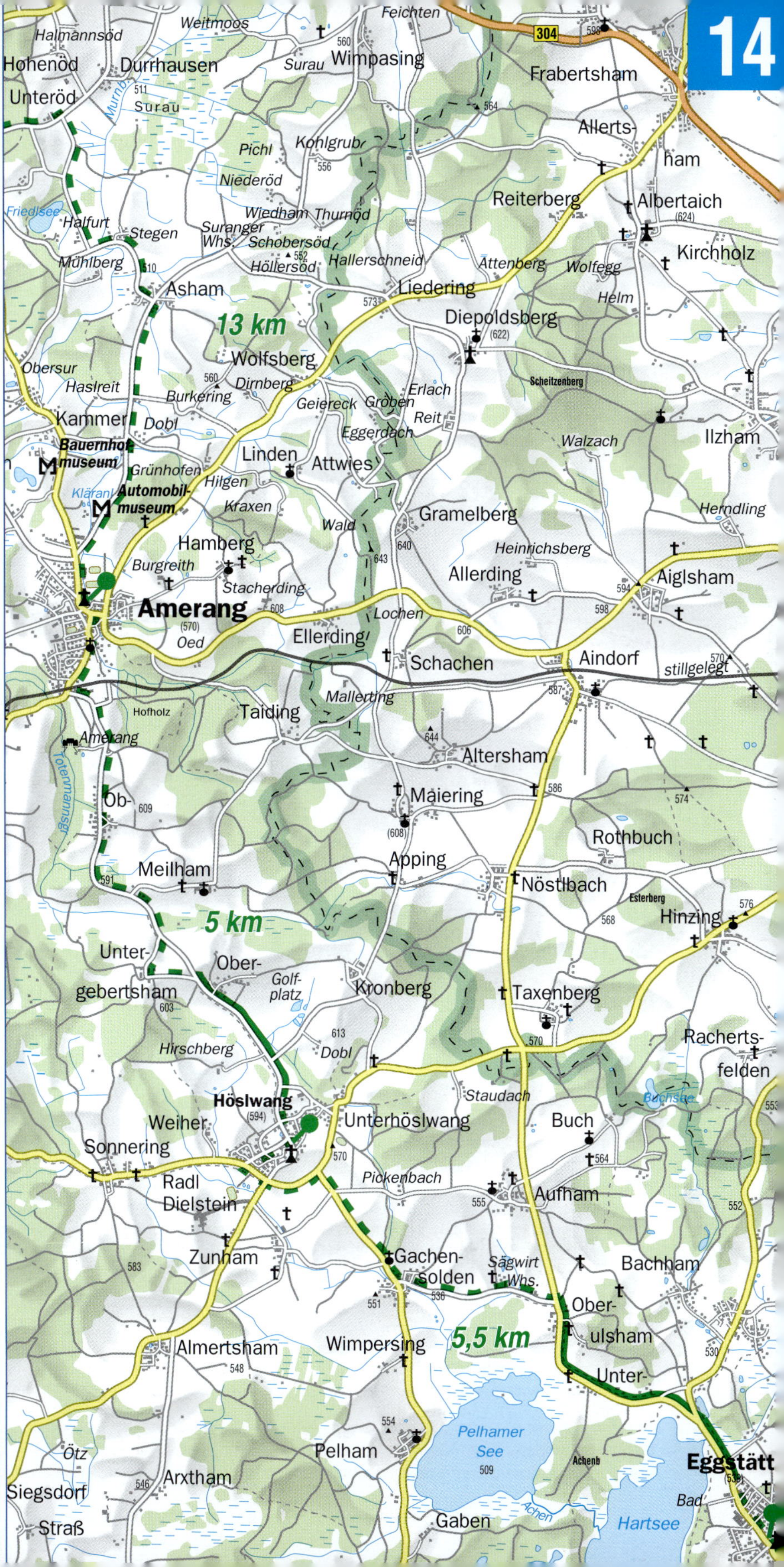
Feichten
Weitmoos
Halmannsöd
304
Hohenöd
Durrhausen
Surau
560
Wimpasing
598
Frabertsham
Unteröd
511
Surau
Murnb.
564
Allerts-
ham
Kohlgrub
Pichl
556
Niederöd
Reiterberg
Albertaich
(624)
Friedlsee
Halfurt
Wiedham
Thurnöd
Stegen
Suranger Whs.
Schobersöd
552
Kirchholz
Mühlberg
510
Höllersöd
Hallerschneid
Attenberg
Wolfegg
Asham
573
Liedering
Helm
13 km
Diepoldsberg
(622)
Obersur
Wolfsberg
560
Dirnberg
Scheitzenberg
Haslreit
Burkering
Erlach
Geiereck
Gröben
Reit
Kammer
Dobl
Eggerdach
Walzach
Ilzham
Bauernhof-
museum
Linden
Attwies
Grünhofen
Kläranl.
Hilgen
Automobil-
museum
Kraxen
Gramelberg
Herndling
Wald
Hamberg
640
Heinrichsberg
643
Burgreith
Allerding
Stacherding
594
Aiglsham
Amerang
(570)
608
Lochen
598
Oed
606
Ellerding
Schachen
Aindorf
570
stillgelegt
587
Hofholz
Taiding
Mallerting
Amerang
644
Altersham
Totenmannser
Ob-
609
Maiering
586
574
(608)
Rothbuch
Meilham
Apping
591
Nöstlbach
5 km
Esterberg
568
Hinzing
576
Unter-
gebertsham
Ober-
Golf-
platz
Kronberg
Taxenberg
603
613
570
Racherts-
felden
Hirschberg
Dobl
Staudach
Buchsee
553
Höslwang
(594)
Weiher
Unterhöslwang
Buch
Sonnering
570
564
Radl
Pickenbach
Dielstein
555
Aufham
552
Zunham
583
Gachen-
solden
Sägwirt
Whs.
Bachham
551
536
Ober-
ulsham
Almertsham
Wimpersing
5,5 km
548
530
Unter-
554
Pelhamer
See
Ötz
Pelham
509
Achenb
Eggstätt
(539)
Siegsdorf
546
Arxtham
Bad
Achen
Straß
Gaben
Hartsee

An der nördlichen Ortsausfahrt ginge es geradeaus auf einem Radweg zum Bauernhausmuseum, wo 15 aus dem Bezirk Oberbayern zusammengetragene historische Bauernhäuser aufgestellt sind.

Der Mozart-Radweg biegt jedoch beim Restaurant Alt-Rhodos rechts ab und folgt den Wegweisern zum Automobilmuseum, in dessen Hallen auf 6.000 m² mit 220 historischen Fahrzeugen die größte Sammlung historischer Automobile aus deutscher Produktion zu sehen ist. Museumsgründer Ernst Freiberger hat vom Benz'schen Motorwagen über das Horch 853 Cabriolet, den legendären Flügeltüren-Mercedes 300SL bis zur BMW Isetta alles zusammengetragen, was Liebhaber klassischer Automobile erfreut.

Gleich daneben gibt es eine eigene Halle mit der weltgrößten Modelleisenbahnanlage.

13 Auf einer Nebenstraße fahren wir nach Asham, biegen links ab, fahren durch den Ortsteil Hallfurt und biegen danach rechts Richtung Stephanskirchen ab. In Unteröd bei der T-förmigen Einmündung halten wir uns links nach Evenhausen.

Auf einer Nebenstraße radeln wir durch ein Wäldchen, bevor wir an die Hauptstraße kommen, biegen wir rechts auf eine Nebenstraße ein. Beim Nachrangschild fahren wir geradeaus nach Evenhausen, kommen an der Kirche vorbei und zweigen bei der Bäckerei rechts ab. Nach dem Ortsende nehmen wir links die Nebenstraße nach Hebertsham, biegen dann links ab und nehmen am Ortsende der kleinen Siedlung rechts den Weg nach Fuchsthal. So kommen wir am Ortsteil Eichenlohe vorbei und biegen bei der nächsten Kreuzung mit Nachrang links ab.

Wir fahren auf einer schmalen Asphaltstraße durch den Ortsteil Wimpassing, halten uns dann rechts und biegen bei der nächsten Kreuzung nach der Unterführung scharf rechts auf die Landstraße zu ab und folgen dem Traktorweg nach Weiglham. Hier biegen wir scharf links ab, müssen dann rechts für 200 m auf der stark befahrenen Landstraße fahren, bis wir die erste Möglichkeit zur Abzweigung links Richtung Babensham nutzen.

● Babensham 500 m Karte 15

(2.926 Einwohner, 30 Betten)

Fremdenverkehrsamt D-83512 Wasserburg am Inn, Marienplatz 2, Tel. +49(0)8071/10522, Fax 10521,
E-Mail touristik@stadt.wasserburg.de - www.wasserburg.de

Radsport Rimsberger, Oberer Krohenberg 9, D-83547 Bärnham, Tel. +49(0)8071/6161

Badesee Penzing, Seestraße, D-83547 Penzing, Tel. +49(0)8071/8761

Pfarrkirche St. Martin, Barockausstattung

12 Jetzt wieder auf einer Nebenstraße passieren wir Brudersham und biegen an der Ortseinfahrt von Alt-Babensham links auf den Alz-Inn-Radweg ab. Der Kiesweg führt zur Staatsstraße, die wir bei Nachrang kreuzen, wir kommen nach Riepertsham, halten uns zweimal links und kommen nach Penzing. Am Ortseingang biegen wir rechts Richtung Neudeck ab, fahren bei der Nachrangtafel links und durch den Ortsteil Neudeck. Nun unterqueren wir die Bundesstraße 304, rechts sehen wir bereits unter uns Wasserburg am Inn liegen. Wir biegen auf den Radweg ein, der rechts an die Salzburger Straße führt.

Hier beim Gasthof »Huberwirt am Kellerberg« führt ein schmaler Fußweg wenige Meter zu einem schönen Aussichtpunkt mit Panoramablick über die von der Innschleife umgebenen Stadt Wasserburg.

Wenn wir nach Wasserburg fahren wollen, müssen wir ab dem Gasthof Huberwirt auf der stark befahrenen Salzburger Straße in einer großen Kurve zur Innbrücke abfahren, um über die Innbrücke in das historische Stadtzentrum zu gelangen.

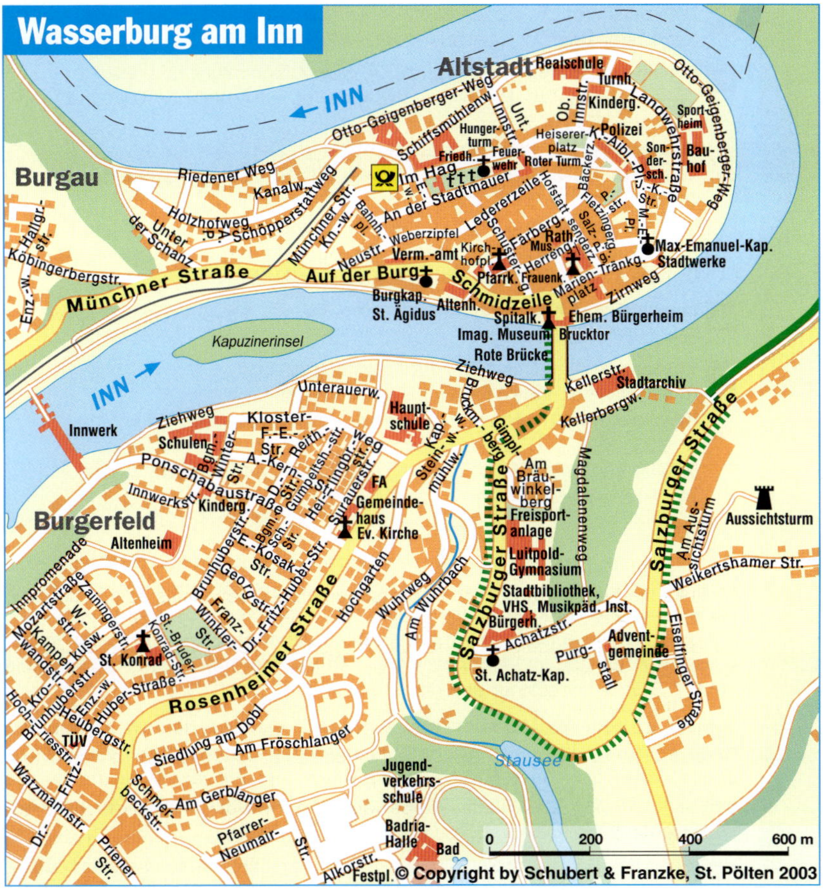

Wasserburg am Inn 419 m Karte 15

(12.103 Einwohner, 286 Betten)

Fremdenverkehrsamt D-83512 Wasserburg am Inn, Marienplatz 2, Tel. +49(0)8071/10522, Fax 10521,
E-Mail touristik@stadt.wasserburg.de - www.wasserburg.de

Fremdenverkehrsamt Wasserburg am Inn, Marienplatz 2, Tel. +49(0)8071/10522

Zweirad Seidinger, Ledererzeile 14, Tel. +49(0)8071/8347
Move Xtremesport, Bäckerzeile 3, Tel. +49(0)8071/94831

Taxi Wasserburg, Eiselfinger Straße 8, Tel. +49(0)8071/510499

Strandbad am Staudhamer See, Reitmehring, Naturbad, frei zugängl.
Strandbad am Staudhamer See, Staudham, Naturbad, frei zugängl.

Sport- u. Freizeitzentr. Badria, Alkorstraße 14, Tel. +49(0)8071/920210

Wasserburg, 1137 erstm. erwähnt, 1415 Ausbau, 1531–37 zu herzögl. Schloss umgebaut, heute Seniorenheim

Stadtpfarrkirche St. Jakob, Zürn-Kanzel mit Renaissance Schnitzereien, Lebensbaum an Fassade
Frauenkirche, älteste Kirche Wasserburgs, gotisches Gnadenbild »Schöne Madonna«, Kirchturm ehem. Wachturm
Spitalkirche, holzgeschnitztes Altarbild »Pfingstwunder« 1500, 1341–1970 Armenunterkunft, Alten- u. Pflegeheim, heute Erstes Imaginäres Museum
Gruftkirche St. Michael, spätgot. Doppelkirche (2stöckig), ehem. Stadtwahrzeichen
Max-Emanuel Kapelle, 1711 durch Hochwasser zerstört, 1862 Wiederaufbau
Burgkapelle St. Ägidien, 2. Hälfte 15. Jhs. erbaut
Klosterkirche Attel, ehem. Benediktinerabtei, Barockausstattung, röm. Gedenkstein v. 204

Weikertsham, 16. Jh. als Patriziersitz erbaut, Do. u. Fr. 14–18 Uhr, Sa. 11–16 Uhr, So. 14–16 Uhr, Tel. +49(0)8071/51338

Erstes Imaginäres Museum, Bruckgasse 2, Sammlung G. Dietz, Di.–So. 13–17 Uhr, Führung n. Vereinb., Tel. +49(0)8071/10522 od. +49(0)8072/1062

Heimatmuseum, Herrengasse 15, Kunst- u. Kulturgeschichte, Mai–Sept. Di.–Fr. 10–12 Uhr u. 13–16 Uhr, Sa., So. u. Ftg. 11–16 Uhr, Tel. +49(0)8071/10522

Wegmachermuseum, Herderstraße 5, Straßen- u. Brückenbau seit d. Römerzeit, über 1.500 Exponate, Mo.–Fr. 8–11 Uhr u. 13–15 Uhr, jdz. Gruppenführ. n. Vereinb., Tel. +49(0)8071/91850 od. 5705

Innschifffahrt Fam. Held, Rundfahrten, Do.–Di. 14.15 Uhr u. 15.15 Uhr, Tel. +49(0)8071/4793

Rathaus, spätgotisch, Saal mit Ausstattung 1564

Rote Brücke u. Brucktor, Eingangstor v. Süden

Kernhaus, Patrizierhaus 1738 erbaut, Rokoko Fassade, Gestaltung Hofstukkateur J. B. Zimmermann

Galerie im Ganserhaus, Sonderausstellungen mit Künstlern d. Region, Tel. +49(0)8071/4484

Die besondere geografische Lage machte Wasserburg schon im Mittelalter zu einer bedeutenden Festungsstadt am Inn. Einerseits bot sich hier eine günstige Gelegenheit zum Brückenschlag, andererseits machte die Wasserschleife rund um die Stadt diese fast uneinnehmbar. Die früheren Holzbrücken wurden immer wieder vom Eisstau im Winter zerstört, erst seit dem Bau der Staustufe ist die heutige Brücke vor solcher Bedrohung sicher.

Gleich nach dem Brucktor mit seinen schönen Fresken aus dem 16. Jahrhundert folgt am Marienplatz links das Heiliggeist-Spital mit der Pfarrkirche. Bis 1970 diente dieser Bau über 600 Jahre als Alten- und Pflegeheim, in der Kirche befindet sich ein prächtiges, holzgeschnitztes Altarbild (um 1500) mit dem Pfingstwunder als Motiv.

Heute ist im Heiliggeist-Spital das »Erste Imaginäre Museum« eingerichtet, eine bemerkenswerte Sammlung von über 500 Repliken großer Kunstwerke aus allen Epochen der Malerei. Die Sammlung wurde in 40jähriger Arbeit von Günther Dietz zusammengetragen, um die Originale zu besichtigen, müsste man eine Weltreise unternehmen.

Sehenswert sind auch das gotische Rathaus (erbaut von Jörg Tunzl) rechts vom Marienplatz und daneben die Frauenkirche mit einem gotischen Gnadenbild der Gottesmutter im Hochaltar. Der Kirchturm war übrigens früher der städtische Wachturm, der angestellte Türmer hatte hier drinnen seine Wohnung.

Die Mozartstadt Wasserburg

Auch wenn die ehemalige kurfürstlich-bayerische Innstadt an der alten Poststraße von Salzburg nach München im musikalischen Schaffen von Wolfgang Amadeus Mozart keine große Bedeutung hat, darf sie sich doch als Mozartstadt bezeichnen. Mindestens achtmal war Mozart hier zu Gast – wenn auch nicht immer freiwillig.

Im Juni 1763 brechen Leopold und Anna Maria Mozart samt Tochter Nannerl und Sohn Wolfgang mit dem kurz zuvor erstandenen eigenen Reisewagen zu einer Reise auf, die dreieinhalb Jahre dauern sollte. Wegen eines Radbruches erreichen sie am 9. Juni erst gegen Mitternacht Wasserburg. Die Reparatur der Kutsche dauert zwei Tage, was den Mozarts Zeit zur Besichtigung der Stadt und der Pfarrkirche gibt, wo Leopold dem siebenjährige Sohn die Orgelpedale erklärt. Davon habe Wolfgang dann sogleich eine Probe abgelegt, »und stehend preambuliert und das Pedal dazu getreten, als wenn er es schon viele Monate geübt hätte«, vermerkt der Vater stolz. Erst im November 1767 kehrten die Mozarts nach Salzburg zurück, nachdem sie Deutschland, die Niederlande, Belgien, Frankreich, England und die Schweiz bereist hatten.

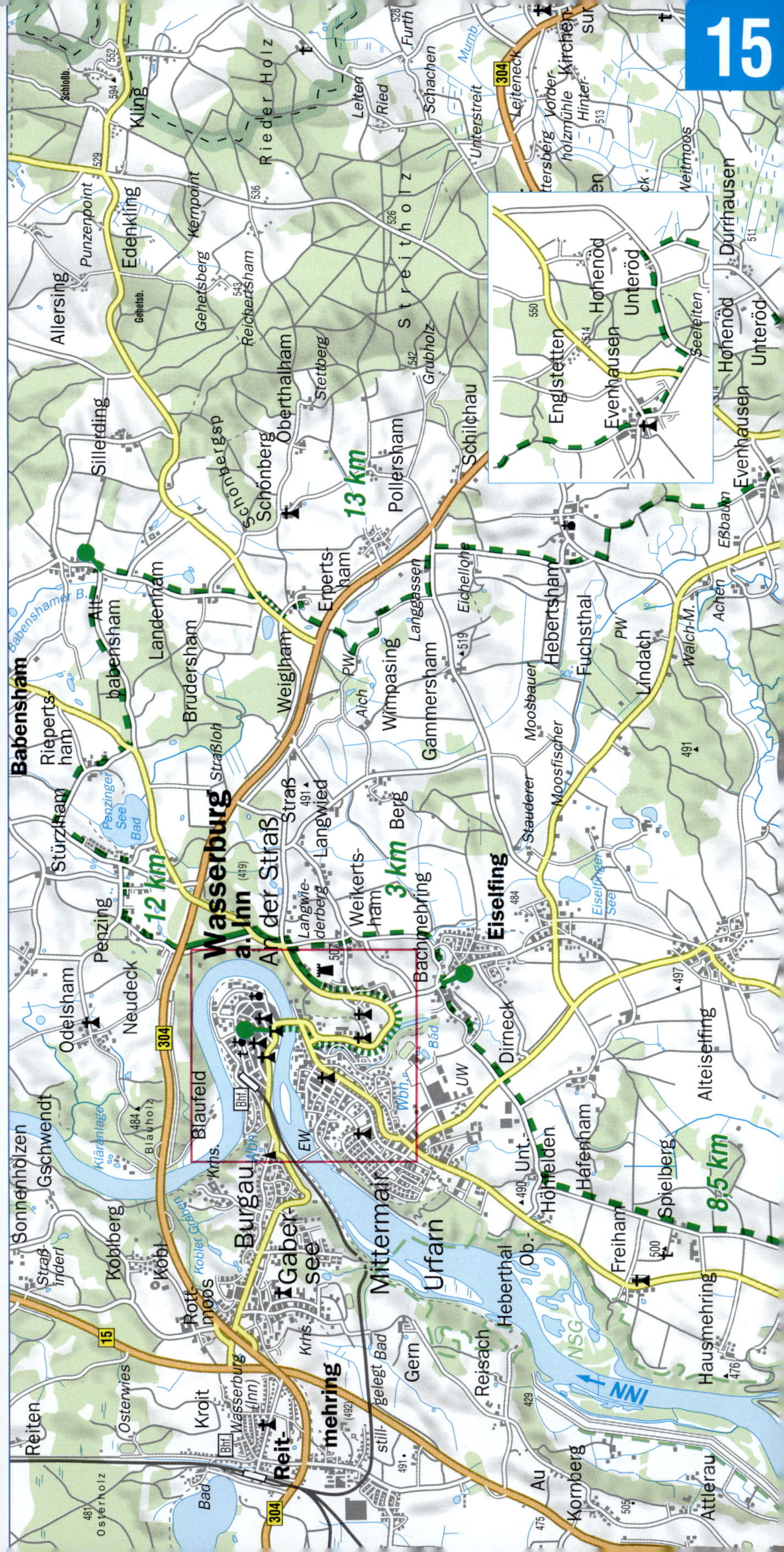
Wasserburg a. Inn
An der Straß
Babensham
Eiselfing
Reitmehring
Burgau
Gabersee
Mittermair
Urfarn
Attel
Kornberg
Hausmehring
Freiham
Spielberg
Alteiselfing
Lindach
Fuchsthal
Hebertsham
Evenhausen
Hohenöd
Unteröd
Englstetten
Seeleiten
Schilchau
Pollersham
Schönberg
Oberthalham
Erpertsham
Weigham
Wimpasing
Gammersham
Langwied
Weikertsham
Bachmehring
Dirneck
Penzing
Stürzlham
Riepertsham
Altbabensham
Landenham
Brudersham
Sillerding
Allersing
Edenkling
Kling
Odelsham
Neudeck
Blaufeld
Gschwendt
Sonnenholzen
Koblberg
Kobl
Rottmoos
Kroit
Reiten
Osterwies
Reisach
Heberthal
Gern
Au
Höhfelden
Häferham
Streitholz
Rieder Holz
Penzinger See
Eiselfinger See
INN
NSG
12 km
13 km
3 km
8,5 km
304
15

3

Als Mozarthaus bezeichnet wird der »Gasthof zum Goldenen Stern« (später »Gassnerbräu«, Färbergasse 2), wo der junge Mozart damals nach dem Radbruch endlich Quartier gefunden hatte. Es dürfte der Chorregent und Komponist Sebastian Diez (1711 – 1793) gewesen sein, der den Mozarts den Gasthof Stern empfohlen und ihnen wohl auch Zugang zur Kirchenorgel verschafft hatte.

Ungeklärte Gerüchte ranken sich um ein Manuale, das im Depot des Museums Wasserburg verwahrt wird und oft als »Mozartorgel« bezeichnet wird. Es gilt als unwahrscheinlich, dass es diese Tasten waren, die Mozart gedrückt hat, denn 1764, also ein Jahr nach Mozarts erstem Aufenthalt in Wasserburg, wurde die Orgel der St. Jakobs Pfarrkirche komplett erneuert.

Mindestens sieben weitere Aufenthalte der Mozarts in Wasserburg auf Reisen zwischen Salzburg und München sind aus den Jahren 1774, 1781, 1782, 1783, 1785, 1786 und letztmals 1787 verbrieft.

Im Heimatmuseum von Wasserburg befindet sich die sogenannte »Mozartfahne«, die an den Transport des Mozartdenkmals von München über Wasserburg nach Salzburg im Jahre 1842 erinnert (siehe dazu: Das Salzburger Mozartdenkmal, Seite 13). Der Sängerverein Wasserburg nahm dieses Ereignis zum Anlass, um die durchreisende Statue am Platz vor dem Rathaus mit Chormusik feierlich zu begrüßen, die Verpackung zu öffnen und eben diese Fahne zur Erinnerung zu weihen. Der Stadtmagistrat genehmigte das Vorhaben bereitwillig, um »dem Andenken des hochgefeyerten Tondichters ein bescheidenes Blümchen in seinen Unsterblichkeitskranz flechten zu können«. Im Anschluss fand in einem Saal im Gerblkeller ein so gelungenes und stimmungsvolles Chortreffen statt, dass es schien »als habe der verewigte Tonfürst unsichtbar seine Harmonien in die Gemüter zur Erweckung einer großen Eintrachts-Symphonie gehaucht«.

Die Hauptroute des Mozart-Radweges führt allerdings bereits vor dem Gasthof »Huberwirt am Kellerberg« durch die Unterführung links unter der Salzburger Straße, auf der anderen Seite biegen wir sofort scharf rechts ab und nehmen die erste Straße links vorerst auf Kies Richtung Schloss.

Wir überqueren eine Kuppe, rechts steht ein kleines Schloss mit markanter Sonnenuhr, wo ein Antiquitätenladen untergebracht ist. Beim Nachrangschild biegen wir halbrechts ab und halten uns dann links, auf die Kirche von Bachmehring zu.

Die Route dreht nun nach rechts in die Obermüllerstraße, wir queren bei Nachrang die Wasserburgerstraße und radeln jetzt bergauf durch ein Gewerbegebiet bis zur Kreuzung mit der Prienerstraße (Stopptafel). Weiter geradeaus kommen wir an den Wacker-Sitronic-Werken vorbei und fahren auf einer Nebenstraße nach Höhfelden, wo wir links abbiegen.

Eine schmale Asphaltstraße führt hügelig mit weiten Ausblicken ins Alpenvorland nach Spielberg, die Route ist jetzt auch mit weiß-grünen Radwegweisern »Inntal« gekennzeichnet. So kommen wir in den Ortsteil Kerschdorf der Gemeinde Eiselfing.

Eiselfing 484 m **Karte 15**

(3.000 Einwohner, 90 Betten)

Fremdenverkehrsamt D-83512 Wasserburg am Inn, Marienplatz 2, Tel. +49(0)8071/10522, Fax 10521,
E-Mail touristik@stadt.wasserburg.de - www.wasserburg.de

Pfarrkirche St. Rupert, Gründung d. 1. Salzburger Bischofs Rupert (696–718)

Gasthaus Lax, Fam. Lax u. Huber, D-86549 Alteiselfing, Hauptstraße 6, Tel. +49(0)8071/923130, Fax 9231336,
E-Mail info@gasthaus-lax.de - www.gasthaus-lax.de

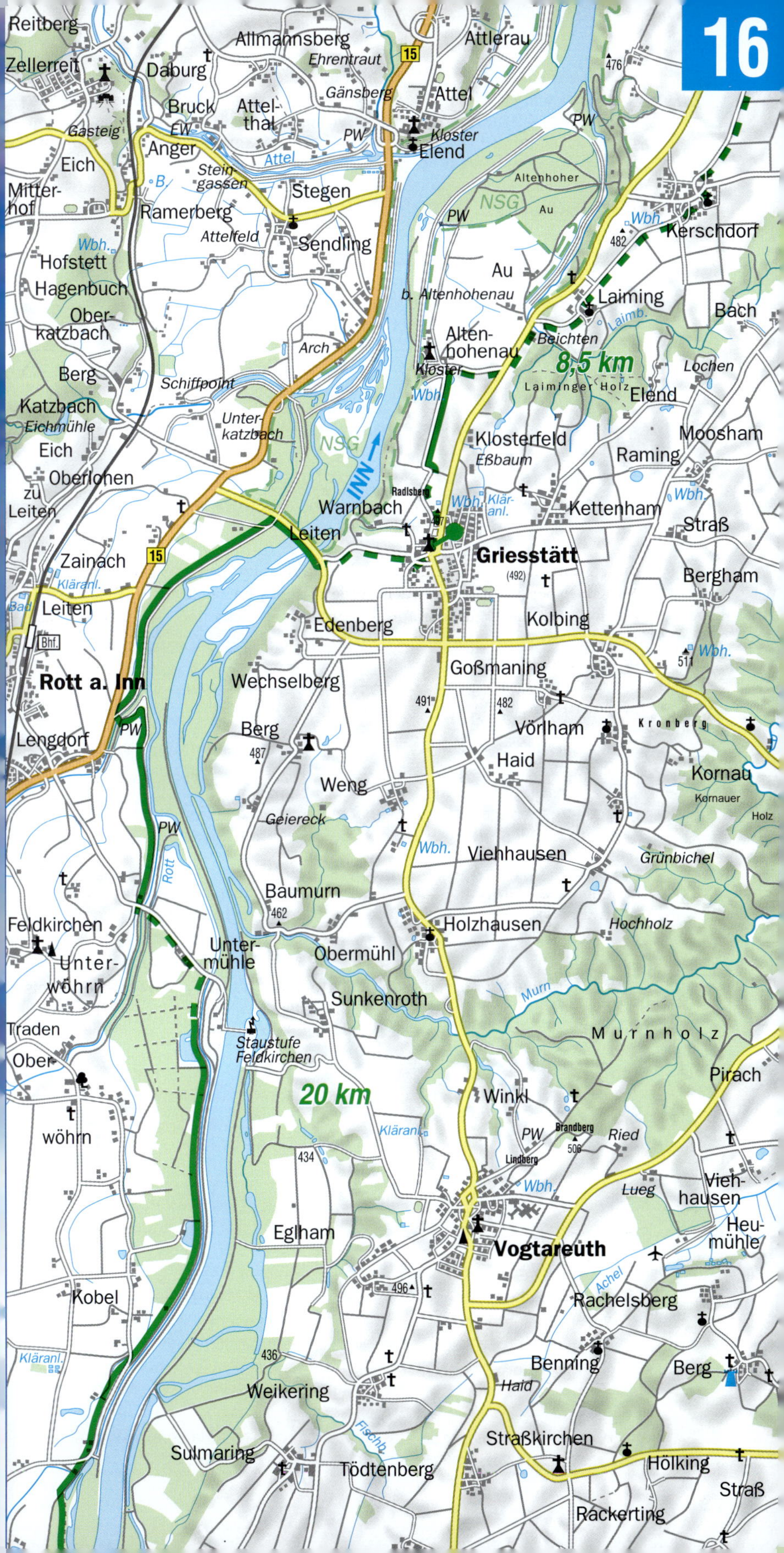

Reitberg
Zellerreit
Allmannsberg
Ehrentraut
Attlerau
Daburg
Gänsberg
Attel
Bruck
Attel-thal
Gasteig
Anger
EW
PW
Kloster
Elend
Eich
Attel
Stein-gassen
Mitter-hof
Stegen
Altenhoher
NSG
Ramerberg
Sendling
Attelfeld
PW
Au
Wbh.
Kerschdorf
Hofstett
Hagenbuch
Au
b. Altenhohenau
Laiming
Ober-katzbach
Bach
Arch
Alten-hohenau
Kloster
Beichten
8,5 km
Lochen
Berg
Schiffpoint
Lainingerholz
Elend
Katzbach
Eichmühle
Unter-katzbach
NSG
INN
Klosterfeld
Eßbaum
Moosham
Raming
Eich
Oberlohen
zu Leiten
Radlsberg
Warnbach
Kläranl.
Kettenham
Straß
Leiten
Griesstätt
Zainach
15
Kläranl.
Leiten
Bergham
Edenberg
Kolbing
Bhf.
Rott a. Inn
Wechselberg
Goßmaning
Berg
Vörlham
Kronberg
Lengdorf
PW
Haid
Kornau
Kornauer Holz
Weng
Geiereck
PW
Viehhausen
Grünbichel
Rott
Baumurn
Holzhausen
Hochholz
Feldkirchen
Unter-mühle
Obermühl
Unter-wöhrn
Sunkenroth
Murn
Traden
Murnholz
Staustufe Feldkirchen
Ober-wöhrn
Pirach
20 km
Winkl
Kläranl.
PW
Brandberg
Ried
Lindberg
Wbh.
Lueg
Vieh-hausen
Heu-mühle
Eglham
Vogtareuth
Achel
Kobel
Rachelsberg
Kläranl.
Benning
Berg
Weikering
Haid
Fischb.
Straßkirchen
Sulmaring
Tödtenberg
Hölking
Straß
Rackerting

Im Ort Kerschdorf biegen wir rechts ab und nehmen dann am Ortsausgang die Abzweigung links Richtung Griesstätt, um gleich darauf nochmals rechts auf die schmale Asphaltstraße einzubiegen. Geradeaus kommen wir nach Laiming, dann fahren wir bergab bis zu einer Nachrangtafel, wo wir links auf den begleitenden Radweg einbiegen. Dieser wechselt nach 50 Metern auf die rechte Seite und biegt dann bald Richtung Kloster Altenhohenau ein.

Im Ort Altenhohenau sollten wir die erste Abzweigung nach links nehmen, bergauf in die Straße mit Fahrverbot. Es lohnt sich jedoch einen Abstecher geradeaus zur Klosterkirche St. Peter & Paul zu machen (500 Meter bergab). Das einstige Dominikanerinnenkloster wurde 1803 im Rahmen der Säkulari-
8,5 sierungen aufgehoben. Es geht auf eine Gründung des Grafen Konrad von Wasserburg im 13. Jahrhundert zurück, der den Bau als Ersatz für sein nichterfülltes Kreuzzugsversprechen stiftete. Sehenswert die Rokoko Deckenfresken von Johann Michael Hartwagner und an der linken Seite eine gotische Jesusfigur, das sogenannte Columba-Jesulein der Dominikanerin Sr. Columba Weigl, bedeutendste Mystikerin des Bayernlandes. Neben dem Kloster liegt die Gastwirtschaft Hubertushof mit schönem Garten.

Der Mozart-Radweg verläuft jedoch auf dem steilen Weg links am Ortseingang, nach 700 Metern erreichen wir eine Anhöhe und halten dann auf den Kirchturm von Griesstätt zu.

● Griesstätt 492 m SH **Karte 16**

(2.515 Einwohner, 22 Betten)

Gemeindeamt D-83556 Griesstätt, Innstraße 4, Tel. +49(0)8039/905615, Fax 905620, E-Mail info@griesstaett.de - www.greisstaett.de od. **Fremdenverkehrsamt D-83512 Wasserburg am Inn**

Kettenhamer Weiher, zw. Kettenham u. Raming

Pfarrkirche St. Johannes dem Täufer, 1205 erstm. erwähnt, spätgotisch, neugotische Altäre, »Schmerzhafte Madonna« u. Kreuz aus Werkstatt I. Günther, Tel. +49(0)8039/909950
Dominikanerinnenkloster, Altenhohenau, Rokoko Fresken, Werke M. Günther u. J. M. Hartwagner, 3 Altäre I. Günther um 1767, Tel. +49(0)8039/90360

Vor der Kirche biegen wir rechts in die Hofmarkstraße ein, folgen dann links der »Inntal«-Beschilderung, bei der nächsten Abzweigung hat man die Wahlmöglichkeit, an welchem Innufer man weiterfährt. Der Mozart-Radweg führt hier rechts Richtung Rott an das linke Ufer. Eine Nebenstraße führt zur Innbrücke, bei der Stopptafel biegen wir auf den Radweg rechts ein und nehmen am anderen Ufer die Unterführung, die uns nach links auf einen Kiesweg auf dem Inndamm bringt.

Der Radweg folgt dann bei der Mündung der Rott für ein kurzes Stück diesem Nebenfluss, lenkt aber dann auf die Zufahrtsstraße zum Kraftwerk Feldkirchen. Kurz vor dem Kraftwerk führt rechts ein Weg zum Badeplatz am Rotter Ausee. Der Radweg führt am Umspannwerk vorbei und an den Inndamm zurück. Rechts sehen wir bald auf einer Anhöhe die Gemeinde Rott am Inn liegen. Ihr ehemaliges Benediktinerkloster wurde lange Zeit als Brauerei genutzt. Heute ist der renovierte Bau Sitz der Gemeinde. Der frühere bayerische Ministerpräsident, Bundesaußenminister und langjährige Vorsitzende der CSU, Franz Josef Strauß, ist in Rott begraben.

Bald sehen wir rechts unterhalb des Inndammes zwei schöne Badeseen (Waldsee) liegen. Dann passieren wir die Abzweigung nach Schechen, wir bleiben jedoch weiter am Damm. Wieder geht es an hübschen Badeseen (Erlensee, Dangl Weiler) vorbei, wir passieren die Abzweigungen nach Marienberg und Pfaffenhofen. Hier steht links ein Gedenkstein an der Furt, auf der vor 2.000 Jahren an dieser Stelle die Römerstraße Salzburg (iuvavum) - Augsburg (augusta vindelicum) den Inn querte.

Alle Abzweigungen rechts von der Trasse auf dem Inndamm führen auch zu Gaststätten, falls uns unterwegs Hunger oder Durst überfällt.

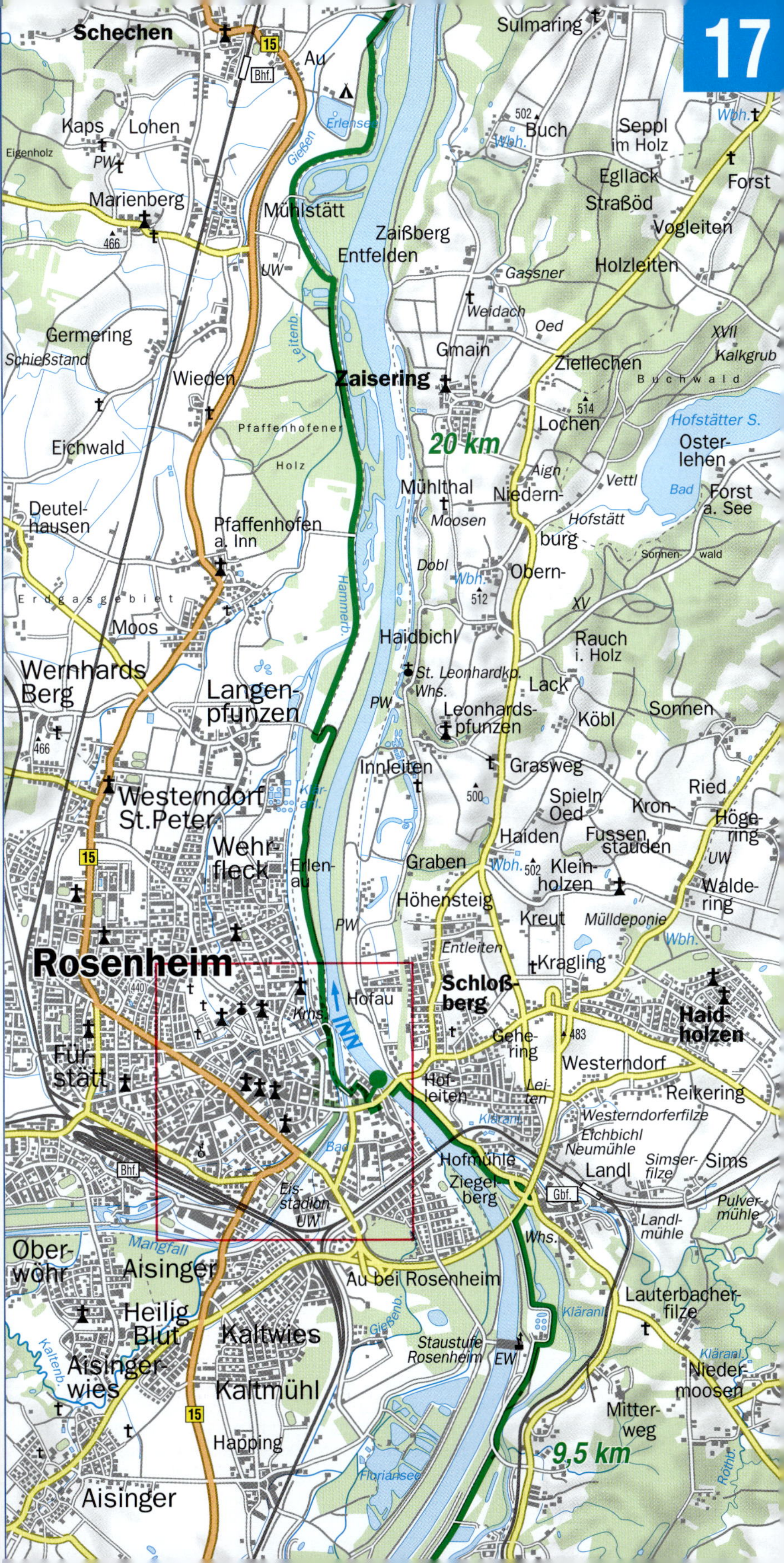
Schechen
Au
Bhf.
15
Sulmaring
Kaps
Lohen
Eigenholz
PW
Erlensee
Gießen
Buch
Seppl im Holz
Wbh.
Egllack
Forst
Straßöd
Marienberg
466
Mühlstätt
Zaißberg
Entfelden
Vogleiten
UW
Gassner
Holzleiten
Weidach
Oed
Germering
Schießstand
Leitenb.
Gmain
XVII
Kalkgrub
Ziellechen
Buchwald
Wieden
Zaisering
514
Hofstätter S.
Lochen
Eichwald
Pfaffenhofener Holz
20 km
Oster-lehen
Aign
Mühlthal
Vettl
Niedern-burg
Bad
Forst a. See
Deutel-hausen
Pfaffenhofen a. Inn
Moosen
Hofstätt
Sonnenwald
Dobl
Wbh.
Obern-
Erdgasgebiet
Hammerb.
512
XV
Moos
Haidbichl
Rauch i. Holz
Wernhards Berg
St. Leonhardkp.
Whs.
Lack
Langen-pfunzen
PW
Leonhards-pfunzen
Sonnen
Köbl
Innleiten
Grasweg
Westerndorf St.Peter
Klär-anl.
500
Spieln Oed
Kron-
Ried
Höge-ring
Haiden
Fussen-stauden
Wehr-fleck
Erlen-au
Graben
Wbh.
502
Klein-holzen
UW
Walde-ring
Höhensteig
Kreut
Mülldeponie
PW
Entleiten
Wbh.
Rosenheim
440
Kragling
Schloß-berg
Hofau
Krhs.
INN
Geher-ring
483
Haid-holzen
Für-stätt
Westerndorf
Hof-leiten
Lei-ten
Reikering
Kläranl.
Westerndorferfilze
Eichbichl
Neumühle
Hofmühle
Bad
Simser-filze
Sims
Bhf.
Ziegel-berg
Landl
Gbf.
Pulver-mühle
Eis-stadion
UW
Landl-mühle
Mangfall
Whs.
Ober-wöhr
Aisinger
Au bei Rosenheim
Lauterbacher-filze
Heilig Blut
Kaltwies
Gießenb.
Kläranl.
Kaltenb.
Aisinger-wies
Staustufe Rosenheim
EW
Kläranl.
Nieder-moosen
Kaltmühl
Mitter-weg
Happing
9,5 km
Röthb.
Floriansee
Aisinger

Der Radweg verläuft dann etwas landeinwärts auf einem gekiesten Damm entlang der Innauen und führt in die Erlenau nördlich von Rosenheim. Wir fahren an den modernen Bauten des Klinikums vorbei, bleiben am Radweg, der nun am Ufer des Innzuflusses Mangfall verläuft und biegen dann links auf die
20 Radlerbrücke ein. Die Wegweiser führen uns am sogenannten Innzipfel am Straßenbauamt vorbei und dann rechts an die Innstraße, in die wir vorsichtig links einbiegen. Gegenüber liegt das Innmuseum, wo eine interessante Schau über die Geschichte der Innschifffahrt gezeigt wird. Wir fahren geradeaus über die Innbrücke.

● **Rosenheim** 440 m **Karte 17**

(59.031 Einwohner, 800 Betten)

Touristinfo D-83022 Rosenheim, Stollstraße 1/P4-Ticketcenter, Tel. +49(0)8031/3659061, Fax 3659060,
E-Mail touristinfo@rosenheim.de - www.touristinfo-ro.de

Weißer Rabe Fahrradstation, Südtiroler Platz 2,
Tel. +49(0)8031/357617

Rupp Zweiradcenter, Innstraße 30, Tel. +49(0)8031/12301
Haas Fahrradtechnik, Weinstraße 3, Tel. +49(0)8031/14573
MB Sports Team, Kufsteiner Straße 83, Tel. +49(0)8031/62826
Bicycle Shop, Kufsteiner Straße 31 u. 35, Tel. +49(0)8031/15855 od. 380650

Schwimmbad, Chiemseestraße 14, Tel. +49(0)8031/353262
Seen am südl. Stadtrand

Rosenheim, Stemplinger Straße 2, Tel. +49(0)8031/33190

Pfarr- u. Wallfahrtskirche Hl. Blut, barock, Gnadenstuhl mit spätgotischer Schnitzgruppe Meister v. Rabenden, Tel. +49(0)8031/26250
Rundkirche Hl. Kreuz, 1668 erbaut, Zwiebeldach, Stukkaturen Miesbacher Schule, Tel. +49(0)8031/67967

Städtisches Museum, Ludwigsplatz 26, 1895 eröffnet, Ortsgeschichte Römern bis 50er J./20. Jh., 5.000 Exponate, Sonderausstellungen,
9,5 Di.–Sa. 9–17 Uhr, So. 13–17 Uhr, Tel. +49(0)8031/798994
Holztechnisches Museum, Max-Josefs-Platz 4, 1990 eröffnet, Sonderausstellungen, Di.–Sa. 9–17 Uhr, Tel. +49(0)8031/16900
Inn-Museum, Innstraße 74, wasserbau- u. schifffahrtstechn. Sammlung, Apr.–Ende Okt. Fr. 9–12 Uhr, Sa. u. So. 10–16 Uhr, Tel. +49(0)8031/30501

Max-Josefs-Platz, histor. Marktplatz, Bürgerhäuser im Inn-Salzach-Stil mit Arkaden- u. Laubengängen, Fußgängerzone
Ausstellungszentr. Lokschuppen, Rathausstraße 24, ehem. Lokomotiven-Remise, Sonderausstellungen, Tel. +49(0)8031/3659036

Hotel Zur Post***, Fam. Albrecht-Stocker, D-83101 Rohrdorf, Dorfplatz 14, Tel. +49(0)8032/1830 , Fax 5844,
E-Mail hotel@post-rohrdorf.de - www.post-rohrdorf.de

Der Mozart-Radweg führt eigentlich am Stadtzentrum vorbei, ein Ausflug in die alte Handelsstadt am Inn lohnt sich jedoch. Dazu verlassen wir bereits nach dem Klinikum den Radweg am Inndamm, biegen rechts in die Schönfeldstraße und dann links in die Innstraße ein. Vor den Brücken über den Werkskanal und den Mangfall zweigen wir rechts auf den Hermann-Grober-Weg ab und folgen dem Radweg bis zur nächsten Brücke. Hier können wir rechts in die Rathausstraße einbiegen, die zum Lokschuppen führt und weiter am Rathaus vorbei Richtung Fußgängerzone am Max-Josefs-Platz.

Laubengänge, schmucke Erker und Innenhöfe geben den alten Bürgerhäusern den für die Städte am Inn typischen südländischen Charme. Sie stammen alle aus der Zeit nach dem Großbrand von 1641, der die ursprünglich meist aus Holz gebauten Häuser vernichtete. Das Wirtshausschild am Haus Stockhammer zeigt einen historischen Schiffszug am Inn. Im Lokschuppen, einer alten Eisenbahn-Remise, finden jährlich wechselnde Großausstellungen statt.

Leopold Mozarts Violinschule

Als Wiederentdecker der von Leopold Mozart herausgegebenen und auch in den Niederlanden und in Frankreich publizierten Violinschule gilt der in Rosenheim wirkende Pädagoge, Humanist und Mitbegründer der »Süddeutschen Monatshefte« Josef Hofmiller (1872 – 1933). Seine ausgezeichneten, geistvollen Mozart-Essays sind noch heute eine Lektüre wert.

Der Mozart-Radweg führt über die Innbrücke an das orografisch rechte Ufer (Ortsteil Schloßberg/Stephanskirchen) und biegt gleich auf den schmalen Radweg an der Rohrdorfer Straße rechts ab. Teilweise am Gehsteig radeln wir jetzt bis zur Eisenbahnbrücke, wo der Radweg unterbrochen ist, und weiter recht holprig bis zur Auffahrt auf die nächste Brücke.

Der Radweg bleibt rechts auf der Brückenauffahrt, bis wir rechts U-förmig einbiegen können und die Radler-Unterführung unter der Brücke nehmen. Ein schmales Asphaltband führt jetzt weiter den Inn aufwärts durch die Auland-schaft.

Wir umfahren die Kläranlage Bockau, kommen am Umspannwerk vorbei und biegen danach rechts auf den Innweg nach Neubeuern ab. Dieser führt auf der Höhe der Staustufe Rosenheim an die Dammkrone zurück und verläuft bald wieder auf Kies immer geradeaus Richtung Süden. So kommen wir zur Unterführung unter der Autobahn Salzburg-München, links fahren wir an Baggerseen vorbei und erreichen das Gemeindegebiet von Raubling, der Ort selbst liegt jedoch am linken Innufer.

Raubling 457 m Karte 18

(11.550 Einwohner, 260 Betten)

Gemeindeverwaltung D-83064 Raubling, Bahnhofstraße 31, Tel. +49(0)8035/87050, Fax 1729, E-Mail info@raubling.de - www.raubling.de

FA Philippi, Poststraße 2, Tel. +49(0)8035/6435

Taxi Edelweiss, Tel. +49(0)8031/359935

Großholzhausen, Sulzbergstraße 41, Tel. +49(0)8034/7793

2 **St. Nikolaus,** 13. Jh. erbaut, 17. Jh. barockisiert, Tel. +49(0)8035/2438

St. Petrus, spätgotische Anlage, 18. Jh. barockisiert, Tel. +49(0)8035/2326

St. Georg, spätgotisch, 1690 umgestaltet, Tel. +49(0)8034/3668

Neiderhell Urweltmuseum, über 1.500 Fossilien u. Mineralien, Mo., Di., Do. u. Fr. 10–14 Uhr, Sa., So. u. Ftg. 11–15 Uhr, Tel. +49(0)8034/1894

Wir bleiben weiter am rechten Innufer auf dem Radweg am Damm, queren die Straße, die über die Innbrücke nach Kirchdorf führt, links liegt der Markt Neubeuern.

Neubeuern 478 m Karte 18

(4.143 Einwohner, 188 Betten)

Verkehrsamt D-83115 Neubeuern, Marktplatz 4, Tel. +49(0)8035/2165, Fax 876200, E-Mail info@neubeuern.de - www.neubeuern.de

Ägidius Schmid, Samerstraße 42, Tel. +49(0)8035/2632

Badesee, Tel. +49(0)8034/8913

Dreifaltigkeitskirche Altenbeuern, gotisch, Führung n. Vereinb., Tel. +49(0)8035/2680

Pfarr- u. Wallfahrtskirche Mariä Empfängnis, romanisch, spätgotisches Gnadenbild »Schöne Madonna«, Führung n. Vereinb., Tel. +49(0)8035/2680

Schlosskapelle St. Augustin, Rokokoraum, Führung n. Vereinb.,
3 Tel. +49(0)8035/90620

Neubeuern, Schlossstraße 20, Haupt- u. Empfangstrakt Arch. G. v. Seidl, alte Bibliothek, n. Vereinb., Tel. +49(0)8035/90620

Innschifffahrtsmuseum, Marktplatz 4, Tel. +49(0)8035/2165

Wolfsschlucht, 1. Beurer Steinbruch mit Schleifsteinen, frei zugängl.

Niederauer Hof ***, G. Paul, Niederau 1, Tel. +49(0)8034/7783, E-Mail fahrradurlaub@niederauer-hof.de - www.niederauer-hof.de

Die Marktgemeinde wird überragt von einem Burgberg mit steilem Abfall zum Innufer, ein strategisch günstiger Platz für die Errichtung eines Schlosses im 12. Jahrhundert. Der heute weithin sichtbare Bau stammt jedoch aus dem späten 19. Jahrhundert, nachdem die alte Burg 1893 durch Feuer zerstört wurde. Heute ist darin das Landschulheim Neubeuern untergebracht. Am Marktplatz steht neben schmucken Bürgerhäusern die Pfarrkirche Mariä Empfängnis.

Weiter am Inndamm erreichen wir den Neubeurer See und das Freibad und sehen bald den Kirchturm von Nußdorf.

Nußdorf am Inn 486 m Karte 18

(2.611 Einwohner, 380 Betten)

Verkehrsamt D-83131 Nußdorf, Brannenburger Straße 10, Tel. +49(0)8034/907920, Fax 907921, E-Mail info@nussdorf.de

Ringlinie Wendelstein, Tel. +49(0)8066/906333

Schwimmbad, beheizt, Tel. +49(0)8034/3625

Kirchwald, letzte bewohnte Eremitage, Tel. +49(0)8034/3939

Hl. Kreuz, Tel. +49(0)8034/2250

St. Vitus, Tel. +49(0)8034/2250

St. Leonhart, Tel. +49(0)8034/2250

Max Pröbstl, Schulhaus, Retrospektive z. 100. Geburtstag, Tel. +49(0)8034/7147 Mühlenweg, frei zugängl., Tel. +49(0)8034/7147 od. 907920

Wir passieren das sogenannte Pfeiler-Kraftwerk Nußdorf, bei dem Turbinen und Wehrfelder Platz sparend nebeneinander angeordnet sind. Erst durch den Kraftwerksbau wurde das jetzt unter Schutz stehende Gebiet der Nußdorfer Au nach den Flussbegradigungen des 19. Jahrhunderts wieder ausreichend bewässert.

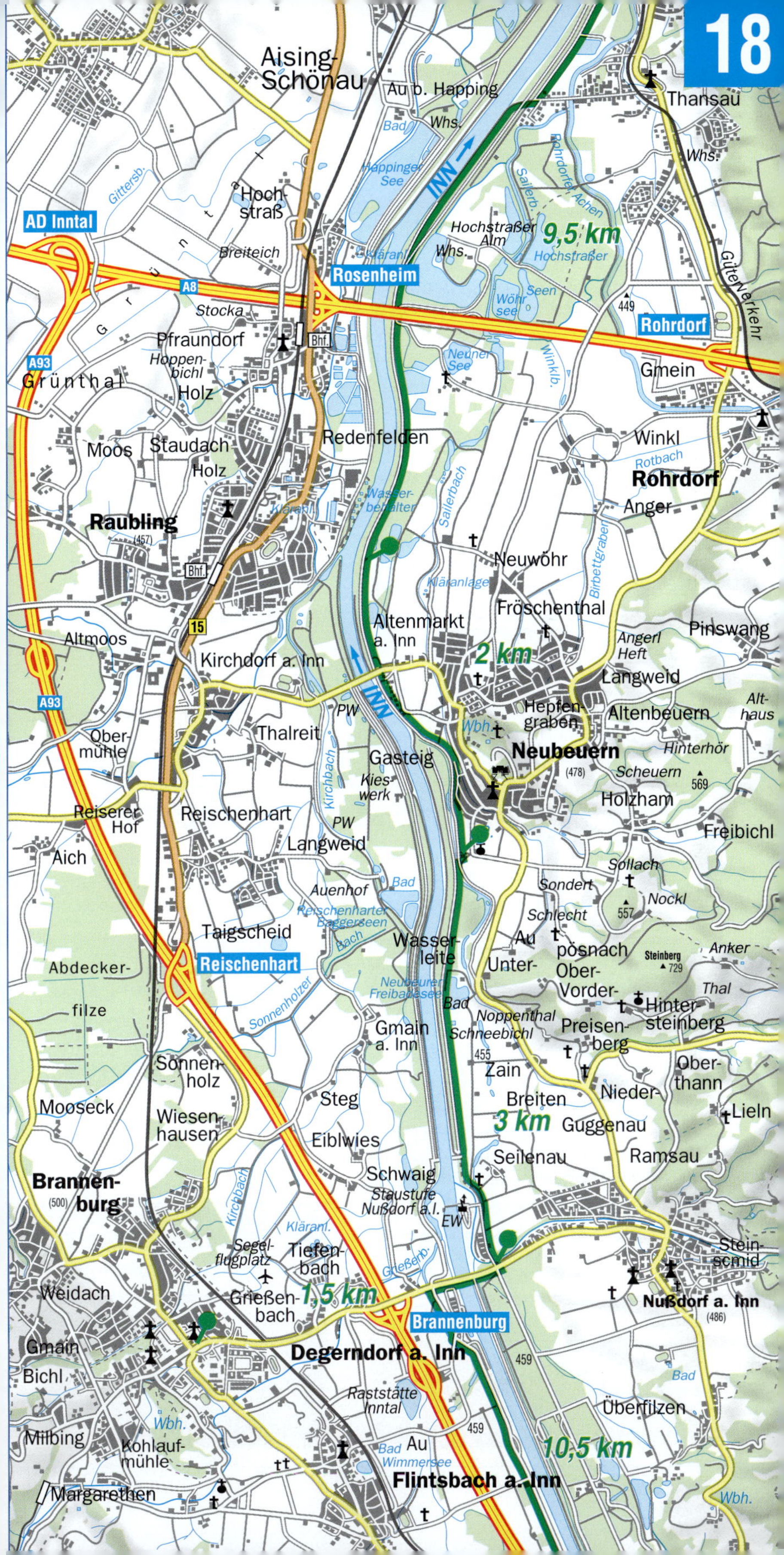
Aising-
Schönau
Au b. Happing
Thansau
Bad
Whs.
Happinger
See
INN
Whs.
Gittersb.
Hoch-
straß
Sailerb.
Rohrdorfer Achen
Hochstraßer
Alm
9,5 km
Hochstraßer
Seen
AD Inntal
Breiteich
Kläranl.
Whs.
Rosenheim
Güterverkehr
A8
Grünthal
Stocka
Wöhr
see
449
Rohrdorf
Pfraundorf
Bhf.
Neuner
See
Winklb.
Gmein
A93
Hoppen-
bichl
Grünthal
Holz
Moos
Staudach
Redenfelden
Winkl
Rotbach
Holz
Rohrdorf
Wasser-
behälter
Sailerbach
Anger
Raubling
(457)
Kläranl.
Neuwöhr
Birbettgraben
Kläranlage
Bhf.
Fröschenthal
Altmoos
15
Altenmarkt
a. Inn
Pinswang
Angerl
Heft
2 km
Kirchdorf a. Inn
Langweid
A93
INN
PW
Hepfen-
graben
Altenbeuern
Alt-
haus
Ober-
mühle
Thalreit
Wbh.
Neubeuern
Hinterhör
Gasteig
(478)
Scheuern
569
Kirchbach
Kies-
werk
Holzham
Reiserer
Hof
Reischenhart
PW
Freibichl
Langweid
Aich
Sollach
Sondert
Auenhof
Bad
557
Nockl
Reischenharter
Baggerseen
Schlecht
Taigscheid
Bach
Wasser-
leite
Au
pösnach
Steinberg
729
Anker
Reischenhart
Unter-
Ober-
Abdecker-
Vorder-
Thal
Neubeurer
Freibadesee
Hinter-
filze
Sonnenholzer
Bad
Noppenthal
steinberg
Gmain
a. Inn
Schneebichl
Preisen-
berg
455
Sonnen-
holz
Zain
Ober-
thann
Nieder-
Breiten
Mooseck
Steg
3 km
Guggenau
Lieln
Wiesen-
hausen
Eiblwies
Seilenau
Ramsau
Brannen-
burg
(500)
Kirchbach
Schwaig
Staustufe
Nußdorf a.I.
EW
Kläranl.
Segel-
flugplatz
Tiefen-
bach
Stein-
schmid
Gießenb.
Weidach
Grießen-
bach
1,5 km
Nußdorf a. Inn
(486)
Brannenburg
Gmain
Degerndorf a. Inn
459
Bichl
Bad
Raststätte
Inntal
Überfilzen
Wbh.
459
Milbing
Kohlauf-
mühle
Bad
Au
10,5 km
Wimmersee
Margarethen
Flintsbach a. Inn
Wbh.

Durch ein Wohngebiet kommen wir zu einer T-förmigen Einmündung, wo wir rechts auf die Innbrücke abbiegen (Radweg an der linken Straßenseite). Am anderen Ufer auf einer Anhöhe sehen wir weiß leuchtend die romanische Wallfahrtskirche
1,5 St. Peter auf dem Gipfel des kleinen Madron. Wir überqueren den Inn, vor uns liegt der Ort Brannenburg, wir biegen jedoch gleich bei der Nachrangtafel links in den Tiefenbacherweg ab und folgen dem Weg rechts neben dem Inndamm.

● **Brannenburg** 500 m **Karte 18**

(5.500 Einwohner, 800 Betten)

Verkehrsamt D-83098 Brannenburg, Rosenheimer Straße 5, Tel. +49(0)8034/4515, Fax 9581, E.Mail info@brannenburg.de - www.brannenburg.de

Verkehrsamt Brannenburg, Rosenheimer Straße 5, Tel. +49(0)8034/4515

Radsport Mohr, Rosenheimer Straße 35, Tel. +49(0)8034/9457
Freds-Bike-Shop, Tel. +49(0)8034/707884

Wendelsteinkircherl (1.740 m), Pfingsten–Ende Sept. So. 11 Uhr Messe, Tel. +49(0)8034/90710
Wallfahrtskirche Schwarzlack, 18. Jh. erbaut, Rokokoausstattung, Tel. +49(0)8034/90710
Pfarrkirche Mariä Himmelfahrt, Fresken 16. Jh., barocker Hochaltar mit überlebensgr. Schnitzfiguren, Tel. +49(0)8034/90710

Brannenburg, 1561 v. H. K. Pienzenauer erbaut, n. Vereinb., Tel. +49(0)8034/90630

Wendelsteinhöhle (1.700 m), Tel. +49(0)8034/3080

Wendelstein-Zahnradbahn, Mai 9–15.55 Uhr, Juni–Sept. 9–17 Uhr, Tel. +49(0)8034/3080

Pension Berghof, Fam. Hadersdorfer, Am Lutznfeld 1, Tel. +49(0)8034/2393, Fax 2393, E-Mail hadersdorfer-berghof@t-online.de - www.pension-berghof-brannenburg.de

Der Mozart-Radweg führt eigentlich nicht in den Ort Brannenburg, Mozart-Freunde wollen aber vielleicht einen Ausflug in den westlich vom Ortszentrum gelegenen Ortsteil Antritt machen, Heimat der Familie der »Andretter«, mit denen Mozart befreundet war. Dazu fährt man nach der Innbrücke geradeaus, überquert Eisenbahn und Autobahn, fährt durch Brannenburg und dann am Ortsende rechts in die Mühlenstraße. Vor der Kirche links in die Dorfstraße einbiegend kommt man gleich rechts zur Bräuhausgasse, die in den Weg »Am Antritt« mündet.

Brannenburg ist auch Ausgangspunkt zu einem Ausflug auf den Wendelstein (1.838 m), der von hier mit einer Zahnradbahn erschlossen ist, deren Bergstation auf 1.730 Meter liegt. Fahrzeit ab Branneburg ist 30 Minuten, eine herrliche Aussicht zu den Kitzbühler Alpen und zum Wilden Kaiser lockt.

Die Familie der »Andretter«

Auf Antrett oder auch die Einöde Antritt bei Brannenburg am Inn wird der Ursprung der mit den Mozarts befreundeten Familie der »Andretter« zurückgeführt. Der 1756 zum »Edlen von Antrettern« in den Adelsstand erhobene Johann Ernst Antretter (1718 – 1792) hatte aus zwei Ehen insgesamt zwölf Kinder, die altersmäßig zu Wolfgang Amadeus Mozart und seiner Schwester Nannerl passten. Musikalische Dokumente der Beziehungen mit den Antrettern sind die 1773 von Mozart für Judas Thaddäus Antretter komponierte »Finalmusik« (KV 185) und das der zweiten Gattin des hohen Verwaltungsbeamten zugeeignete D-Dur-Divertimento (KC 205/167 A) mit dem Marsch KV 290/167 AB. Johann Ernst Antretter besuchte
10,5 in Salzburg Lateinschule und Universität und brachte es zum Hofkriegsrat und Landschaftskanzler. Vor allem die Namen der Söhne Siegmund (auch »Cornet von Andretter«) und Kajetan kommen in Mozarts Briefen häufig vor.

Der Mozart-Radweg führt nun weiter auf der Asphaltstraße unterhalb des Inndammes weiter nach Süden, rechts kann man in den Ort Flintsbach und zu mehreren Gaststätten abzweigen. Dann erreichen wir Militärisches Übungsgebiet und eine Booteinsatzstelle am Innufer, ab hier verläuft der Radweg wieder auf Kies auf der Dammkrone. Rechts kann man Richtung Fischbach abzweigen, wo es einen Gletscherschliff zu sehen gibt. Der Radweg verläuft jetzt am Damm zwischen Inn und Autobahn.

Nun erreichen wir einen Innabschnitt, wo der Fluss die Staatsgrenze zu Östereich darstellt. Am gegenüberliegenden, österreichischen Ufer sehen wir den Ort Erl und das in den Fünfzigerjahren vom Architekten Clemens Holzmeister errichtete Passionsspielhaus. Der Grenzort veranstaltet abwechselnd mit Thiersee seit 1613 regelmäßig Passionsspiele, die sogenannten »Tiroler Festspiele« finden im September statt.

Auf der Höhe von Oberaudorf, das rechts hinter der Autobahntrasse liegt, biegt der Mozart-Radweg links auf die gedeckte Zollhausbrücke über den Inn nach Österreich ab. Rechts kann man durch die Autobahnunterführung nach Oberaudorf gelangen.

● Oberaudorf 483 m **Karten 19, 20**

(4.800 Einwohner, 2.100 Betten)

- **Kur- u. Verkehrsamt D-83080 Oberaudorf, Kufsteiner Straße 6, Tel. +49(0)8033/30120,** Fax 30129, E-Mail info@oberaudorf.de - www.oberaudorf.de
- **Alpenhotel Feuriger Tatzlwurm,** Tel. +49/8034/30080
- **Sport Brosig,** Talstation Hocheck, Tel. +49(0)8033/303635 od. 8845
- **Taxi Huber,** Laurentiusstraße 7, Tel. +49(0)8033/6670 od. 1691
- **Luegsteinsee,** Seestraße 6, Tel. +49(0)8033/979409 od. 2386
- **Hallenfreibad,** Bad-Trißl-Straße 18, Tel. +49(0)8033/91479
  Strandbad Luegsteinsee, Seestraße 6, Tel. +49(0)8033/30120
- **Hallenfreibad,** Bad-Trißl-Straße 18, Tel. +49(0)8033/91479
- **Ruine Auerburg,** 1329 erbaut, frei zugängl.

Pfarrkirche »Unserer lieben Frau«, 792 als hölzerne Basilika erbaut, Ende 15. Jh. spätgotische, doppelschiffige Kirche, Barockausstattung, Tel. +49(0)8033/1459
Auferstehungskirche, Tel. +49(0)8033/1488
Karmelitenkloster Reisach, 1737–47 erbaut, Skapulieraltar I. Günter, Tel. +49(0)8033/30840
St. Michael, Niederaudorf, 1270 erbaut, romanisch, 15. Jh. spätgotischer Anbau, Tel. +49(0)8033/30840

Urfahrn Reisach, um 1722 erbaut, nicht frei zugängl., Tel. +49(0)8033/1555

Audorfer Museum im Burgtor, Im Burgtor 2, Besiedlung, Innschifffahrt, Geologie, Gebirgsschützen, Di. u. Fr. 14–18 Uhr u. n. Vereinb., Tel. +49(0)8033/30120

Innschifffahrt, mit Radbeförderung, Tel. +49(0)5243/5253

Hocheck Bergbahnen u. Freizeitanlagen GmbH., tgl. 9–16 Uhr, Tel. +49(0)8033/30350

Sommer-Rodelbahn, mit 360° Superkreisel, Juni–Sept. tgl. 9–16 Uhr, Tel. +49(0)8033/30350
Wasserfälle Tatzlwurm, frei zugängl., Tel. +49(0)8033/30080

Gasthof Ochsenwirt***, Fam. Knöckl, Carl-Hagen-Straße 14, Tel. +49(0)8033/30790, Fax 3079140, E-Mail info@ochsenwirt.com
2,5 - www.ochsenwirt.com
Alpenhotel Bernhard's, Fam. Bernhard, Marienplatz 2, Tel. +49(0)8033/30570, Fax 305715, E-Mail alpenhotel-bernhard@t-online.de - www.alpenhotel-bernhards.com
Hotel Bayerischer Hof***, Fam. Wolf, Sudelfeldstraße 12, Tel. +49(0)8033/92350, Fax 4391, E-Mail info@bayerischer-hof-oberaudorf.de - www.bayerischer-hof-oberaudorf.de
Hotel Alpenhof***, Fam. Schmid, Rosenheimer Straße 97, Tel. +49(0)8033/1036, Fax 4424, E-Mail alpenhof-oberaudorf@t-online.de - www.alpenhof-oberaudorf.de
Hotel Gasthof Keindl***, Fam. Josef Waller, Niederaudorf, Dorfstraße 2–4, Tel. +49(0)8033/30400, Fax 304060, E-Mail info@gasthof-keindl.com - www.gasthof-keindl.com

Der traditionsreiche Ferienort verfügt über ein großes Angebot an Hotels und Pensionen, die gerne auch Radfahrer auf der Durchreise aufnehmen. Recht interessant ist das Audorfer Museum, welches sich im Burgtor befindet. Die Burg wurde allerdings 1745 geschleift, Ruinen erinnern an ihre wechselhafte Geschichte.

Wir kommen jedoch über die 1995 für Radfahrer renovierte Brücke am österreichischen Ufer bei einem ehemaligen Zollhaus an, biegen rechts ab und rollen auf den Radweg an der Straße zwischen Erl und Ebbs.

Wenn wir den bereits erwähnten Passionsspielort Erl besuchen wollen, müssen wir hier umkehren und einen kurzen Abstecher nach Norden machen.

● Erl 470 m Karten 19, 20

(1.400 Einwohner, 400 Betten)

Tourismusverband A-6343 Erl, Dorf 39, Tel. +43(0)5373/8117, Fax 8474, E-Mail tvb.erl@aon.at - www.erl.at

Schwimmbad, Mühlgraben 49, Tel. +43(0)5373/8226

Pfarrkirche hl. Andreas

Passionsspielhaus, 1959 f. Passionsspiele erbaut, Tel. +43(0)5373/8117
6 **Blaue Quelle,** Naturdenkmal, 700 Liter/Sek. mineralhalt. Wasser, 7° C konstante Temp.

Der Mozart-Radweg führt jedoch links neben der Straße Richtung Süden bis zur ersten Abzweigung nach links Richtung Niederndorf, das wir auf der wenig befahrenen Alten Erler Straße erreichen. Ab hier gibt es Tiroler Radwegebeschilderung, kleine grüne Tafeln mit einem Radfahrersymbol und dem jeweiligen nächsten Ortsnamen.

Vom Innradweg verabschieden wir uns jetzt, er führt hier rechts abbiegend weiter nach Ebbs und Kufstein (siehe nachstehende Variante).

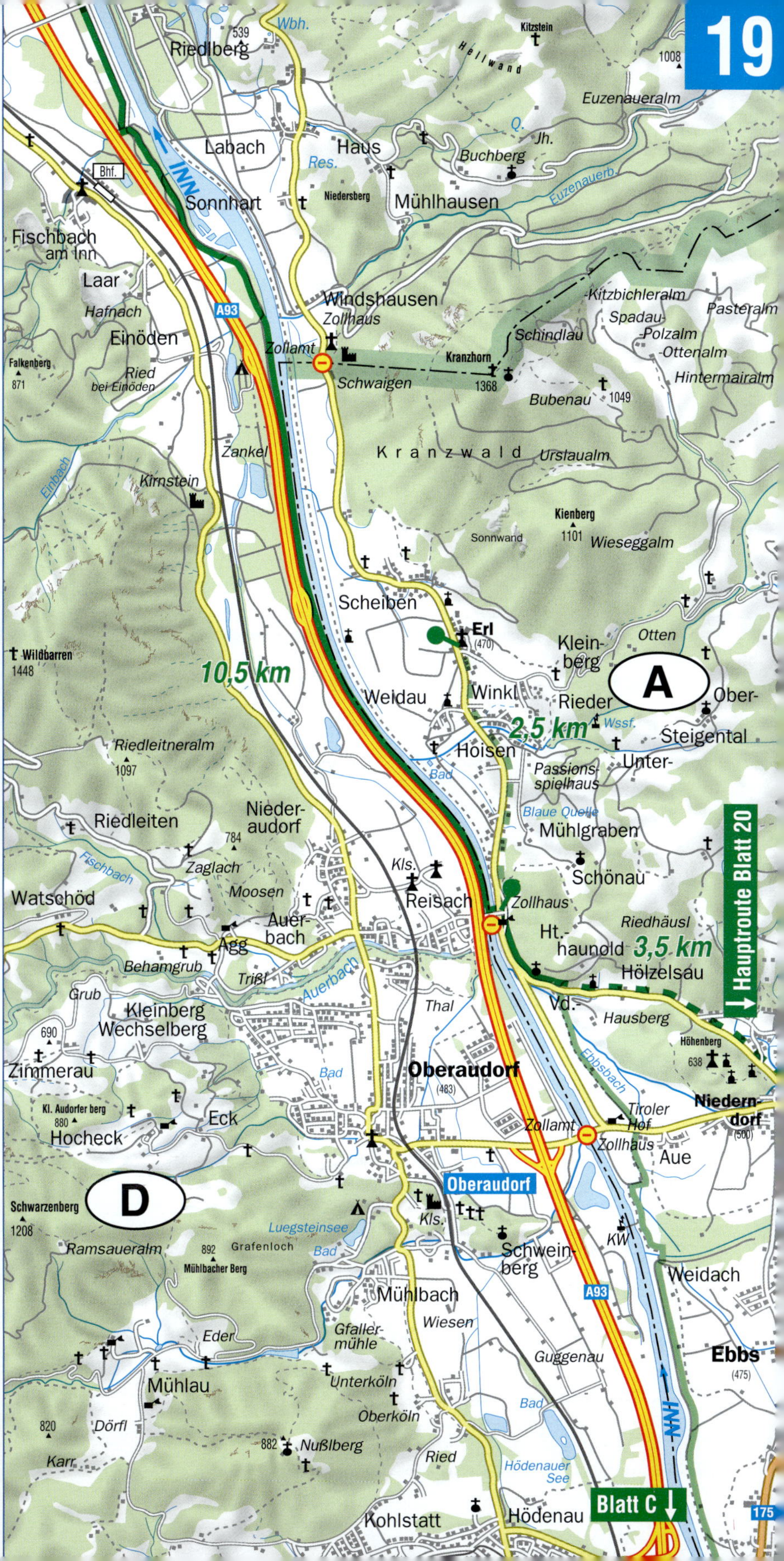

539
Riedlberg
Wbh.
Kitzstein
Hellwand
1008
Euzenaueralm
Q.
Jh.
Labach
Haus
Res.
Buchberg
Bhf.
INN
Sonnhart
Niedersberg
Mühlhausen
Euzenauerb.
Fischbach am Inn
Laar
Hafnach
A93
Windshausen
Zollhaus
Kitzbichleralm
Pasteralm
Spadau
Schindlau
Polzalm
Ottenalm
Einöden
Zollamt
Kranzhorn
Falkenberg
871
Ried bei Einöden
Schwaigen
1368
Hintermairalm
Bubenau
1049
Zankel
Kranzwald
Urslaualm
Kirnstein
Einbach
Kienberg
Sonnwand
1101
Wieseggalm
Scheiben
Erl
(470)
Wildbarren
1448
10,5 km
Klein-berg
Otten
Weidau
Winkl
Rieder
A
Ober-
2,5 km
Wssf.
Steigental
Riedleitneralm
1097
Hoisen
Unter-
Bad
Passions-spielhaus
Nieder-audorf
Blaue Quelle
Mühlgraben
Riedleiten
784
Zaglach
Fischbach
Kls.
Schönau
Moosen
Watschöd
Reisach
Zollhaus
Auer-bach
Riedhäusl
Agg
Ht.-haunold
3,5 km
Hauptroute Blatt 20
Behamgrub
Trißl
Auerbach
Hölzelsau
Grub
Thal
Vd.
Kleinberg
Hausberg
Wechselberg
Höhenberg
690
638
Zimmerau
Bad
Oberaudorf
(483)
Ebbsbach
Kl. Audorfer berg
880
Tiroler Hof
Niederndorf
(500)
Eck
Zollamt
Hocheck
Zollhaus
Aue
Oberaudorf
D
Schwarzenberg
1208
Kls.
Luegsteinsee
KW
Schwein-berg
Ramsaueralm
892
Grafenloch
Bad
Mühlbacher Berg
A93
Weidach
Mühlbach
Wiesen
Eder
Gfaller-mühle
Guggenau
Ebbs
(475)
Unterköln
Mühlau
Oberköln
Bad
820
Dörfl
INN
882
Nußlberg
Karr
Ried
Hödenauer See
Kohlstatt
Hödenau
Blatt C
175

Niederndorf 500 m **Karten 19, 20**

(2.700 Einwohner, 500 Betten)

Tourismusverband A-6342 Niederndorf, Haus 32, Tel. +43(0)5373/ 61377, Fax 61180, E-Mail niederndorf@netway.at - www.niederndorf.com

FA Thrainer, Haus 36, Tel. +43(0)5373/61268

Erlebnis-Waldschwimmbad, Tel. +43(0)5373/6120315

Wallfahrtskapelle Maria Heimsuchung, 1778 erbaut, Löfflerglocke 1557, spätklassiz. Altar, Votivbilder 18./19. Jh., Kreuzwegtafeln, barockes Schmiedeeisengitter, Tel. +43(0)5373/61377

Heimatmuseum, alte Handwerkskunst, n. Vereinb., Tel. +43(0)5373/61296

Innschifffahrt, Anlegestelle Niederndorf, Tel. +43(0)5243/5243

Wildpark Wildbichl, 7 km am Niederndorferberg, Apr.–Ende Okt. 9–18 Uhr, Tel. +43(0)5373/62233

Variante: Ausflug nach Ebbs und Kufstein

Wenn wir noch ein paar Kilometer am Innradweg weiterfahren wollen, nehmen wir nach der Abzweigung nach Niederndorf den ersten Weg rechts nach Ebbs. Der Radweg überquert den Jennbach und führt dann an seinem linken Ufer an den Inn, wo wir links abbiegen. So kommen wir an Ebbs vorbei.

Ebbs *475 m* **Karten 19, 20**

(4.900 Einwohner, 1.600 Betten)

Tourismusverband A-6341 Ebbs, Wildbichlerstraße 29, Tel. +43(0)5373/42326, *Fax 42960, E-Mail info@ebbs.at - www.ebbs.at*

Hotel Oberwirt, *Wildbichlerstraße 36, Tel. +43(0)5373/42246*
Hotel Postwirt, *Wildbichlerstraße 25, Tel. +43(0)5373/42224*
Hotel Sattlerwirt, *Oberndorf 89, Tel. +43(0)5373/42203*
Gasthaus Zur Schanz, *Schanz 1, Tel. +43(0)5372/64550*
Kaiserhotel, *Haflingerweg 6, Tel. +43(0)5373/42424*

FA Pichler, *Wildbichlerstraße 47, Tel. +43(0)5373/42214*

HALLO DU Funarena Ebbs, *Erlebnis- u. Freizeitzentrum, Giessenweg 20, Tel. +43(0)5373/43282*

Wallfahrtskirche St. Nikolaus, *gotisch, Tel. +43(0)5373/42326*
Dom zu Ebbs, *barock, Tel. +43(0)5373/42301*
Antoniuskapelle, *Kaisertal zw. Kufstein u. Ebbs, gotisch*

Haflinger- u. Kutschenmuseum am Fohlenhof, *Geschichte der Haflinger, antike Kutschen, bäuerl. Arbeitsgeräte, tgl. 8–12 Uhr u. 14–17 Uhr, Tel. +43(0)5373/42210*

Raritätenzoo, *über 100 versch. Vogelarten aus aller Welt, Känguruhs, Affen, Ostern–Nov. tgl. 8–18 Uhr, Tel. +43(0)664/3002600*

Hier steht der »Dom zu Ebbs«, die barocke Pfarrkirche des Ortes, erbaut zwischen 1748 und 1756. Wegweiser führen zum »Fohlenhof«, dem größten Haflingergestüt Europas, im Jahr 2000 Standort der Haflinger Weltausstellung. Im Sommer gibt es hier jeden Freitag abends ein großes Schaureiten mit diesen besonders für den Einsatz im Gebirge tauglichen Pferden, Gestütsbesichtigung täglich.

Der Innradweg führt nun auf feinem Asphalt, den auch zahlreiche Inline-Skater hier sehr schätzen, auf die Autobahnbrücke zu. Vorher passieren wir noch rechts die Innfähre ins bayerische Kiefersfelden. Immer am Innufer entlang erreichen wir die Tiroler Festungsstadt Kufstein.

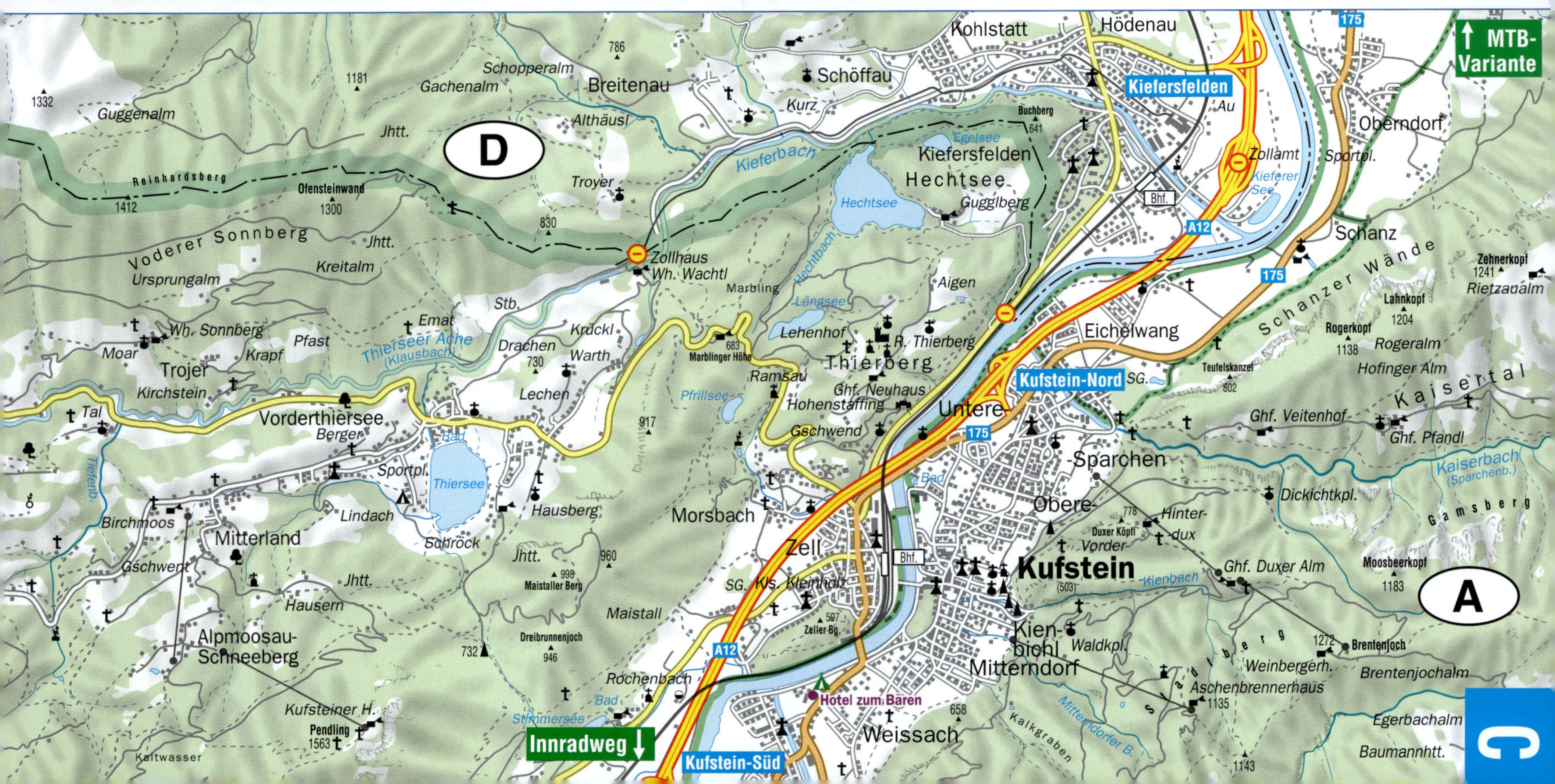

MTB-Variante
Innradweg
D
A
C
Kufstein
Kiefersfelden
Kufstein-Nord
Kufstein-Süd
Kohlstatt
Hödenau
Schöffau
Breitenau
Oberndorf
Zollamt
Kieferer See
Hechtsee
Egelsee
Kieferbach
Hechtbach
Längsee
Eichelwang
Schanz
Schanzer Wände
Zehnerkopf
Rietzaualm
Lahnkopf
Rogerkopf
Rogeralm
Hofinger Alm
Kaisertal
Ghf. Veitenhof
Ghf. Pfandl
Kaiserbach (Sparchenb.)
Dickichtkpl.
Gamsberg
Moosbeerkopf
Sparchen
Obere-
Untere-
Hinter-
dux
Vorder-
Duxer Köpfl
Ghf. Duxer Alm
Kienbach
Kien-
bichl
Mitterndorf
Waldkpl.
Brentenjoch
Brentenjochalm
Weinbergerh.
Aschenbrennerhaus
Egerbachalm
Baumannhtt.
Kalkgraben
Mitterndorfer B.
Weissach
Hotel zum Bären
Zell
Kls. Kleinholz
Zeller-Bg.
Morsbach
Thierberg
R. Thierberg
Ghf. Neuhaus
Hohenstaffing
Gschwend
Ramsau
Lehenhof
Aigen
Marbling
Marblinger Höhe
Pfrillsee
Zollhaus
Wh. Wachtl
Gugglberg
Buchberg
Reinhardsberg
Ofensteinwand
Voderer Sonnberg
Kreitalm
Ursprungalm
Guggenalm
Gachenalm
Schopperalm
Althäusl
Troyer
Kurz
Stb.
Krückl
Drachen
Warth
Lechen
Emat
Thierseer Ache (Klausbach)
Wh. Sonnberg
Moar
Trojer
Pfast
Krapf
Kirchstein
Tal
Vorderthiersee
Berger
Sportpl.
Thiersee
Bad
Hausberg
Lindach
Schröck
Birchmoos
Mitterland
Gschwent
Hausern
Alpmoosau-
Schneeberg
Kufsteiner H.
Pendling
Kaltwasser
Tiefenb.
Maistaller Berg
Maistall
Dreibrunnenjoch
Rochenbach
Stimmersee
Teufelskanzel
Bhf.
A12
175
Au

Kufstein 503 m Karte C

(15.400 Einwohner, 1.300 Betten)

Tourismusverband A-6330 Kufstein, Unterer Stadtplatz 8, Tel. +43(0)5372/62207, Fax 61455, E-Mail kufstein@netway.at - www.kufstein.at

Hotel zum Bären, Tel. +43(0)5372/62229
Hotel Kufsteinerhof, Tel. +43(0)5372/71030

Sport Hervis, Kaiserbergstraße 25, Tel. +43(0)5372/62279
Radsport Glieber, Oskar-Pirlo-Straße 8, Tel. +43(0)5372/61611
Radsport Stöger, Oskar-Pirlo-Straße 21, Tel. +43(0)5372/71026

Taxi Bundschuh, Sterzinger Straße 12b, max. 4 Räder, Tel. +43(0)5372/1715 od. 67474
Taxi Hager, Kaiseraufstieg 43, max. 2 Räder, Tel. +43(0)5372/1718
Busunternehmen Wechselberger, Tel. +43(0)5372/62227

Hotel zum Bären, Tel. +43(0)5372/6222955

Freischwimmbad am Fischergries, Tel. +43(0)5372/602612
Freischwimmbad am Hechtsee, Tel. +43(0)5372/6020

Festung, Auffahrt m. Panoramabahn, Heimatmuseum, größte Freiorgel d. Welt, tgl. 9–17 Uhr, Tel. +43(0)5372/602350

Stadtpfarrkirche St. Vitus, spätgotisch
Dreifaltigkeitskirche, Rokoko- u. neugotischer Altar
Wallfahrtskirche Maria Kleinholz, 1605 erbaut
Wallfahrtskapelle Thierberg, 1379 an Bayern verkauft, 1504 mit Kufstein zu Österreich

Riedel Glas, Schauglasbläserei u. Museum, Mo.–Fr. 9–12 Uhr u. 13–16 Uhr, Tel. +43(0)5372/64896
Maderspergermuseum, über d. Erfinder d. Nähmaschine, tgl. 9–17 Uhr, Tel. +43(0)5372/62207

Innschifffahrt, Anlegestelle Kufstein, 1. Mai–14. Okt. 10.15 u. 14.30 Uhr (zusätzl. 14. Juli–14. Sept. 13.15 Uhr), Tel. +43(0)5372/67720

Wilder Kaiser Sessellift, Mai–Okt. tgl. 9–16 Uhr, Tel. +43(0)5372/62364

Das in einem der populärsten Volkslieder als »Perle Tirols« beschriebene Städtchen Kufstein liegt an der strategisch bedeutsamen Stelle, wo der Inn den Fels der nördlichen Kalkalpen durchbricht. Das Kaisergebirge liefert den landschaftlich prächtigen Hintergrund der Festungsstadt, die mit ihrer mächtigen Burg in früheren Jahrhunderten so manchem Angriff trotzen musste. Kaiser Maximilian ließ 1504 die schwersten Kanonen seiner Armee auffahren, um die massiven Burgmauern zu brechen. Im Heimatmuseum auf der Festung gibt es unter anderem Funde aus einer steinzeitlichen Höhle zu besichtigen, im Bürgerturm steht die mit 4.307 Pfeifen größte Freiorgel der Welt, die man täglich um 12.00 Uhr mittags und im Sommer auch um 18.00 Uhr hören kann. Ein Planetarium ergänzt das vielseitige Angebot für einen Ausflug auf die Festung.

In Kufstein hat die tradtitionsreiche Glasfertigung der Firma Riedel ihren Sitz. Die in ihrer Form und Ausführung einzigartigen Weingläser werden in alle Welt exportiert, in Kufstein kann man das Werk und Schauräume mit angeschlossenem Shop besichtigen.

Zurück zum Mozart-Radweg kann man auch über die markierte Mountainbike Strecke am Fuße des Zahmen Kaisers gelangen. Dazu biegen wir am nördlichen Stadtrand nach Überqueren des Kaiserbaches rechts auf den Uferweg ein, fahren dann durch eine kleine Siedlung, biegen links ab und folgen dem Weg entlang des Naturschutzgebietes in den Flecken Plafing und weiter an den östlichen Ortsrand von Ebbs. Erst Richtung Nikolauskirchlein, am Raritätenzoo vorbei und dann links zum Fohlenhof passieren wir die Reithalle, biegen links ab und nehmen dann den ersten Weg rechts in den Ortsteil Point, wo wir wieder rechts abbiegen. Über Brand und den Ledererhof kommen wir nach Aschau und Wolfing, wo der Weg wieder auf die Hauptroute des Mozart-Radweges trifft.

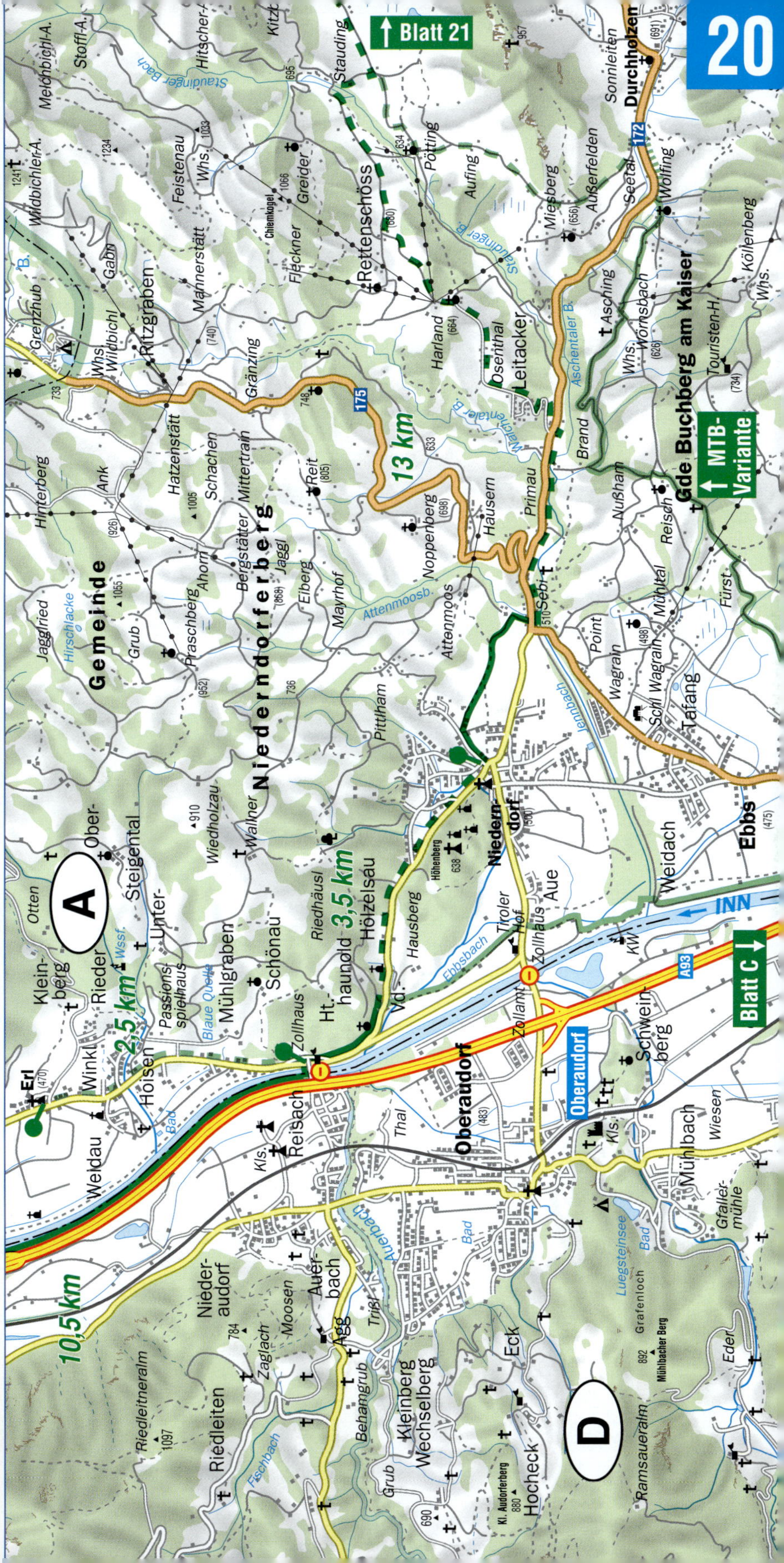
Blatt 21
Blatt C
MTB-Variante
Gde Buchberg am Kaiser
Gemeinde
Niederndorferberg
Niederndorf
Oberaudorf
Ebbs
Erl
Durchholzen
Rettenschöss
Inn
A93
A
D
175
172
13 km
3,5 km
2,5 km
10,5 km
Zollhaus
Weidau
Winkl
Hölsen
Reisach
Mühlgraben
Schönau
Steigental
Aue
Weidach
Schwein-berg
Mühlbach
Auerbach
Niederaudorf
Kleinberg
Wechselberg
Hocheck
Riedleiten
Ritzgraben
Harland
Leitacker
Sebi
Wagrain
Tafang
Pittham
Hölzelsau
Attenmoos
Noppenberg
Praschberg
Mühlbacher Berg
Luegsteinsee
Jennbach
Ebbsbach
Auerbach
Staudinger Bach
Aschentaler B.

13

Die Hauptroute des Mozart-Radweges führt also nach Niederndorf in den sogenannten Kaiserwinkl. Bei der Kirche halten wir uns links, danach nehmen wir wieder die erste Straße links und folgen der Radwegbeschilderung nach Walchsee. Nach der Hauptschule biegen wir rechts in die Sackgasse ein, nehmen sogleich den ersten Weg wieder nach rechts und kommen am Sportplatz vorbei. Der schmale Asphaltweg kurvt nun an der linken Talseite entlang, bis er beim Transformatorhaus der alten Industrieanlage rechts abbiegt. Bergab rollen wir nun auf die Bundesstraße zu, in die wir vorsichtig links einbiegen und dem sie begleitenden Radweg folgen.

Wir durchfahren den Ortsteil Sebi, kommen beim Holzbildhauer Primau vorbei und biegen nach der Brücke bei der Abzweigung links Richtung Rettenschöss ab. Die asphaltierte Nebenstraße führt nun für 1,4 km sehr steil bergauf nach Osenthal, dafür werden wir von herrlichen Ausblicken auf den Wilden und den Zahmen Kaiser belohnt. Dann passieren wir Gemeindeamt und Kirchlein von Harland. Flach erreichen wir dann Rettenschöss, den höchsten Punkt dieses Anstieges (680 m), wo wir rechts Richtung Walchsee abbiegen.

Eine liebliche Straße mit wenig Verkehr führt uns jetzt an der linken Talseite entlang, wir genießen die Ausblicke auf die schroffen Felsen des Kaisergebirges, seit Generationen bei der Elite der Kletterer Bayerns und Tirols besonders beliebt. Nun geht es bald bergab, beim Haus Waldmühle queren wir eine Brücke und sehen dann die »Schwemm«, mit 64 Hektar Tirols größte erhaltene Moorlandschaft. Bei der T-förmigen Einmündung biegen wir links ab und kommen am Golfplatz Walchsee und seinem Clubhaus vorbei. Auf Nebenstraßen halten wir nun auf den Kirchturm von Walchsee zu, überqueren den Ramsbach und erreichen beim Fischerwirt das Dorfzentrum.

● Walchsee 658 m *A* Karte 21

(2.045 Einwohner, 3.200 Betten)

Tourismusverband A-6344 Walchsee, Dorfplatz 10, Tel. +43(0)5374/5223, Fax 5135, E-Mail info@walchsee.at - www.walchsee.at

Hotel Seehof, Kranzach 20, Tel. +43(0)5374/5661

Talin, Bergfeld 9, Tel. +43(0)5375/6271

Seespitz, Seespitz 1, Tel. +43(0)5374/5359
Terrassencamping Südsee, Seestraße 76, Tel. +43(0)5374/5339
Seemühle, Am See 3, Tel. +43(0)5374/5458

Badsee Walchsee, Tel. +43(0)5374/5223

Therapiezentr. Wittlinger, Alleestraße 30, Tel. +43(0)5374/5245

Pfarrkirche Johannes der Täufer, 1626 erbaut

Walchsee Bootfahrt, Tel. +43(0)676/7876129

Zahmer Kaiser, Sommerrodelbahn, Mai–Okt., Tel. +43(0)5374/5286

Die Schwemm, N-Tirols größte Moorlandschaft, Rundweg, frei zugängl.
Pestsäule, 1707 erbaut

Der Ort lockt mit seinem oft erstaunlich warmen Badesee, eingebettet in der Bilderbuchlandschaft des Kaiserwinkls. Badeplätze gibt es an der Seepromenade, am Ost- und am Südufer. Der Sage nach sei der ursprüngliche Name »Waldse« gewesen, ein herrlicher Wald sei früher an der Stelle des heutigen Sees gestanden, der jedoch nach dauerndem Streit und Zank der Bewohner plötzlich versunken und von Wasser überschwemmt worden sei. Eines Tages wird auch die Kirche von Walchsee bei einer Christnachtfeier im Wasser versinken, schließt die Sage.

Im Ortszentrum biegen wir bei der Stopptafel links ab, fahren auf der Johannesstraße Richtung Kössen und kommen an die Seepromenade. Wer zu den Badeplätzen am Ostufer gelangen möchte, biegt am Ende der Promenade rechts ab, die Route des Mozart-Radweges führt jedoch für ein kurzes Stück auf der Hauptstraße weiter in den Ortsteil Kranzach. Danach rollen wir über die Brücke über den Weißenbach und biegen danach rechts der Radwegbeschilderung nach Kössen folgend ab. Im Ortsteil Durchen passieren wir einen Bauernhof und biegen dann halblinks auf die schmale Straße nach Kössen ein. Wir passieren eine Viehsperre und radeln bergauf auf den Huttenbichl, um dann bei kurzfristig 25% Gefälle in ein kleines Tal

Blatt K
Blatt 22
Kössen
Hütte
Waidach
Erlau
Egg
Sportpl.
Leitwang
Golfplatz
Kreuzgütl
Unterschwendt
Schlecht
Schwendt
Kohlstatt
Hackeralm
Fischbach
Mühlau
Brand
Gabichl
Unter-Lein
Ober-Lein
Niederbichl
Kohlenb.
Staffenb.
Welzenalm
Grünbacheralm
Edernalm
Glasalm
Riedlberg
Horaualm
Ottenalm
Horauer Spitze
Außerkapelle
Gundharting
Riedl
Hallbruck
Res.
Gruber
Schwarzenbach
Aucken
Bichlach
Hechenbichl
Gages
Gagesalm
Iglgrubenalm
Ampferbodenalm
Gruberalm
Brandalm
Traxl
Holzen
Weißenbach
Ried
Hot. Panorama
Josefstal
Durchen
Kranzach
Am See
Lippen
Lippenalm
Schwarzenbachalm
Raineralm
Gachenalm
Steffibauernalm
Ebersberg
Erzbach
Ramsbach
Stall
Kranzingerberg
Hausberg
Halbwart
Whs.
Winkel
Kohlenrieder B.
Walchsee
Brennkopfl
Maurach
Schwemm
Schwaigs
Oed
Bichl
Großmoosen
Sattler
Am Berg
Liesfeld
Klein-
Außerbichl
Miesberg
Ankerwald
Kaiserer
Bründling-A.
Kitzbichl
Hitscher-A.
Stauding
Staudinger B.
Rettenschöss
Pötting
Aufing
Miesberg
Außerfelden
Seetal
Wolfing
Durchholzen
Sonnleiten
Schmiederer-A.
Gruberberg
Aschinger-A.
Kollenberg
Zahmer Kaiser
Feistenau
Mannerstätt
Chiemkogel
Greider
Fleckner
5 km
8,5 km
13 km
172
176

abzufahren. Wieder über ein Viehgatter geht es nun nochmals links bergauf in den Ortsteil Oberbichlach, dann auf einer schmalen Straße am Lehenhof vorbei und bergab nach Bichlach. Hier biegen wir zweimal rechts ab Richtung Erpfendorf, bei
8,5 der zweiten Abzweigung stoßen wir auf die Variante des Mozart-Radweges, die von Laufen über Inzell nach Kössen führt.

Kössen 589 m A Karte 21

(4.050 Einwohner, 3.600 Betten)

Tourismusverband Kössen-Schwendt, A-6345 Kössen, Dorf 15, Tel. +43(0)5375/6287, Fax 6989,
E-Mail info@koessen.at - www.koessen.at

Sporthotel Tyrol, Dorf 12, Tel. +43(0)5375/
Adventure Club Kaiserwinkl, Hüttfeldstraße 65a, Tel. +43(0)5375/2607

Shell Tankstelle, Alleestraße 34, Tel. +43(0)5375/6282

Taxi Kitzbichler, Thurnbichl 22, Tel. +43(0)5375/2829
Kaiserwinkl Reisen, Bergfeld 9, Tel. +43(0)5375/6271

Eurocamping Wilder Kaiser, Kranebittau 18, Tel. +43(0)5375/6444

Erlebnisschwimmbad Kössen, Schwimmbadweg 4,
Tel. +43(0)664/5451928

Pfarrkirche hl. Petrus, 1719 Dientzenhofer/Millauer erbaut, 14 Stationsbilder (Öl auf Kupfer) S. B. Faistenberger
Wallfahrtskirche Maria Klobenstein, 3 Kapellen um gespaltenen Felsen

5 **Unterberghornbahn,** Mai–Okt. 9–16 Uhr

Gasthof Erzherzog Rainer, Dorf 10, 1780 erbaut, Mittelflurhaus, Satteldach, Fasadenmalerei

Das ursprünglich bayerische Kössen kam unter Kaiser Maximilian Anfang des 16. Jahrhunderts zu Tirol und gehört heute zum Bezirk Kitzbühel. Verdankte Kössen früher seinen Reichtum dem Bergbau und seinen Erz-, Kupfer- und Silberminen, so lebt der Ort heute in hohem Maße vom Tourismus. Wandern, Golf und Radfahren sind die Hauptattraktionen im Sommer, Bergsteiger schätzen die Felskletterei im Wilden Kaiser. Häufig sieht man auch Gleitschirmflieger, die mit der Gondelbahn Hochkössen zum Startplatz befördert werden und ihren Landeplatz nahe dem landschaftlich besonders reizvollen EURO-Camp Wilder Kaiser am Südrand des Ortes haben.

Ab der Stelle, wo Hauptroute und Variante aus Inzell zusammentreffen, folgt ein 900 Meter langer Anstieg bis zum Gasteighof, dann wird es flacher, wir fahren beim nächsten Wegkreuz halblinks bergab und gleich wieder bergauf, an einer Fischzucht und einem Bauernhof vorbei bis zu einer Kuppe, wo wir links der Asphaltstraße folgen. Eine lange Abfahrt führt auf der Bichlachstraße an der kleinen Ortschaft Schwendt vorbei, die an der anderen Talseite liegt.

Schwendt 702 m Karte 22

(760 Einwohner, 650 Betten)

Tourismusverband Kössen-Schwendt, A-6345 Kössen, Dorf 15, Tel. +43(0)5375/6287, Fax 6989, E-Mail info@koessen.at - www.koessen.at

Pfarrkirche St. Ägydius, 1390 erstm. erwähnt

Lederer Herrgott, beim Angelteich Kaiserwinkl, Kruzifix ca. 3 m hoch u. 200 kg schwer

Gasthaus Schwendterwirt***, Fam. Schwaiger, Dorf 4,
Tel. +43(0)5375/6716, Fax 67168, E-Mail schwendterwirt@utanet.at
- www.schwendterwirt.at

Der idyllische kleine Ort war früher ein Zentrum der Holzkohlenproduktion. Mit »schwenten« bezeichnet man heute noch das Freimachen eines Geländes von Buschwerk und Gestrüpp. Die kleine gotische Kirche von Schwendt ist einen Abstecher wert.

22
5 km
5 km
11,5 km
172
176
176
Niederbichl
Leitwang
Thurnbichl
Kreuzgütl
Gruber
Schwarzenbach
Aucken
Gabichl
Ghf. Lucknerhof
Schusterbauernalm
Bichlach
Unterschwendt
Brand
Scheibenwaldhtt.
Unter-
Lein
Ober-
Krw.
Hechenbichl
Unterhochstättalm
Schlecht
Gages
Unterbergalm
Kohlenbl.
Gagesalm
Schwendt
Kohlstatt
Schnappenrücken
Mühlau
Unterberg
Fischbach
Gruberalm
Brandalm
Hackeralm
Forellenhof
Unterbichlalm
Niederhausertal
Jhtt.
Unterberghorn
Oberleinalm
Boariedalm
Veitenalm
Ochswies
Strasspointalm
Steger
Schnappenstein
Stegeralm
Schnappen
Oberbichlalm
Lackalm
Lackgraben
Kohlental
Reitstättalm
Ghf. Hohenkendl
Endfeldalm
Putzenalm
Obere-
Schnappenalm
Untere
Wiesen
Scheidergr.
Jodler
Wiesenalm
Vogelgr.
Stubenalm
Kohlenb.
Unt. Scheibenbichlalm
Einwall
Einwallalm
Schnappengr.
Kl. Bärental
Troirücken
Foischingalm
Kohlenberg
Sprissleralm
Griesenau-
Kaiserbachtal
Kaiserbachtal
Ghf. Altmühle
Sulzgr.
Teufelskapelle
Res.
Engelb.
Hinterberg
Reitberg
Ruppertsau
Lärcheggalm
Mittereralm
Kreidegraben
Birgl
Grandneralm
Kreideboden
Steinberg
Unteraigen
Wilder
Kaiser
Maukalm
Unter-
anger
Luigamb.
Gasteig
Schusteralm
Schattern
Hackeralm
Altmosergr.
Gamskögerl
Bicheln

Der Mozart-Radweg erreicht nach der langen Abfahrt am Talboden eine Holzbrücke, wo wir rechts auf einen Kiesweg Richtung Hochkendl einbiegen, der bei der nächsten Brücke endet. Wir fahren links über die Brücke, dann für wenige Meter an die stark befahrene Landstraße und biegen vor der nächsten Brücke links auf den Radweg Richtung Kirchdorf ein. Bald geht die Asphaltstraße in einen Kiesweg über, der an die andere Seite des Baches wechselt. Der Weg führt durch den Wald am Ufer des Kohlenbaches und dann vor dem Gasthof
11,5 Griesenau an die Landesstraße. Rechts zweigt die Mautstraße Wilder Kaiser ab. Ab hier bis zum Ortsteil Gasteig bei Kirchdorf müssen wir nun 4 km auf dieser Straße mit starkem Autoverkehr radeln.

Wir kommen an der Teufelskapelle vorbei und durchfahren den engsten Teil des Tales, erreichen den Ortsteil Gasteig, wo wir links nach Kirchdorf abbiegen. Wir passieren das Gasteiger Jagdschlössl, heute eine gepflegtes Hotel. Danach beginnt eine steile und kurvige Abfahrt nach Kirchdorf, schließlich rollen wir auf das Ortszentrum zu.

● Kirchdorf in Tirol 641 m A Karte 23

(2.341 Einwohner, 2.337 Betten)

Tourismusverband A-6382 Kirchdorf, Litzlfeldner Straße 2, Tel. +43(0)5352/6933, Fax 65208, E-Mail info@kirchdorf.com - www.kirchdorf.com

Georg Schwabegger, Dorfstraße 9, Tel. +43(0)5352/63105

Taxi Leitner, Tel. +43(0)5352/63333

Freizeitzentrum, Kaiserstraße 2, Kinderspielplatz, Tennisplatz, **Beachvolleyballplatz,** Tel. +43(0)5352/66010

St. Stefan, spätgotisch, Tel. +43(0)5352/63132
Kaiser-Heinrich-Kapelle, 1484 erbaut, Beinhaus

Metzgerhaus, 1605 erbaut, Unterinntaler Einhof, alte Musikinstr., Uniformen, Votivtafeln, Jagd, bäuerl. Gerätschaften, Imkerei, Führ. n.
5,5 Vereinb., Tel. +43(0)5352/6933

Wellness Center Kaiserquell, Saunalandschaft, Tel. +43(0)5352/66010

Am Ortseingang sehen wir rechts sehr schön zu den Kitzbühler Alpen mit dem Kitzbühler Horn (1.996 m) mit dem Fernsehsender. Rechts neben der Straße verläuft nun ein Radweg, wir kommen am Kaiserquell-Wellness-Center vorbei, einem großen Freibad mit Riesenrutsche, und halten dann auf die Kirche zu. Hier biegen wir zweimal rechts ab und fahren auf der Hauptstraße durch den Ort zur Brücke über die Großache. Gleich nach der Brücke biegen wir links auf den gekiesten Radweg ein, der am Uferdamm verläuft.

Jetzt geht es geradeaus bis zur Abzweigung nach Erpfendorf, wir nehmen die alte Dorfeinfahrtsstraße und halten auf den Turm der modernen Pfarrkirche zu.

● Erpfendorf 634 m Karte 23

(1.000 Einwohner, 700 Betten)

Tourismusverband A-6383 Erpfendorf, Dorf 30, Tel. +43(0)5352/8150, Fax 8466, E-Mail info@erpfendorf.at - www.erpfendorf.at

Sport Birgit am Lärchenhof, Tel. +43(0)5352/8327

Rosmarie Schreder, Tel. +43(0)5352/62550
Taxi Toni, Tel. +43(0)5352/66666

Vital-Hotel Berghof, Dorf 24, n. Vereinb., Tel. +43(0)5352/8221
Ferienhotel Lärchenhof, Lärchenweg 11, n. Vereinb., Tel. +43(0)5352/8138

Pfarrkirche hl. Barbara, Arch. C. Holzmeister, Tel. +43(0)5352/8150

Golfplatz am Lärchenhof, 9-Loch Championcourse, Tel. +43(0)5352/8575
Kneippanlage, frei zugängl., Tel. +43(0)5352/8150
Grießbachklamm, Naturschauspiel, Ende Apr.–Ende Okt., Tel. +43(0)5352/8150

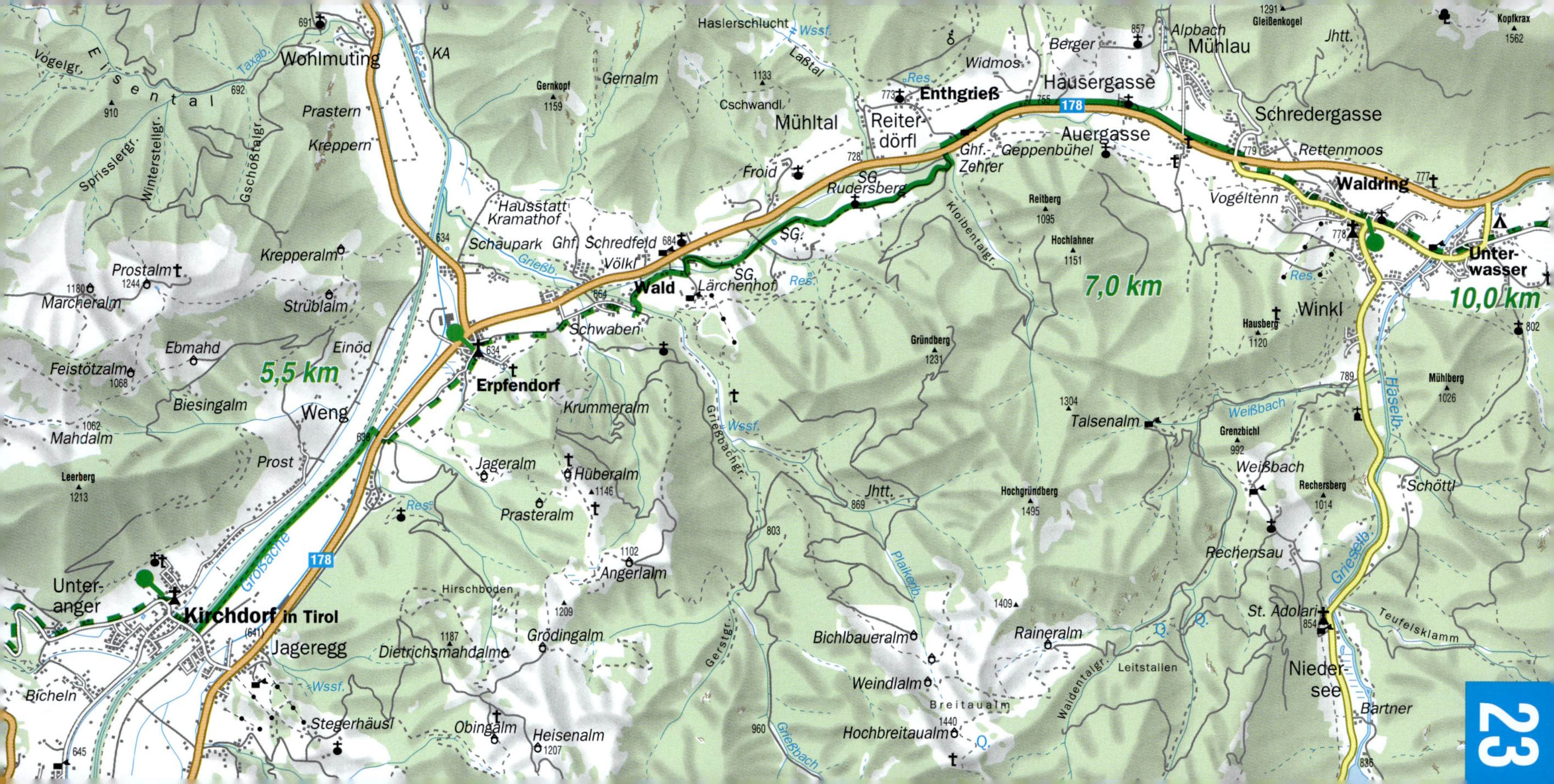

23
Wohlmuting
Eisental
Vogelgr.
Sprisslergr.
Winterstellgr.
Gschößtalgr.
Taxab.
Prastern
Kreppern
Krepperalm
Prostalm
Marcheralm
Strüblalm
Ebmahd
Einöd
Feistötzalm
5,5 km
Biesingalm
Weng
Mahdalm
Prost
Leerberg
Unter-anger
Kirchdorf in Tirol
Jageregg
Bicheln
Stegerhäusl
Großache
178
KA
Hausstatt
Kramathof
Schaupark
Ghf.
Schredfeld
Völkl
Grießb.
Wald
Lärchenhof
Schwaben
Erpfendorf
Krummeralm
Jageralm
Hüberalm
Prasteralm
Angeralm
Hirschboden
Grödingalm
Dietrichsmahdalm
Obingalm
Heisenalm
Gernkopf
Gernalm
Haslerschlucht
Wssf.
Laßtal
Cschwandl
Mühltal
Froid
Reiter-dörfl
Enthgrieß
Widmos
Berger
Hausergasse
Alpbach
Mühlau
Gleißenkogel
Jhtt.
Kopfkrax
Schredergasse
Rettenmoos
Auergasse
Geppenbühel
Ghf. Zehrer
SG. Rudersberg
Kloibentalgr.
Reitberg
Hochlahner
7,0 km
Waldring
Vogeltenn
Unter-wasser
10,0 km
Winkl
Hausberg
Gründberg
Grießbachgr.
Talsenalm
Weißbach
Grenzbichl
Mühlberg
Haselb.
Hochgründberg
Plaikenb.
Rechersberg
Schöttl
Rechensau
St. Adolari
Grieselb.
Teufelsklamm
Nieder-see
Bartner
Raineralm
Leitstallen
Waldentalgr.
Bichlbaueralm
Weindlalm
Breitaualm
Hochbreitaualm
Gerstgr.
Grießbach
Res.

Die der heiligen Barbara geweihte Kirche von Erpfendorf ist ein bemerkenswerter Bau: Sie entstand in den Jahren 1954–57 nach Plänen des bekannten österreichischen Architekten Clemens Holzmeister und verbindet moderne Elemente mit einer der Harmonie alter Tiroler Baukunst entstammenden Formgebung. Erpfendorf ist heute ein beliebter Sommer- und Wintersportort mit einem Golfplatz, Reitanlagen und dem großzügig angelegten Feriendorf Hotel Lärchenhof.

Wir halten uns bei der Kirche links und nehmen dann die erste Straße rechts, der Radwanderweg »Kalkstein Nord« Beschilderung Richtung Waidring. Die schmale Asphaltstraße ist für Radfahrer reserviert. Nach 2 km biegen wir links ab und kommen an einen Kiesweg, der rechts neben der Bundesstraße 178 verläuft. Wir queren den Grießbach, der von rechts aus einer sehenswerten Schlucht kommt.

7

Ausflugstipp: Grießbachklamm

Zwei Kilometer von Erpfendorf Richtung Waidring erschließt sich rechts der Wanderweg in die wildromantische Grießbachklamm (Dauer ca. 1,5 Stunden). Dazu biegen wir dort, wo der Radweg nach links abbiegt, rechts auf den Rosenbühelweg ein, der direkt an den Eingang der Klamm führt. Ein gut abgesicherter Steig sowie ein bei den Kindern sehr beliebter Märchenweg eröffnen ein herrliches Naturerlebnis. Wundervolle Schluchten und Wasserfälle faszinieren die Besucher, die gutes Schuhwerk (keine Radlerschuhe!) tragen sollten, weil die hölzernen Stege und Brücken mitunter recht rutschig sind.

Der Mozart-Radweg führt jetzt immer auf Kies leicht aufwärts Richtung Waidring, wir kommen rechts an der Einfahrt zum Feriendorf Hotel Lärchenhof vorbei und passieren dann einen großen Steinbruch. Beim Schild »Willkommen im Pillerseetal« wechselt der Radweg in einer Unterführung auf die linke Seite der Bundesstraße 178 und führt weiter ansteigend nach Waidring. Vor dem Ortsrand beginnt links ein neuer, asphaltierter Radweg, dann biegen wir rechts ab, kommen zur Stopptafel und fahren geradeaus durch die Unterführung und in das Ortszentrum.

Waidring 778 m A **Karte 23**

(2.000 Einwohner, 2.200 Betten)

Tourismusverband Pillerseetal, A-6384 Waidring, Dorfstraße 12, Tel. +43(0)5353/5242, Fax 52424, E-Mail info@waidring.at - www.waidring.at od. www.pillerseetal.at

Intersport Kienpointner, Dorfstraße 6, Tel. +43(0)5353/5451

Camping Steinplatte, Unterwasser 43, Tel. +43(0)5353/5345

Badesee, Tel. +43(0)5353/5430

Pfarrkirche hl. Vitus u. Nikolaus, 1757 erbaut, Deckenfresken u. Stukkatur

Gondelbahn Steinplatte, 19. Juni–28. Sept. tgl. 9–11.45 Uhr u. 13–16.45 Uhr, Tel. +43(0)5353/5330
Buchsteinwand, 4er Sesselbahn, Tel. +43(0)5354/88167

Glockengießerei Lugmair, älteste Glockeng. N-Tirols, Führung n. Vereinb., Tel. +43(0)5353/5530
Mack KG, Latschenbrennerei, Naturheilmittel, Führung n. Vereinb., Tel. +43(0)5354/88108

Der Sommer- und Wintersportort am Fuße der Steinplatte mit ihrem Skigebiet ist bekannt für seinen besonders schönen Blumenschmuck an den Fensterbänken der Bauernhäuser. Außerdem ist Waidring ein beliebter Ausgangspunkt für Rad- und Bike-Touren, u. a. für die Runde über St. Ulrich am Pillersee und Hochfilzen ins Salzburgische Leogang und nach Saalfelden und Lofer zurück nach Waidring (»Steinbergrunde«, weil sie rund um die Loferer und Leoganger Steinberge führt).

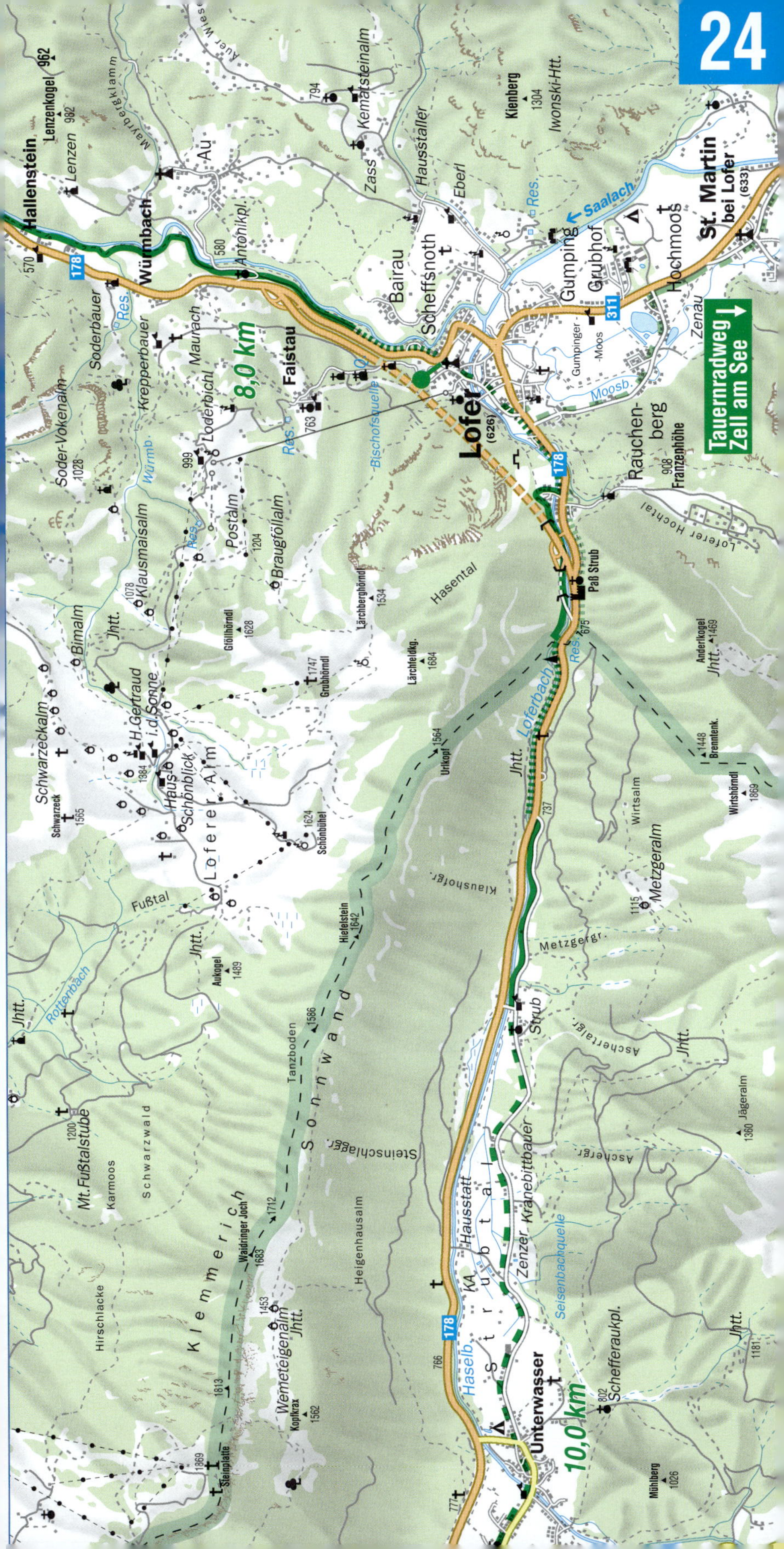
24
Hallenstein
Lenzenkogel 962
Lenzen 982
Mayrbergklamm
Würmbach
Au
794
Kematsteinalm
Zass
Hausstaller
Eberl
Kienberg 1304
Iwonski-Htt.
St. Martin bei Lofer (633)
Saalach
Res.
570
580
178
Antonikpl.
Bairau
Scheffsnoth
Gumping
Grubhof
Hochmoos
311
Soderbauer
Krepperbauer
Maurach
Loderbichl
8,0 km
Faistau
763
Lofer (626)
Bischofsquelle
Gumpinger-Moos
Moosb.
Zenau
Tauernradweg Zell am See
Rauchen-berg
908 Franzenhöhe
Loferer Hochtal
Soder-Vokenalm 1028
Würmb.
999
Klausmaisalm 1078
Postalm 1204
Braugföllalm
Lärchberghörndl 1534
Hasental
Paß Strub
675
Anderlkogel 1469
Jhtt.
Bimalm
Gföllhörndl 1628
Grubhörndl 1747
Lärchfeldkg. 1684
Schwarzeckalm
H.Gertraud i.d.Sonne
1384
Haus Schönblick
Schwarzeck 1565
Loferer Alm
Schönbühel 1624
Urlkopf 1564
Loferbach
Brenntenk. 1448
Wirtshörndl 1869
Wirtsalm
737
Klaushofgr.
Metzgeralm 1115
Fußtal
Aukogel 1489
Hiefelstein 1642
Metzgergr.
Rottenbach
Strub
Tanzboden 1586
Sonnwand
Aschertalgr.
Jägeralm 1360
Mt. Fußtalstube 1200
Schwarzwald
Karmoos
Steinschlaggr.
Kranebittbauer
Aschergr.
Klemmerich
Waidringer Joch 1683
1712
Heigenhausalm
Hausstatt
KA
Strubtal
Zenzer
Seisenbachquelle
Hirschlacke
Wemeteigenalm 1453
Kopfkrax 1562
Haselb.
766
Unterwasser
Schefferaukpl. 802
1181
10,0 km
1813
Steinplatte 1369
Mühlberg 1026
777

»…und tranken dabei ein gar nicht schlechtes St. Johanner Bier.«

Mit diesem Qualitätsurteil berichtet Leopold Mozart seiner Frau über eine Nächtigung am 18. August 1771, als er mit Sohn Wolfgang Amadeus auf der Reise von Salzburg nach Verona im heutigen Gasthof Post in Waidring Halt machte. Das Bier aus St. Johann fließt übrigens heute noch, es handelt sich dabei um die nunmehrige Brauerei Huber.

Am Mozart-Radweg radeln wir auf der Gemeindestraße durch den Ort, sehen links die Gondelbahn auf die Steinplatte, bewundern die blumengeschmückten, alten Erbhöfe und kommen zur Stopptafel. Hier beginnt rechts die genannte Steinbergrunde nach St. Ulrich am Pillersee. Wir fahren aber geradeaus weiter, flach rollen wir jetzt auf einer asphaltierten Nebenstraße Richtung Pass Strub. Die Radwegbeschilderung folgt jetzt dem Salzburger System, große grüne Tafeln mit weißer Schrift. Geradeaus vor uns sehen wir die Ausläufer des Steinernen Meeres, rechts die Loferer Steinberge mit dem Mitterhorn (2.506 m). Beim Gasthof Strub radeln wir trotz Sackgassenschild geradeaus weiter und folgen autofrei einer Asphaltstraße, die kurz vor ihrer Einmündung in die Bundesstraße 178 von zwei
10 Halbschranken gesperrt wird.

Dann müssen wir für ein kurzes Stück auf die stark befahrene Bundesstraße wechseln, bald sehen wir links das Denkmal zur Erinnerung an die Tiroler Heimatverteidiger zur Zeit der Franzosenkriege. 1800, 1805 und 1809 versuchten Tiroler Verbände hier am Pass Strub die übermächtigen französischen Heere aufzuhalten. Besonders heldenhaft schlug sich am 12. Mai 1809 ein Verband unter Rupert Wintersteller, der auf Befehl des Tiroler Freiheitshelden Andreas Hofer mit 180 Mann eine 10fache Übermacht des Feindes zwar letztlich nicht aufhalten konnte, den Franzosen aber schreckliche Verluste zufügte, bevor er sich unter Zurücklassung von über 100 gefallenen Tirolern nach Erpfendorf zurückzog.

Danach passieren wir die Landesgrenze zu Salzburg. Der Einstieg hier in einen schmalen Rad- und Wanderweg auf der Nordseite des Loferbaches würde eine gefährliche Querung der Bundesstraße erfordern und ist daher noch nicht beschildert (nur in der Gegenrichtung bergauf). Wir fahren daher weiter auf der Bundesstraße bergab und nehmen die Ortseinfahrt rechts und kommen auf die alte Bundesstraße, die weiterhin bergab nach Lofer führt. Rechts biegt hier der Tauernradweg Richtung Zell am See ab, kurz darauf nehmen wir die Einfahrt links in das Ortszentrum von Lofer (Beschilderung ab hier auch Tauernradweg Richtung Salzburg).

● Lofer 626 m A **Karte 24**

(2.000 Einwohner, 2.099 Betten)

Tourismusverband Salzburger Saalachtal, A-5090 Lofer, Tel. +43(0)6588/83210, Fax 7464,
E-Mail tourist-office@lofer.net - www.salzburgersaalachtal.com

FA Josef Wimmer, Nr. 192, Tel. 43(0)6588/8318

FA Hohenwarter, Nr. 195, Tel. 43(0)6588/7710 od. 8307

Zentrasport Weißbacher, Nr. 15, Tel. 43(0)6588/8596

Heimathaus, Stubengespräch u. Führung n. Vereinb.

Loferer Alm Bahn I, Sommerbetrieb, Tel. 43(0)6588/8450

Hotel Das Bräu****, Nr. 28, Tel. +43(0)6588/82070,
Fax 820771, E-Mail info@braeu.lofer.at - www.tiscover.com/das.braeu

Hotel Dax****, Nr. 250, Tel. +43(0)6588/8389, Fax 83899,
E-Mail hoteldax@telering.at - www.hoteldax.at

Für den Radfahrer ist die Durchfahrt durch den prächtig erhaltenen Ortskern von Lofer mit den traditionsreichen Gasthöfen und winkeligen Straßen ein besonderes Erlebnis. Bemerkenswert die gemütlichen Gaststuben aus verschiedenen Stilepochen und der »Clemens-Holzmeister-Saal« im Gasthof Bräu mitten im Ort rechts. Links gegenüber steht der traditionsreiche Gasthof Post.

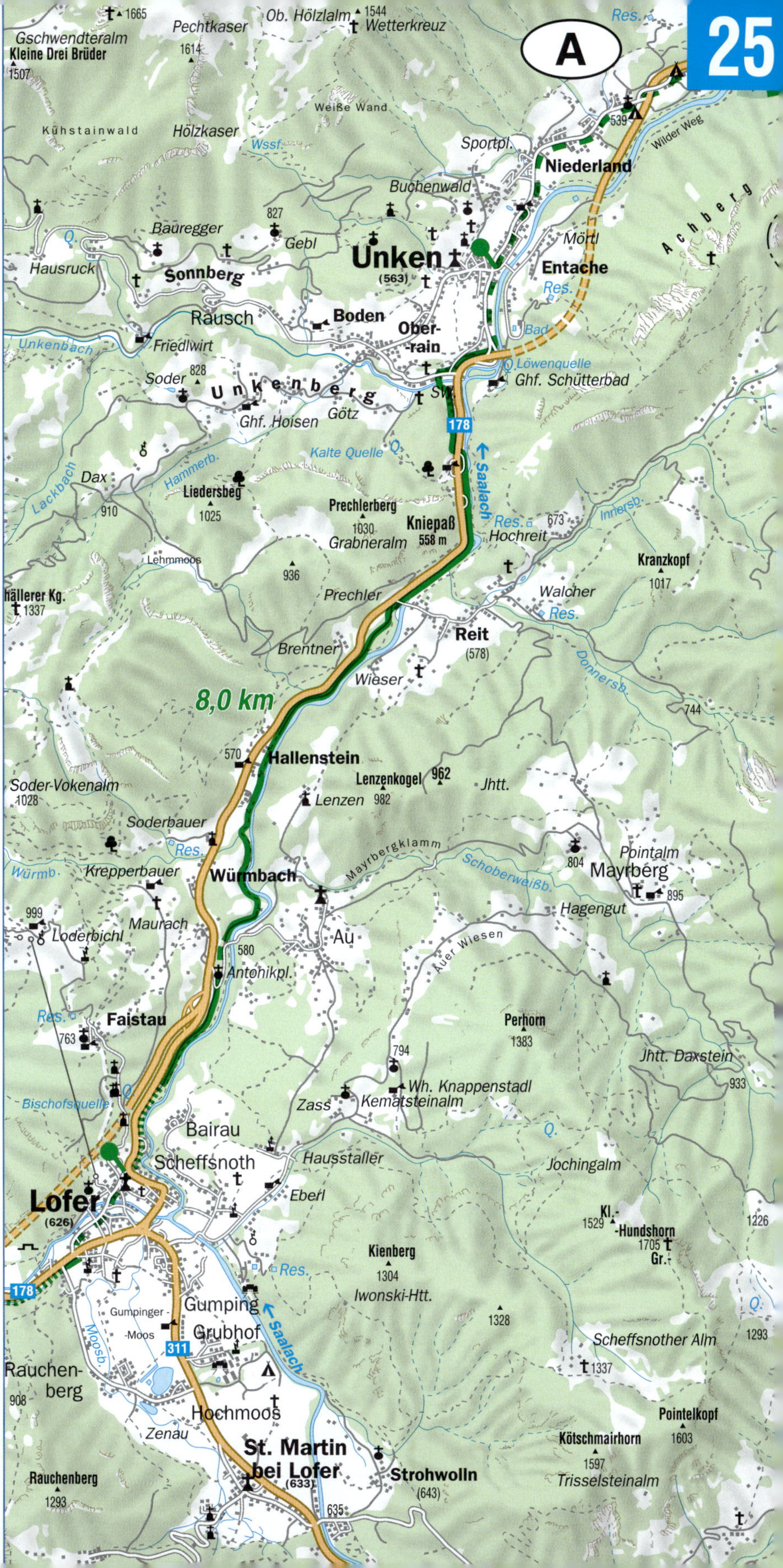
A
1665
Gschwendteralm
Kleine Drei Brüder
1507
Pechtkaser
1614
Ob. Hölzlalm
1544
Wetterkreuz
Res.
Weiße Wand
Kühstainwald
Hölzkaser
Wssf.
Sportpl.
539
Wilder Weg
Niederland
Buchenwald
Achberg
827
Bauregger
Gebl
Mörtl
Q.
Unken
(563)
Hausruck
Sonnberg
Entache
Res.
Rausch
Boden
Ober-rain
Bad
Unkenbach
Friedlwirt
Löwenquelle
Ghf. Schütterbad
Soder
828
Unkenberg
Sw.
Götz
Ghf. Hoisen
178
Kalte Quelle
Q.
Saalach
Lackbach
Dax
Hammerb.
Liedersbeg
1025
910
Prechlerberg
1030
Grabneralm
Kniepaß
558 m
Res.
673
Hochreit
Innersb.
Lehmmoos
936
Kranzkopf
1017
hällerer Kg.
1337
Prechler
Walcher
Res.
Reit
(578)
Brentner
Donnersb.
Wieser
744
8,0 km
570
Hallenstein
Lenzenkogel
962
982
Jhtt.
Soder-Vokenalm
1028
Lenzen
Soderbauer
Res.
Mayrbergklamm
Pointalm
804
Mayrberg
Würmb.
Krepperbauer
Würmbach
Schoberweißb.
895
Hagengut
999
Loderbichl
Maurach
580
Au
Auer Wiesen
Antonikpl.
Res.
Faistau
Perhorn
1383
763
794
Jhtt. Daxstein
933
Bischofsquelle
Q.
Zass
Wh. Knappenstadl
Kematsteinalm
Q.
Bairau
Scheffsnoth
Hausstaller
Jochingalm
Lofer
(626)
Eberl
Kl.-Hundshorn
1529
1705
Gr.
1226
Kienberg
1304
Res.
178
Iwonski-Htt.
Gumping
Gumpinger-Moos
Grubhof
Saalach
1328
Q.
1293
Moosb.
311
Scheffsnother Alm
Rauchen-berg
1337
908
Hochmoos
Pointelkopf
1603
Zenau
Kötschmairhorn
1597
St. Martin bei Lofer
(633)
Strohwolln
(643)
Trisselsteinalm
Rauchenberg
1293
635

»Übel beschriebene Wege«

Im Dezember 1769 reisten Vater und Sohn Mozart nach Italien. In einem Brief an seine Frau erzählt Leopold Mozart von »übel beschriebenen Wegen« von Lofer über St. Johann nach Wörgl, die er jedoch verschlafen habe, weil er auf seinen guten Kutscher vertraute. Auch wundert er sich über die großen Mengen von Schnee, die damals in Lofer und Umgebung lagen.

In Lofer kehrten die Mozarts im Hause des Pflegers Johann Chrysostomos Helmreich ein, dem damaligen Gasthof »Hackltafern«, heute Gasthof Post im Zentrum von Lofer. Die Anfahrtsroute führte über Reichenhall und Karlstein, wo zu Mittag gegessen wurde. »Um sieben Uhr abend langten wir in Lofer ein. Nachdem ich das Essen angeordnet, sind wir den Herrn Pfleger besuchen gegangen, welcher sehr übel mit uns zufrieden war, weil wir nicht gleich bey ihm abstiegen. Weil wir im Wirtshaus schon Speisen angefrimt hatten, so ließen wir solche in die Pfleg bringen, aßen dort, schwätzten bis 10 Uhr und wurden alda mit einem schönen Zimmer mit gutem Bethe bedient.« berichtet Leopold Mozart.

Wir radeln geradeaus durch das Ortszentrum und biegen an der Ausfahrt vorsichtig
8 links auf den Gehsteig neben der stark befahrenen Bundesstraße 178 ein, rechts haben wir einen Blick auf die wilden Wasser der Saalach, die in diesem Abschnitt ein beliebtes Revier für Wildwasser-Kanuten ist. Wir passieren auf dem Gehsteig eine Engstelle der Bundesstraße an der Loferer Ortseinfahrt. Kurz danach queren wir vorsichtig die Bundesstraße 178 und biegen rechts auf den gekiesten Radweg ein, der hinunter in das Tal der Saalach führt. Wir kommen in die Danklau, wo man über die Saalachbrücke einen kleinen Abstecher zum lieblichen Auer Kirchlein (bekanntes Alpenmotiv vor dem Hintergrund der Loferer Steinberge) unternehmen könnte (= Auer Runde 2,5 km). Die Auer Brücke ist eine beliebte Einstiegsanlage für die Wildwassersportler.

Der Mozart-Radweg entlang der Saalach bleibt jedoch immer am linken Ufer, ist liebevoll und mit größter Schonung des Naturraumes angelegt, kleine Holzbrücken überqueren Seitenbäche, manchmal radeln wir direkt an der Uferböschung, neben uns Kanuten oder Rafting-Enthusiasten auf dem Wildwasser.

Vor der Abzweigung nach Reit kehren wir links zurück zur Bundesstraße und biegen rechts auf den neuen Radweg ein, der die Bundesstraße bis zum Rastplatz Kniepaß begleitet (Fertigstellung bis Sommer 2003). Nach dem Parkplatz Kniepass radeln wir auf die kleine Nebenstraße links der Bundesstraße 178, die kurz und steil zu ein paar Häusern hinaufführt, fahren dann gleich wieder ab und biegen beim Lukaswirt rechts ab. Dann überqueren wir auf dem Radweg die Brücke über den Unkenbach und erreichen immer links neben der Bundesstraße bleibend den Ort Unken. Der im Jahre 1993 fertiggestellte Umfahrungstunnel hat die Ortsdurchfahrt vom Durchzugsverkehr befreit.

● Unken 563 m Karte 25

(1.950 Einwohner, 944 Betten)

Tourismusverband Salzburger Saalachtal, Infostelle A-5091 Unken, Tel. 43(0)6589/4245, Fax 4502, E-Mail tourist-office@lofer.net - www.salzburgersaalachtal.com

FA Leitinger, Niederland 223, Tel. 43(0)6589/4220

Campingplatz Unken, Niederland 17, Tel. 43(0)6589/7466

Heimatmuseum »Kalchofengut«, 16. Jh. erbaut, Funde aus Jungsteinzeit u. Bronzezeit, Anfang Juni–Ende Sept. Mi., Sa. u. So. 14.30–17 Uhr

Gasthof Kirchenwirt***, Fam. Leitinger, Tel. +43(0)6589/4204, Fax 42044, E-Mail office@kirchenwirt-unken.at - www.kirchenwirt-unken.at
Landhotel Schütterbad***, Fam. Pfaffenbichler, Tel. +43(0)6589/4296, E-Mail info@schuetterbad.com - www.schuetterbad.com
Vitaloase Zu den drei Brüdern***, Fam. Faistauer, Reith 11, Tel. +43(0)6589/4522, Fax 45223, E-Mail vitaloase@dreibrueder.at - www.dreibrueder.at
Haus Flatscher, Niederland 186, Tel. +43(0)6589/4507, E-Mail gerhardflatscher@utanet.at

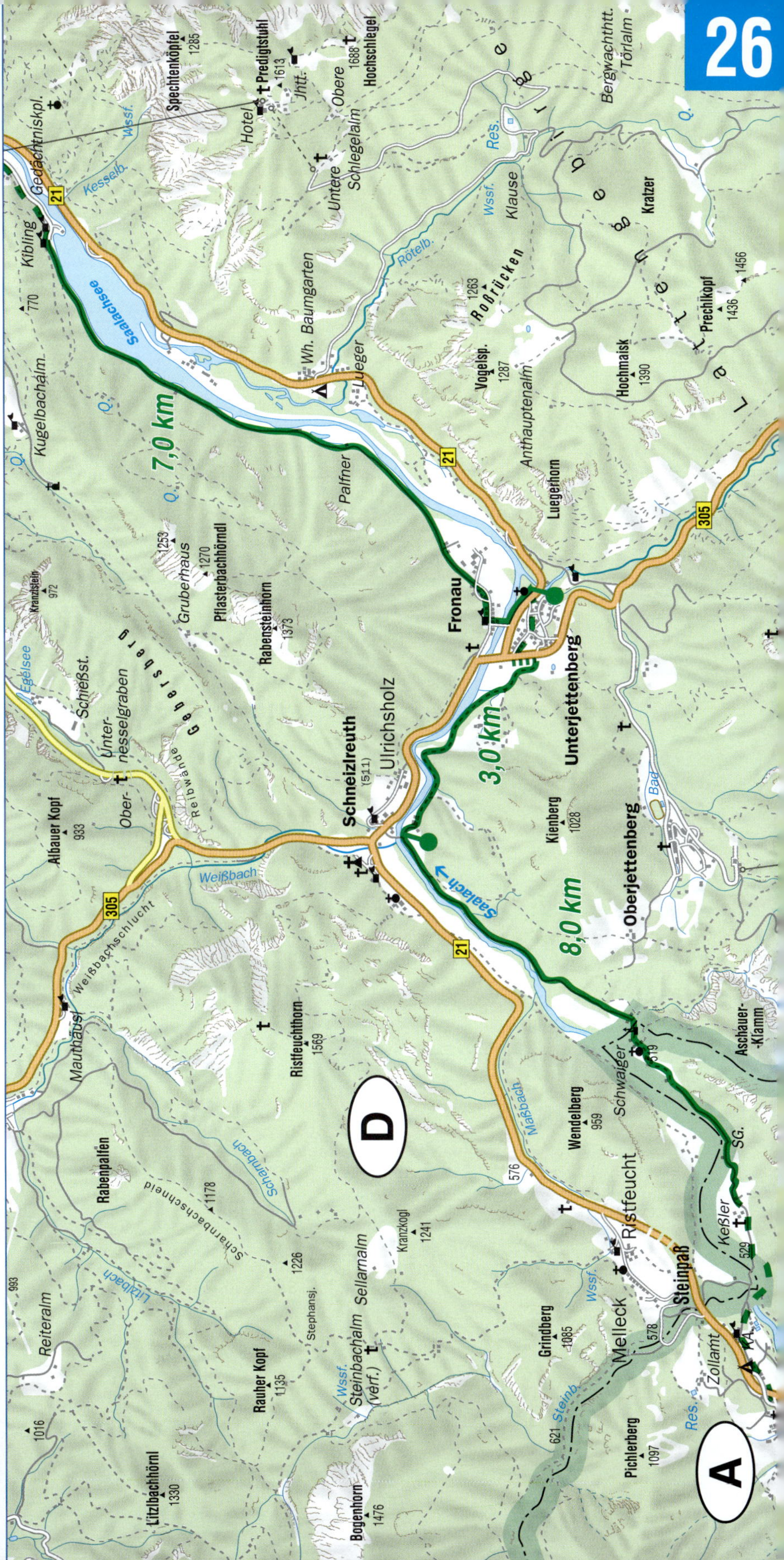

A
D
Kibling
Gedächtniskpl.
Kesselb.
Wssf.
Spechtenköpfel
1285
Hotel
Predigtstuhl
1613
Jhtt.
Obere
Schlegelalm
1688
Hochschlegel
Untere
Wh. Baumgarten
Lueger
Saalachsee
770
Kugelbachalm
Q.
7,0 km
Palfner
Rötelb.
Res.
Klause
Roßrücken
1263
Vogelsp.
1287
Anthauptenalm
Lattengebirge
Kratzer
Hochmaisk
1390
Prechlkopf
1436
1456
Bergwachthtt.
Törlalm
Luegerhorn
305
21
Fronau
Unterjettenberg
3,0 km
Kranzstein
972
Egelsee
Schießst.
Unter-
nesselgraben
Gebersberg
Gruberhaus
1253
1270
Pflasterbachhörndl
Rabensteinhorn
1373
Ulrichsholz
Schneizlreuth
(511)
Albauer Kopf
933
Ober-
Reibwände
Weißbach
Kienberg
1028
Oberjettenberg
Bad
Saalach
8,0 km
Weißbachschlucht
Mauthäusl
Ristfeuchthorn
1569
Aschauer-
-Klamm
519
Schwaiger
SG.
Maßbach
Wendelberg
959
576
Ristfeucht
Keßler
529
Steinpaß
Melleck
Wssf.
578
Zollamt
Grindberg
1085
Steinb.
621
Res.
Pichlerberg
1097
Rabenpalfen
Scharnbachschneid
1178
Scharnbach
1226
Kranzkogl
1241
Sellaramt
Stephansj.
Steinbachalm
(verf.)
Wssf.
Reiteralm
993
Litzlbach
Rauher Kopf
1135
1016
Litzlbachhörnl
1330
Bogenhorn
1476

Der kleine Ort am Eingang des Heutales ist heute ein Geheimtipp unter Ruhe suchenden Sommerfrischlern, weil er praktisch verkehrsbefreit ist. Wir radeln auf der alten Bundesstraße durch Unken, kommen am groß ausgebauten Kinderhotel »Zur Post« vorbei und rollen auf den Grenzübergang Steinpass zu. Kurz bevor wir an die Bundesstraße gelangen, biegen wir links auf die Brücke ab, die uns auf die rechte Seite der Bundesstraße 178 bringt. Vor dem ehemaligen Zollhaus biegen wir rechts ab und nehmen die steile Abfahrt hinunter an die Saalach.

Nun queren wir auf einer neuen Brücke die Saalach und kommen an das vorerst weiterhin österreichische, rechte Saalachufer, wo wir auf einer Asphaltstraße weiterfahren, die wegen der nahen Schottergrube gelegentlich auch von schweren LKWs frequentiert wird.

8

Nun bildet die Saalach für einige Kilometer die Staatsgrenze, wir bleiben auf der rechten, österreichischen Seite, passieren das Schotterwerk und radeln weiter bis zu zwei einschichtig gelegenen Bauernhöfen. Nach dem zweiten Haus überqueren wir auf einem Holzsteg einen kleinen Bach und damit die Staatsgrenze.

Auf bayerischer Seite geht's 20 m steil bergauf zum Haiderhof, einem Bauernhaus mit gemütlichem Brotzeitstüberl und Pferdezucht. Wir folgen der wenig befahrenen, gekiesten Straße Richtung Schneizlreuth, die nach ca. 3 km bereits geteert ist und malerisch durch Wälder und Wiesen führt. Links sehen wir bald die alte Eisenbrücke über die Saalach nach Schneizlreuth.

● **Schneizlreuth** 511 m **Karte 26**

(1.510 Einwohner, 700 Betten)

Verkehrsamt D-83458 Schneizlreuth, Berchtesgadenerstraße 12, Tel./Fax +49(0)8665/7489, E-Mail verkehrsamt.weissbach@bgl-net.de - www.schneizlreuth.de

Maria Hilf, 1947 erbaut

Gletschergarten
Weißbachschlucht u. Aschauerklamm, Ausgangspkt. Nähe Rathaus
Bäckinger- u. Hientalklause, 1724 bzw. 1698 erbaut, frei zugängl.

Hotel-Gasthaus Mauthäusl, Weißbach, Mauthäusl 1,
Tel. +49(0)8665/98600, Fax 986060

Der kleine Ort am linken Saalachufer war früher bedeutend für die Salzgewinnung, da in Schneizlreuth mehrere Klausen eingerichtet waren, über die das Holz aus dieser waldreichen Gegend abtransportiert werden konnte. Heute kann man diese Klausen auf Wanderwegen entlang der alten Salzwege erkunden. Skifahrern ist Schneizlreuth als Heimatort der deutschen Abfahrts-Weltcupsiegerin Regina Häusl ein Begriff.

10

Der Mozart-Radweg bleibt auch nach der Eisenbrücke immer am rechten Saalachufer, der nun ziemlich grob geschotterte Forstweg führt mit einigen kurzen Anstiegen und Abfahrten an die Deutsche Alpenstraße. Auf diese biegen wir vorsichtig links ein und fahren gleich darauf die erste Einfahrtsstraße rechts in den Ortsteil Unterjettenberg.

An der kleinen Kapelle vorbei fahren wir dann bergab bis zur Unterführung unter die Bundesstraße 21, biegen links ab, fahren ein kurzes Stück an der Saalach zurück bis zur Holzbrücke, über die wir rechts in den Ortsteil Fronau abbiegen. Hier halten wir uns wieder rechts, eine kaum befahrene Asphaltstraße führt durch die kleine Siedlung, wir halten uns links auf dem gekiesten Weg Richtung Saalachstausee. Bald radeln wir in malerischer Umgebung am linken Ufer entlang, bis wir am Ende des Sees zu einem Gasthaus mit schönem Gastgarten kommen.

Von hier nehmen wir die Asphaltstraße bergab nach Bad Reichenhall, kommen an der Talstation der Predigtstuhlbahn vorbei und biegen im Ortsteil Kirchberg rechts zur Brücke über die Saalach ein. Dann nehmen wir die Unterführung beim Bahnhof und folgen den Wegweisern Richtung Innenstadt.

Bad Reichenhall 472 m Karte 27

(16.554 Einwohner, 8.000 Betten)

Tourist Information D-83435 Bad Reichenhall, Tel. +49(0)8651/606303, Fax 606311, E-Mail info@bad-reichenhall.de - www.bad-reichenhall.de

Zweirad Koren, Angerl 11, Tel. +49(0)8651/1558
Fahrrad Zellner, Auenstraße 31, Tel. +49(0)8651/61886
Fahrrad Schörghofer, Ludwigstraße 24, Tel. +49(0)8651/2933

Radverleih Tippelt, Loferer Straße 28/29, Tel. +49(0)8651/2325

Taxizentrale, Bahnhofplatz, Tel. +49(0)8651/2727 od. 4545

Staufeneck, Piding, Tel. +49(0)8651/2134

Marzoll, Rainthalstraße, Tel. +49(0)8651/4700
Strandbad am Thumsee, Tel. +49(0)8651/8609 od. 602031

Rupertusbad, Paepkestraße 16, Solebad, Tel. +49(0)8651/4422
Schwimmhalle, Münchner Allee 18, Tel. +49(0)8651/1229

Schloss Marzoll, Befestigungsanlage Hochmittelalter, offen zu Sonderveranst., Tel. +49(0)8651/606303

Stadtpfarrkirche St. Nikolaus, A.-Winkler-Straße, 1181 erbaut, roman. Basilika, Fresken M. v. Schwind, Tel. +49(0)8651/62026
Pfarrkirche St. Zeno, Zenostraße, größte Basilika S-Bayerns, roman. Portal, Tel. +49(0)8651/4889
Karmelitenkirche St. Ägidi, Poststraße, 1159 erbaut, neugotisches Altarfenster, Tel. +49(0)8651/62026

Salzmuseum, Salinenstraße, mit alter Saline, unterird. Stollen, Mai–Okt. tgl. 10–11.30 Uhr u. 14–16 Uhr, Tel. +49(0)8651/7002146
Heimatmuseum, Getreidegasse, Mai–Okt. Di.–Fr. 14–18 Uhr, Tel. +49(0)8651/66821

Predigtstuhlbahn, älteste Großkabinenbahn Europas, ganzj., Tel. +49(0)8651/2127

Glashütte, in d. alten Saline, Glasbläser, Mo.–Fr. 9.30–18 Uhr, Sa. 9–13 Uhr, Tel. +49(0)8651/69738

Gästehaus Schloßberghof Marzoll, Gertrude Gassner, Schloßberg 7a, Tel. +49(0)8651/700541, Fax 700548, E-Mail info@schlossberghof.de - www.schlossberghof.de

Hotel Garni Villa Rein, H. u. G. Rein, Frühlingstraße 8, Tel. +49(0)8651/3482, Fax 67560, E-Mail villarein@t-online.de

Alpenhotel, Fam. Fuchs, Nonn 50, Tel. +49(0)8651/97360, Fax 64034, E-Mail alphofuchs-reihall@t-online.de - www.reichenhall.de/alpenhotel

Hotel Garni Dora, M. u. G. Fuchs, Frühlingstraße 12, Tel. +49(0)8651/95880, Fax 9558849, E-Mail anfrage@fuchs-hotels.de - www.fuchs-hotels.de

Bio-Nichtraucher-Hotel Hansi, Fam. Bachmann, Rinckstraße 3, Tel. +49(0)8651/98310, Fax 983111, E-Mail hotel-hansi@t-online.de - www.hotel-hansi.de

Hotel Karlsteiner Stuben, Fam. Schindler, Staufenstraße 18, Tel. +49(0)8651/9800, Fax 61250, E-Mai karlsteinerstuben@t-online.de - www.hotelkarlsteinerstuben.de

Gästehaus-Ferienappartements Mauerer, Ludwig-Thoma-Straße 9a, Tel. +49(0)8651/5517, Fax 984382, E-Mail hans.mauerer@t-online.de - www.hans-mauerer.de

Kurhotel Mozart, Mozartstr. 8, Tel. +49(0)8651/78030, Fax 62415, E-Mail hotel_mozart@t-online.de - www.hotel-mozart.com

Hotel Garni am Rupertuspark, Werner Langguth, Friedrich-Ebert-Allee 16, Tel. +49(0)8651/9850, Fax 985121, E-Mail hotelreichenhall@aol.com - www.hotel-am-rupertuspark.de

Berg- u. Sporthotel Neubichler-Alm, Christine Fischer-Urlbauer, D-83451 Piding, Neubichel 5/6, Tel. +49(0)8656/70090, Fax 233

Die Kreisstadt Bad Reichenhall ist einer der bedeutendsten Kurorte Deutschlands mit ihrem großzügigen Kurgarten und einer weitläufigen Fußgängerzone. Seit König Max II. hier 1848 seinen Urlaub verbrachte, gilt Reichenhall als vornehm-elegantes Heilbad und nennt sich seither stolz »das Bad der Könige«. Die Heilwirkung der Sole zieht bis heute Kurgäste aus aller Welt an. Sehenswert auch für den durchreisenden Fahrradtouristen ist das Gradierwerk mit dem Solebrunnen, ein überdachtes Freiluftinhalatorium im Kurgarten. Hier rieseln täglich 400.000 Liter Sole an 100.000 Schwarzdornbündeln aus 13 m Höhe herab und schaffen ein einmaliges Inhalationsklima.

Der Reichtum der Stadt rührt aber seit Jahrtausenden von den Salzvorkommen her, die schon in der Keltenzeit bekannt waren. Seit 1796 fördert eine Pumpe im Inneren des Berges wasserlösliches Salz als Sole aus dem Gestein. Dieses »salzige Herz« der Stadt schlägt seit über 200 Jahren Tag und Nacht ununterbrochen. In der Alten Saline kommt die Sole aus 40 Metern Tiefe ans Tageslicht, man kann den unterirdischen Quellenbau im Rahmen von Führungen besichtigen.

Der Name bedeutet »Reich an Hall«, wobei das alte Wort Hall für Salz steht. Freunde moderner Rock- und Folk-Musik besuchen Reichenhall in den letzten Jahren gerne während des Festivals »Sternenzelt« (meist Ende Mai/Anfang Juni), beschaulichere Kurkonzerte gibt es täglich im Kurbereich.

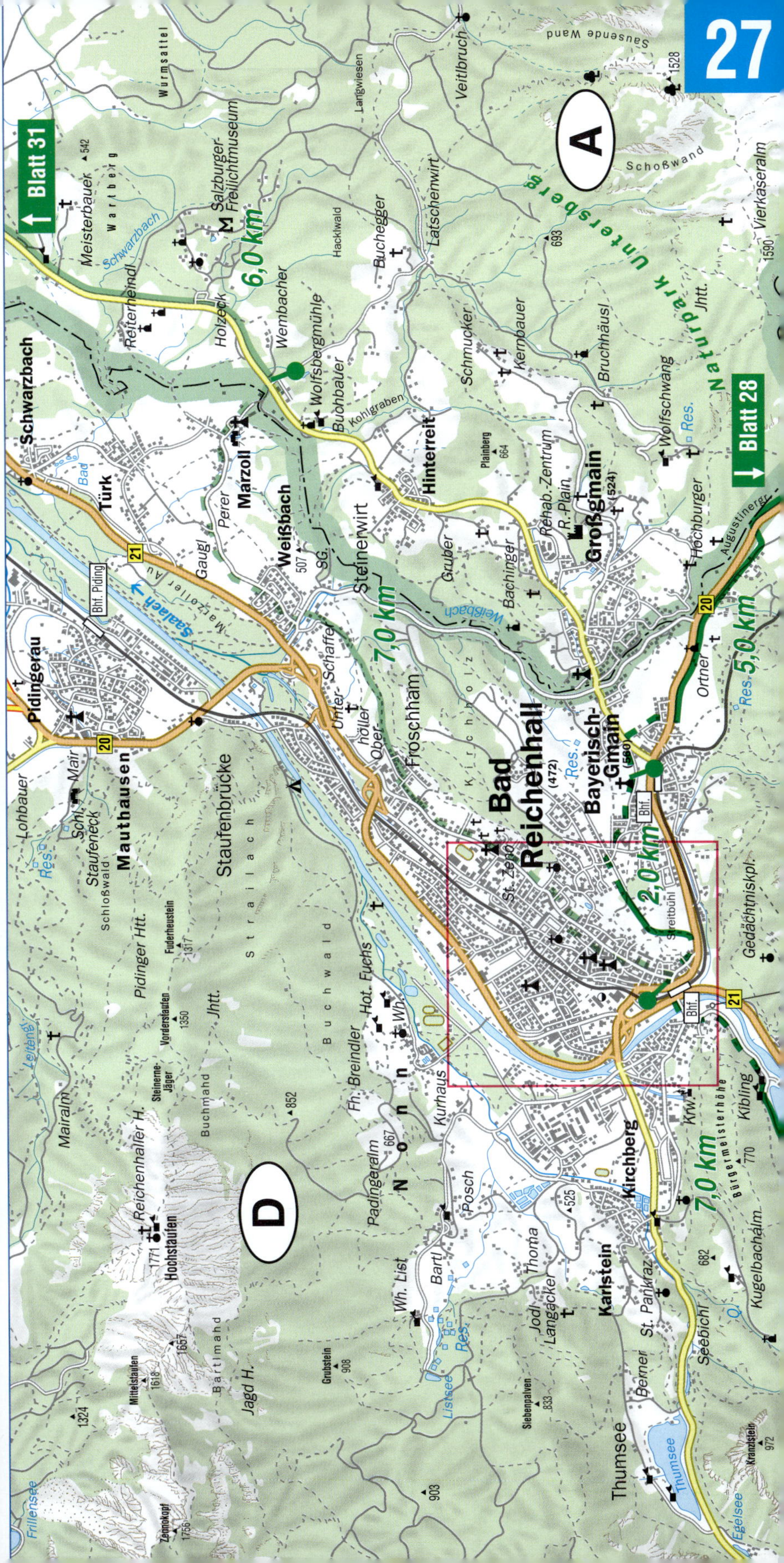

Blatt 31
Blatt 28
A
D
Bad Reichenhall
(472)
Bayerisch-Gmain
Großgmain
(524)
Piding
Pidingerau
Mauthausen
Schwarzbach
Türk
Marzoll
Weißbach
Hinterreit
Steinerwirt
Froschham
Karlstein
Kirchberg
Thumsee
Hochstaufen
Reichenhaller H.
Staufenbrücke
Nonn
Saalach
Naturpark Untersberg
Salzburger-Freilichtmuseum
Wolfsbergmühle
6,0 km
7,0 km
7,0 km
2,0 km
5,0 km
Bhf. Piding
Bhf.
Bhf.
20
21
20
21
Veitlbruch
Latschenwirt
Sausende Wand
Schoßwand
Vierkaseralm
1528
1590
693
Meisterbauer
542
Wartberg
Schwarzbach
Reiterhendl
Holzeck
Wembacher
Buchbauer
Kohlgraben
Buchegger
Hackwald
Schmucker
Kernbauer
Bruchhäusl
Plainberg
664
Rehab.-Zentrum
R.Plain
Wolfschwang
Res.
Hochburger
Augustinergr.
Gruber
Bachinger
Weißbach
Gaugl
Perer
507
Marzoller Au
Unter Schaffer
Ober
holler
Kirchholz
St. Zeno
Res.
Ortner
Res.
Streitbühl
Gedächtniskpl.
Kibling
Krw.
Bürgermeisterhöhe
770
682
Kugelbachalm
Seebichl
St. Pankraz
Berner
Egelsee
Kranzstein
972
Thumsee
Langacker
Jodl
Thoma
525
Posch
Bartl
Wh. List
Res.
Listsee
Siebenalpen
833
Grubstein
908
903
Padingeralm
667
Kurhaus
Fh. Breindler
Hot. Fuchs
Wh.
Buchwald
852
Straillach
Jhtt.
Fuderheustein
1317
Vorderstaufen
1350
Steinerne-Jäger
Buchmahd
Pidinger Htt.
Schloßwald
Staufeneck
Schl.
Mair
Lohbauer
Res.
Leitengr.
Mairalm
1771
1657
Bartlmahd
Jagd H.
Mittelstaufen
1618
1324
Zennokopf
1756
Frillensee
Langwiesen
Würmsattel

Mozart und das Reichenhaller Salz

Häufig besuchten Wolfgang Amadeus Mozart und seine Familie die nur 15 km westlich von Salzburg gelegene Salinenstadt, das Augustiner Chorherrenstift St. Zeno findet mehrfach Erwähnung in Berichten. Fast schon touristische Motive dürften dem Besuch des damals gerade jung verheirateten Mozarts samt seiner Constanze und Schwester Nannerl im September 1780 zugrunde gelegen haben. Nannerl berichtet von der Besichtigung des damals sehr modernen Gradierhauses (erbaut 1745), wo die Sole über Schwarzdornästen und Reisig zerstäubt wurde, um so durch die stärkere Verdunstung den Salzgehalt zu erhöhen. Auch von einem Besuch der Heiligen Messe in Stift St. Zeno berichtet Mozarts Schwester in einer Tagebuchnotiz.

Wir kommen durch die Unterführung beim Bahnhof in die Tiroler Straße, die dann
2 links Richtung Innenstadt abzweigt (siehe Variante über Marzoll, Seite 120).
Wir fahren jedoch der Beschilderung Tauernradweg folgend geradeaus über den Floriániplatz in die Peter-und-Paul-Gasse, kommen am mittelalterl. Wehrturm vorbei und biegen dann rechts ab. Beim Tengelmann-Markt stoßen wir auf die stark befahrene Berchtesgadener Straße, an der links ein Radweg verläuft. Bald sehen wir links den Gmainer Feldweg abzweigen, der verkehrsfreie Asphaltweg führt für 700 m steil bergauf, an den hohen Mauern von Schloss Gruttenstein vorbei. Diese Burg aus dem 13. Jahrhundert wurde seinerzeit zum Schutz der Stadt und ihrer Salzvorkommen gebaut, verkam später aber als Armenhaus und Wohnhaus für Salinenarbeiter.

Weiter durch die Sonnenstraße biegen wir bei der ersten größeren Kreuzung rechts in die Reichenhaller Straße ab (Beschilderung »Salz-Salinen Weg«). Über die nächste Kreuzung radeln wir geradeaus weiter in der Reichenhaller Straße und nehmen bei der folgenden Gabelung den linken Weg. Wir kommen an der St. Nikolaus Kirche vorbei, biegen danach in den verkehrsfreien Dölzenweg ein und erreichen bei Nachrang die Großgmainer Straße auf der Höhe der Tourismus Information von Bayerisch Gmain.

● **Bayerisch Gmain** 560 m **Karte 27**

(2.800 Einwohner, 1.640 Betten)

Touristik-Information Bayerisch Gmain, D-83424 Bad Reichenhall, PF 2206, Tel. +49(0)8651/606401, Fax 606403, E-Mail info@bad-reichenhall.de - www.bad-reichenhall.de

Freddy's Fahrradverleih, Tel. +49(0)8651/64546

St. Nikolaus von der Flüe, hölzernes Tonnengewölbe, Tel. +49(0)8651/3384

Nichtraucher-Hotel Villa Florida***, Fam. Glowczewski, D-83457 Bayerisch Gmain, Großgmainer Straße 23, Tel. +49(0)8651/98880, Fax 3550, E-Mail hotelflorida@t-online.de - www.hotel-florida.de

Kurhotel Rupertus, Josef Unterrainer, D-83457 Bayerisch Gmain,
12 Rupertistraße 3, Tel. +49(0)8651/97820, Fax 68151

Hotel Haus Amberger, Schillerallee 5, D-83457 Bayerisch Gmain, Tel. +49(0)8651/98650, Fax 986512, E-Mail amberger.hotel@t-online.de - www.amberger-hotel.de

Vorsichtig biegen wir links ein und fahren gleich danach rechts auf den Parkplatz und weiter auf einem gekiesten Radweg in die Dorfbauernstraße. Wir biegen links in die Untersbergstraße ein, die uns an die stark befahrene Ausfahrtsstraße nach Berchtesgaden bringt. Wir biegen links auf den begleitenden Radweg am rechten Straßenrand ein und folgen diesem bis zu den Sportplätzen. Bei der Abzweigung rechts nach Hallthurm wechselt der Radweg durch eine Unterführung an die andere Straßenseite, folgt vorerst der Bundesstraße und biegt dann rechts auf Kies in den Wald ab. Ein steiler Anstieg lässt uns 100 Höhenmeter überwinden.

In Hallthurm kehren wir nahe an die Bundesstraße zurück, sehen den alten Salzturm, bleiben jedoch links der Eisenbahn auf einer Forststraße, die jetzt mit schönen Blicken zur Watzmanngruppe flach am linken Talrand entlang führt. Wir passieren ein Bauerngut namens Holzstube, biegen hier rechts ab und kommen an die Bundesstraße 20, in die wir für ein kurzes Stück links einbiegen. Im Ortsteil Winkl beginnt dann rechts ein Radweg, der die besonders in der Ausflugssaison stark befahrene Straße auf der rechten Seite begleitet.

Diesem Radweg folgen wir bis zur nächsten Abzweigung, wo wir an die linke Straßenseite wechseln. Ein begleitender Radweg führt nun durch die Gemeinde Bischofswiesen, bleibt immer links neben der Bundesstraße 20 und verläuft teilweise auf dem Gehsteig.

● Bischofswiesen 614 m Karte 28

(7.500 Einwohner, 3.800 Betten)

Verkehrsamt D-83481 Bischofswiesen, Hauptstraße 40, Tel. +49(0)8652/977220, Fax 9772222, E-Mail info@bischofswiesen.de - www.bischofswiesen.de

Hans Aschauer, Aschauerweiherstraße 23, Tel. +49(0)8652/7049
Sporthaus Bittner, Andreas-Fendt-Ring 1, Tel. +49(0)8652/7511

Winkl-Landthal, Klaushäuslweg 7, Tel. +49(0)8652/8164

Aschauerweiher, Aschauerweiherstraße, Tel. +49(0)8652/3366

Pfarrkirche Herz-Jesu, 1926 v. Prof. Metzendorf erb., Kruzifix Bildhauer Adlhart
Schöpfungskirche, 1985 v. Prof. Küttinger erbaut
Kälbersteinkapelle, Stangaß, 1782 aus Kälberstein Marmor erbaut

Böcklweiher, Strub, Hochmoor
Hallthurm, 1194 erbaut, Wachturm u. Überreste alter Wehrmauer

Hotel Reissenlehen, Marianne Irlinger, Reissenpoint 11, Tel. +49(0)8652/977200, Fax 97720220, E-Mail info@reissenlehen.de - www.reissenlehen.de
Haus Hubertus, Anita Grill, Silbergstraße 93, Tel. +49(0)8652/64140, Fax 61861, E-Mail info@fewo-grill.de - www.fewo-grill.de
Gästehaus Marchler, Barbara Koll, Marchlerweg 10, Tel. +49(0)8652/7782, Fax 7284, www.berchtesgaden.de/marchler
Hotel Mooshäusl, Gerd Metzendorf, Jennerweg 11,
5 Tel. +49(0)8652/7261, Fax 7340, E-Mail hotel.mooshaeusl@t-online.de - www.hotel.mooshaeusl.de
Hotel Brennerbascht, Hermann Neudecker, Hauptstraße 44, Tel. +49(0)8652/7021, Fax 7752, E-Mail hotel.brennerbascht@t-online.de - www.berchtesgaden.de/brennerbascht
Hinterstockerlehen, Irene Bauer, Schwarzeckerweg 20, Tel./Fax +49(0)8652/7087
Götschenalm, Franz Neudecker, Kollertradte 21, Tel. +49(0)8652/7471, Fax 7865, E-Mail goetschen-alm@t-online.de

Aus der einstigen »Bischofswies«, die von den Salzburger Erzbischöfen 1155 gegen ein Gut in Niederösterreich eingetauscht wurde, ist im Laufe der Jahrhunderte eine Gemeinde mit fast 8.000 Einwohnern am Eingang zum Nationalpark Berchtesgaden geworden. Am Fuße von Hohem Göll (2.522 m) und Watzmann (2.713 m) gelegen, gibt es hier in alpiner Umgebung zahlreiche Hotels, Gasthöfe und Pensionen.

Der Mozart-Radweg folgt linksseitig der Bundesstraße 20, wir kommen an Kirche und Tourismus-Information vorbei, dann zweigt die Bundesstraße 20 im Ortsteil Stangaß rechts über die Brücke Richtung Berchtesgaden ab, Wegweiser kündigen das Musical »Salz« an, das in einem großen Theaterzelt vor der einmaligen Kulisse des Königssees ab April 2003 aufgeführt wird. Wir biegen hier links ab, folgen weiter dem Radweg links am Gehsteig, der bald endet. Nun nehmen wir die Unterführung unter der Staatsstraße und wechseln an die rechte Seite, wo ein Radweg beginnt und ins Ortszentrum von Stangaß führt.

Auf der Höhe des ehemaligen Hotel Geiger erreichen wir Berchtesgaden, fahren bergab bis zu einem kleinen Kreisverkehr, wo wir geradeaus in der Reichenhaller Straße bleiben. Wir erreichen rechts das Nationalparkhaus, passieren die Stiftskirche und das Kur- und Kongresshaus und halten uns links Richtung Fußgängerzone (Radfahren im Schritttempo erlaubt). Wir fahren nun rechts direkt in das Königliche Schloss und erreichen auf der anderen Seite das Rathaus.

● **Berchtesgaden** 580 m Karten 28, 29

(8.500 Einwohner, 8.000 Betten)

Gästeservice des Berchtesgadener Landes, Königsseer Straße 2, D-83471 Berchtesgaden, Tel. +49(0)8652/9670, Fax 967400, E-Mail info@berchtesgadener-land.com - www.berchtesgadener-land.com

M + R Brandner, Bergwerkstraße 52, Tel. +49(0)8652/1434
Sporthaus Bittner, Tel. +49(0)8652/7511
Radl-Laden Maltan GmbH., Tel. +49(0)8652/3399
Mountainbike Hans Aschauer, Tel. +49(0)8652/7049
Heinzelmann-Mix-Tours, Tel. +49(0)8652/2530 u. 63909
Treff-Aktiv, Tel. +49(0)8652/66710

Taxi Berchtesgaden, Tel. +49(0)8652/690169 od. 964900

Allweglehen, Tel. +49(0)8652/2396

Kur- u. Erlebnisbad Watzmann Therme, Bergwerkstraße 54, Tel. +49(0)8652/94640

Wallfahrtskirche Maria Gern, 1709 erbaut
Wallfahrtskirche Maria Heimsuchung, Ettenberg, spätbarock

Königliches Schloss, Schlossplatz 2, ältestes Bauwerk d. Ortes, Kunstsammlung 15.–19. Jh. (u.a. Plastiken v. T. Riemenschneider), Tel. +49(0)8652/947980
Schloss Adelsheim, Schroffenbergallee 6, Heimatmuseum, Tel. +49(0)8652/4410

Dokumentation Obersalzberg, Salzbergstraße 41, multimediale Ausstellung zum Nationalsoz., Mai–Okt. Di.–So. 9–17 Uhr, Tel. +49(0)8652/947960

Königssee, Seestraße 55, D-83471 Schönau am Königssee, Tel. +49(0)8652/963618

Salzbergwerk, Bergwerkstraße 83, seit 1517, 1. Mai–15. Okt. tgl. von 9–17 Uhr, Tel. +49(0)8652/600220

Obersalzbergbahn, Tel. +49(0)8652/2561
Jennerbahn, Jennerbahnstraße 18, D-83471 Schönau am Königssee, 25 min. Gondelfahrt auf 1.800 m, Tel. +49(0)8652/95810

Gästehaus Heinz, Kälbersteinstraße 36, Tel. +49(0)8652/3734
Hartlerlehen, Anna Rasp, Klammweg 13, Tel. +49(0)8652/4801, E-Mail anna.rasp@gmx.de
Pension Perlehenlehen, Lorenz Staudinger, Rennweg 19, Tel. +49(0)8652/1590, Fax 69220, E-Mail perlerlehen@t-online.de
Pension Haus am Berg, Albert Sattler, Am Brandholz 9, Tel. +49(0)8652/94920, Fax 949230, E-Mail pension.hausamberg@t-online.de
Madllehen, Maria u. Harald Reiser, Rossfeldstraße 119, Tel. +49(0)8652/3154, Fax 979063, E-Mail madllehen@t-online.de
Gästehaus Sonnenbichl, Maria u. Kurt Renoth, Sonnenbichlweg 25, Tel. +49(0)8652/1204, Fax 66478, E-Mail sonnenbichl@renoth.de - www.renoth.de
Brandnerhof, Therese u. Michael Brandner, Resten 38, Tel. +49(0)8652/4208
Hotel Demming, Heinz Philip, Sunklergässchen 2, Tel. +49(0)8652/9610, Fax 64878, E-Mail info@hotel-demming-berchtesgaden.de
Landhaus Denninglehen, Sabine Bello, Am Priesterstein 8, Tel. +49(0)8652/977240, Fax 9772424, E-Mail beauty@wellness-denninglehen.de - www.landhaus-denninglehen.de
Hotel Rosenbichl, Fam. Weibhauser, Rosenhofweg 24, Tel. +49(0)8652/94400, Fax 944040, E-Mail hotel.rosenbichl@t-online.de
Gasthof Gebirgshäusl, Fam. Wegscheider, Engedey, Ramsauer Straße 106, Tel. +49(0)8652/2366, Fax 3997, E-Mail info@gebirgshaeusl.com - www.gebirgshaeusl.com
Haus Michael, Veronika Koller, Engedey, Ramsauer Straße 102, Tel./Fax +49(0)8652/3691
Gästehaus Salzgau, G. u. M. Brandner, D-83471 Schönau am Königssee, Schwöbgasse 4, Tel. +49(0)8652/4386, Fax 948525
Haus Zechmeister, J. Zechmeister, D-83471 Schönau am Königssee, Hinterschönauer Weg 19 u. 25, Tel./Fax +49(0)8652/1726
Landhaus Maltermoos, Fam. Maier, D-83471 Schönau am Königssee, Im Maltermoos 9, Tel. +49(0)8652/425, Fax 948497, E-Mail maltermoos@t-online.de - www.berchtesgaden.com/maltermoos

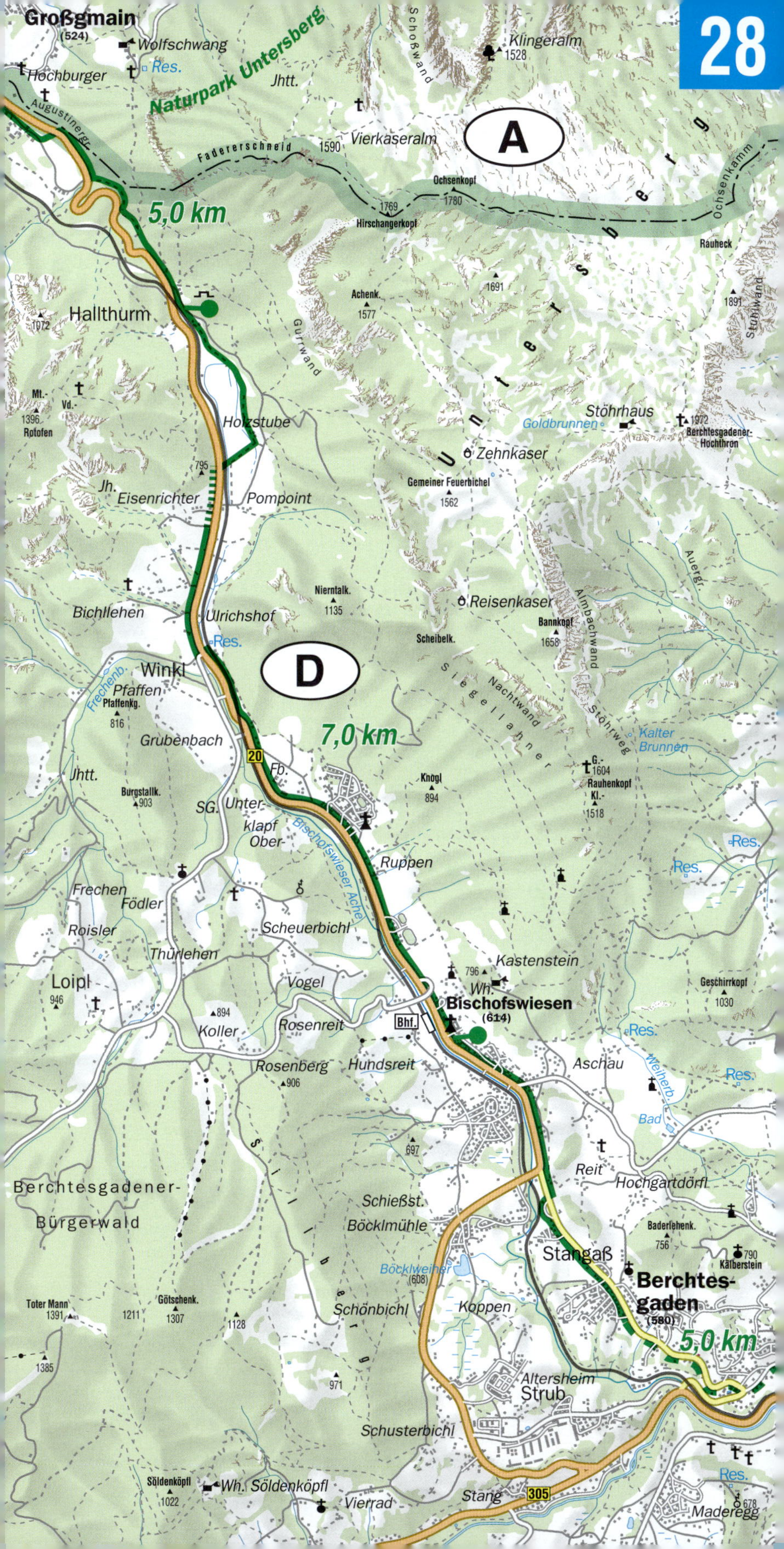
Großgmain
Naturpark Untersberg
Hallthurm
5,0 km
A
Untersberg
D
Winkl
7,0 km
Bischofswiesen
Bhf.
Berchtesgaden
5,0 km
Stangaß
Strub
Loipl
Berchtesgadener-Bürgerwald
Bischofswieser Ache
Zehnkaser
Reisenkaser
Stöhrhaus
Vierkaseralm
Klingeralm
Kastenstein
Aschau
Hochgartdörfl
Schönbichl
Schusterbichl
Söldenköpfl
Vierrad
Stang
Maderegg
20
305

Pension Lärchenhof, S. u. A. Fegg, D-83471 Schönau am Königssee, Am Rehwinkl 3, Tel. +49(0)8652/96870, Fax 968744, E-Mail info@laerchenhof.net - www.laerchenhof.net

Hotel Schönau-Kartoffelkäfer, Petra Renner, D-83471 Schönau am Königssee, Oberschönauer Straße 19, Tel. +49(0)8652/948485, Fax 64127

Hotel Alpen, Stefan Zapletal, D-83471 Schönau am Königssee, Richard-Voss-Straße 30, Tel. +49(0)8652/6020, Fax 64399, E-Mail info@alpenhof.de - www.alpenhof.de

Gästehaus Egglerlehen, Thomas Springl, D-83471 Schönau am Königssee, Untersteinerstraße 45, Tel. +49(0)8652/2662, Fax 64010, E-Mail info@egglerlehen.de - www.egglerlehen.de

Gästehaus Rehwinkl, Siegfried Renoth, D-83471 Schönau am Königssee, Alte Königsseer Straße 71, Tel. +49(0)8652/63235, Fax 66915, E-Mail Gaestehaus.rehwinkl@t-online.de - www.rehwinkl.de

Hotel Brunneck, Fam. Schwaiger, D-83471 Schönau am Königssee, Im Weihermoos 1, Tel. +49(0)8652/96310, Fax 66363, E-Mail brunneck@t-online.de - www.brunneck.de

Gästehaus Krennleiten, Sabine Kruis, D-83471 Schönau am Königssee, Krennstraße 9, Tel./Fax +49(0)8652/62882, E-Mail krennleiten@gmx.de

Lichtenfels, Manfred Hoppen, D-83471 Schönau am Königssee, Alte Königsseer Straße 15, Tel. +49(0)8652/96830, Fax 968313, E-Mail lichtenfels@koenigssee.de

Gästehaus Tannenheim, Elisabeth Lepp, D-83471 Schönau am Königssee, Untersteinerstraße 110, Tel. +49(0)8652/948815, Fax 948816, E-Mail gaestehaustannenheim@t-online.de

Hotel Schiffmeister, Josef Massury, D-83471 Schönau am Königssee, Seestraße 34, Tel. +49(0)8652/96350, Fax 963518, E-Mail hotel.schiffmeister@t-online.de - www.jowi.de/schiffmeister

Bis 1803 war die Fürstprobstei Berchtesgaden das kleinste Fürstentum Deutschlands, ein souveräner Staat. Das um 1100 gegründete Augustiner Chorherren Stift verdankte seinen weltlichen Wohlstand dem Salzbergbau, heute im Rahmen der Besichtigung des Schaubergwerkes Ausflugsziel für jährlich mehr als 400.000 Besucher. An die weltliche Macht erinnert heute das Königliche Schloss mit seiner bedeutenden Kunstsammlung, an die geistliche Orientierung die Stiftskirche mit Elementen aus Romanik und Gotik. Brauchtum, Handwerkskunst und Volkskultur können im Heimatmuseum auf Schloss Adelsheim besichtigt werden.

Die Berchtesgadener Kindersinfonie

Als Komponist der »Kindersinfonie für zwei Violinen und Baß sowie Berchtesgadener Kinderinstrumente Kuckuck, Wasserpfeiferl (Nachtigall, Nachteule), Trompeterl, Schnarre (Ratscherl), Pfeiferl und Trommel« wird meist Joseph Haydn genannt. Möglicherweise wurde jedoch der Name des damals äußerst populären Komponisten verwendet, um den Absatz der Noten zu steigern. Tatsächlich waren diese bald sehr begehrt und wurden oft auch gleich gemeinsam mit den genannten Kinderinstrumenten feilgeboten. Bei so manchem Namens- oder Geburtstagsfest wurde dann unter entsprechender Lärmentwicklung musiziert.

Wer tatsächlich der Komponist der Kindersinfonie war, bleibt ungeklärt. Sicher ist hingegen, dass der junge Wolfgang Amadeus Mozart sie gekannt und sehr geschätzt hat. In einem Brief von einer Italienreise schreibt der 14jährige an seine Mutter und Schwester: »Ich wünschte, daß ich bald könnte die Pertelzkammersinfonien (damit sind die Berchtesgadener Kindersymphonien gemeint; Anm.d.Verf.) hören, und etwa ein trommpetterl oder pfeifferl darzu blasen.«

Nach einer umfassenden Forschungsarbeit von Ernst Fritz Schmid (1904 – 1960) könnte sogar Vater Leopold Mozart der Schöpfer dieses Werkes sein. Leopold Mozart besuchte häufig in Berchtesgaden den Spezereiwarenhändler Andreas Wallner, der am Vertrieb seiner »Violinschule« beteiligt war und ihm regelmäßig Tantiemen auszuzahlen hatte.

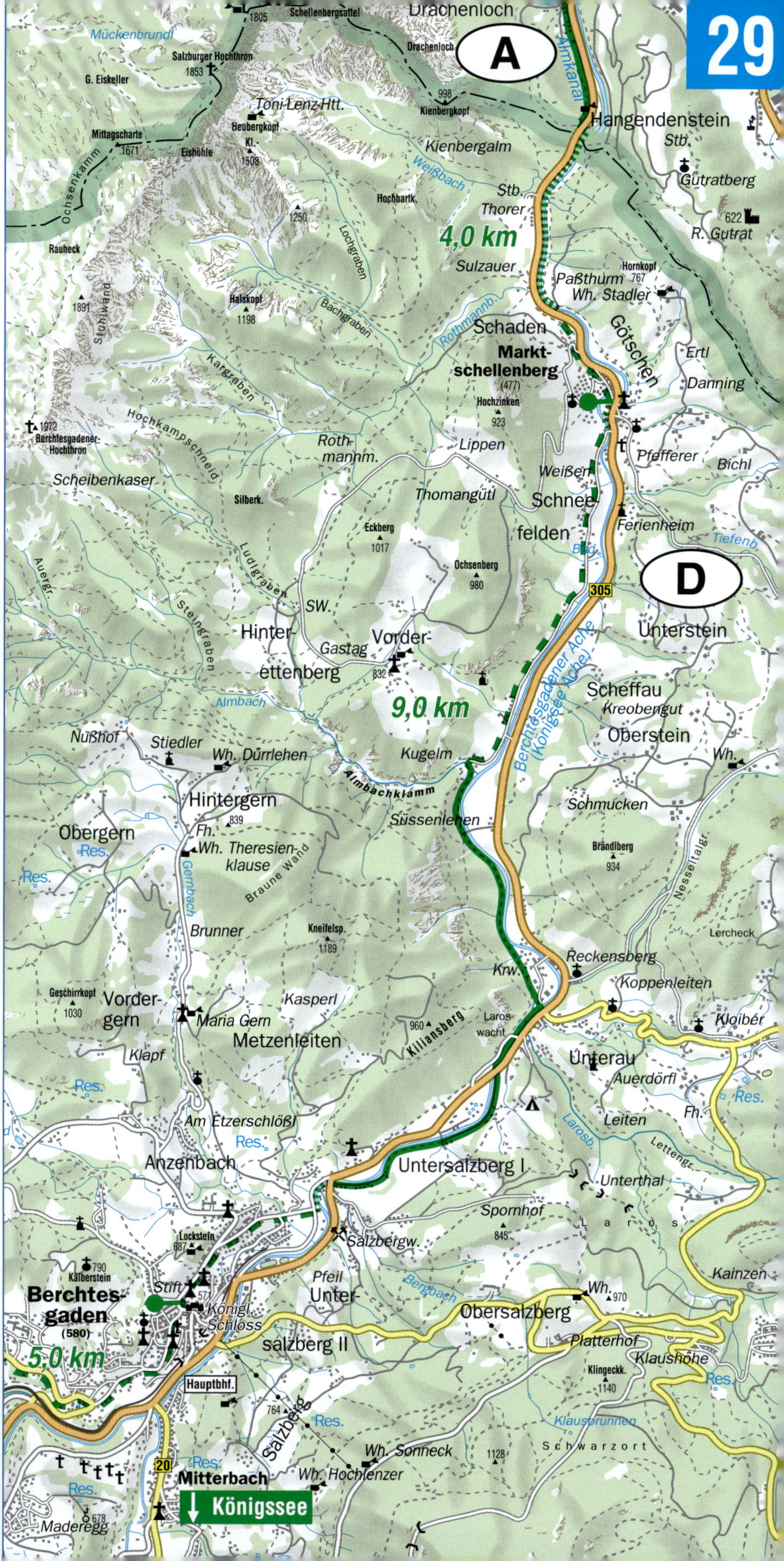
Drachenloch
1805
Schellenbergsattel
Drachenloch
A
Mückenbrundl
Salzburger Hochthron
1853
G. Eiskeller
998
Kienbergkopf
Almkanal
Toni-Lenz-Htt.
Heubergkopf
Hangendenstein
Stb.
Mittagscharte
1671
Eishöhle
Kl.
1508
Kienbergalm
Gutratberg
Ochsenkamm
Weißbach
Hochbartk.
Stb.
Thorer
1250
622
R. Gutrat
4,0 km
Rauheck
Lochgraben
Sulzauer
Hornkopf
767
Paßthurm
Wh. Stadler
Halskopf
1198
1891
Stuhlwand
Bachgraben
Rothmannb.
Schaden
Götschen
Markt-
schellenberg
(477)
Ertl
Kargraben
Danning
Hochzinken
923
1972
Berchtesgadener-
Hochthron
Hochkampschneid
Roth-
mannm.
Lippen
Pfefferer
Bichl
Weißen
Scheibenkaser
Silberk.
Thomangütl
Schnee-
felden
Ferienheim
Tiefenb.
Eckberg
1017
Ochsenberg
980
D
305
Auergr.
Ludlgraben
SW.
Steingraben
Hinter-
ettenberg
Gastag
Vorder-
832
Unterstein
Scheffau
Kreobengut
Oberstein
Almbach
9,0 km
Berchtesgadener Ache
(Königssee Ache)
Nußhof
Stiedler
Wh. Dürrlehen
Kugelm
Wh.
Almbachklamm
Hintergern
Schmucken
Süssenlehen
Fh.
839
Obergern
Res.
Wh. Theresien-
klause
Brändlberg
934
Res.
Nesseltalgr.
Gernbach
Braune Wand
Brunner
Kneifelsp.
1189
Lercheck
Krw.
Reckensberg
Geschirrkopf
1030
Vorder-
gern
Kasperl
Koppenleiten
Maria Gern
960
Kiliansberg
Laros-
wacht
Kloiber
Metzenleiten
Klapf
Unterau
Auerdörfl
Res.
Res.
Am Etzerschlößl
Larosb.
Leiten
Fh.
Res.
Lettengr.
Anzenbach
Untersalzberg I
Unterthal
Sponhof
845
Laros
Lockstein
687
Salzbergw.
790
Kälberstein
Kainzen
Berchtes-
gaden
(580)
Stift
577
Pfeil
Unter-
Bergbach
Wh.
970
Königl.
Schloss
Obersalzberg
salzberg II
Platterhof
Klaushöhe
5,0 km
Klingeckk.
1140
Res.
Hauptbhf.
764
Salzberg
Res.
Klausbrunnen
Wh. Sonneck
1128
Schwarzort
20
Res.
Mitterbach
Wh. Hochlenzer
Res.
Königssee
678
Maderegg

Vom Rathaus aus fahren wir durch den Ortsteil Nonntal immer bergab, nehmen bei der Gabelung rechts die Salzburger Straße und erreichen nach steiler Abfahrt die Bundesstraße 20 auf der Höhe des Salzbergwerkes.

Wer Lust auf eine Besichtigung hat, biegt hier rechts ab und kann in traditioneller Bergmannskleidung mit der Grubenbahn in den Berg einfahren. Auf Rutschen geht es unter Tag weiter, durch dunkle Stollen und sogar mit einer Plätte über einen geheimnisvollen See führt die einstündige Fahrt.

Ausflugstipp: Königssee

Sein Name ist weltberühmt und steht für smaragdgrünes Wasser inmitten einer einzigartigen Landschaftskulisse, laut Alexander von Humboldt »eine der schönsten Landschaften der Erde«. Elektroboote bringen die Besucher über den See, wo sie an der Felswand dem sprichwörtlichen Königssee-Echo lauschen.

Die Wallfahrtskirche St. Bartholomä ist Ziel zahlreicher traditioneller Wallfahrten, unter anderem einer jährlichen Fußwanderung über das Steinerne Meer, die Hunderte Bewohner des benachbarten Maria Alm im Pinzgau im August unternehmen.

Die 9 km lange Strecke kann man mit dem Fahrrad am besten einen gekiesten Radweg am Ufer der Königssee Ache in Angriff nehmen, der in der Nähe des Bahnhofs bei der Kurdirektion Berchtesgaden am rechten Ufer beginnt. Bald wechselt er an die linke Seite und kehrt im Ortsteil Unterschönau an die Gemeindestraße zurück, wo wir links zur Königsseestraße abbiegen und dann dem begleitenden Radweg bis in den Ort Königssee folgen.

Der Mozart-Radweg biegt bei der Einmündung der Salzburger Straße auf der Höhe des Salzbergwerkes links für ein kurzes Stück in die Bundesstraße 20 ein und überquert gleich bei der ersten Brücke rechts die Berchtesgadener Ache. Ab hier ist der Weg auch als Untersberg-Runde mit weiß-grünen Tafeln beschildert. Wir nehmen die Asphaltstraße am rechten Ufer, die in einen gekiesten Radweg
9 übergeht, der stets leicht bergab durch das landschaftlich sehr reizvolle Tal verläuft.

Dann kommen wir an der Kläranlage vorbei, der Weg kehrt an die Bundesstraße 20 zurück, ein schmaler Weg ohne Geländer führt unter der Brücke durch, auf diese Weise kommen wir auf einen Radweg, der nun links der Bundesstraße 20 verläuft. Nach einem Wehr nehmen wir die Radlerbrücke nach links, fahren geradeaus und anschließend auf den Kiesweg Richtung Almbachklamm (nicht auf die Asphaltstraße, die zum Aldi-Markt führt), der bald links über ein Wehr an den Waldrand führt. Immer leicht bergab an der linken Talseite radeln wir nun bis zum Parkplatz am Eingang der Almbachklamm.

Ausflugstipp: Almbachklamm

Eine schöne Fußwanderung (gesamt ca. 1,5 Stunden) führt von hier bis zu einem 115 m hohen Wasserfall durch die romantische Klamm. Dieser Abschnitt wurde bis 1963 als Trifft verwendet. Am oberen Ende wurde an einem 14 Meter hohen Staudamm Wasser und Holz aufgestaut, durch das Öffnen der Sperre ergoss sich eine Flutwelle mit dem Holz talwärts. Bei der Brücke am oberen Ende des Parkplatzes befand sich der sogenannte Trifftrechen, wo die Baumstämme aufgefangen wurden.

Am Eingang zur Klamm befindet sich auch Deutschlands älteste Kugelmühle, wo seit dem 17. Jahrhundert grobe Marmorbrocken zu edlen Kugeln und Murmeln geschliffen werden. Nebenan steht das gemütliche Gasthaus Kugelmühle.

Wir folgen ab hier einer wenig befahrenen Asphaltstraße am linken Talrand Richtung Marktschellenberg. Die Alte Berchtesgadener Straße führt uns in den Ort, rechts unterhalb liegt das Schwimmbad, wir erreichen nach einer langen Abfahrt die Brücke über die Berchtesgadener Ache und biegen vorsichtig links in die Bundesstraße 20 ein.

- Bestens gepflegtes Radwegenetz
- Die überörtlichen Radwege sind durchgehend beschildert und untereinander vernetzt
- Fordern Sie unseren Katalog "Radtouren" an bei:

SalzburgerLand
Postfach 1 · A-5300 Hallwang bei Salzburg
Tel. 00 43/(0)662/66 88-0 · Fax 66 88-66
e-mail: info@salzburgerland.com
www.salzburgerland.com

Tourismusverband Chiemgau
Ludwig-Thoma-Straße 2 · D-83278 Traunstein
Tel. 00 49/(0)8 61/5 85 55 · Fax 6 42 95
e-mail: info@chiemgau-tourismus.de
www.chiemgau-tourismus.de

Marktschellenberg 477 m **Karte 29**

(1.796 Einwohner, 1.279 Betten)

Verkehrsamt D-83487 Marktschellenberg, Salzburger Str. 2, Tel. +49(0)8650/ 988830 od.19433, Fax 988831, E-Mail info-schellenberg@berchtesgaden.de - www.berchtesgadener-land.com od. www.urlaub-marktschellenberg.de

Schwimmbad, Alte Berchtesgadener Straße 37, beheizt, Kneippanlage, Tel. +49 (0)8650/919900

Wallfahrtskirche Maria Heimsuchung, Ettenberg, 4,30 m hohe Holzfigur hl. Christopherus, 7.30–19 Uhr

Almbachklamm, 2,5 km lang, Mai–Okt.; Kugelmühle, einzige Marmorkugelmühle Deutschlands am Eingang Almbachklamm

Gästehaus Sonnhof, Hans Kranawetvogel, Alte Berchtesgadener Straße 2, Tel. +49(0)8650/446, Fax 919975, E-Mail sonnhof@bgl-net.de
Haus am Wald, Susanne u. Franz Brandner, Alte Berchtesgadener Straße 42, Tel. +49(0)8650/518, Fax 1241

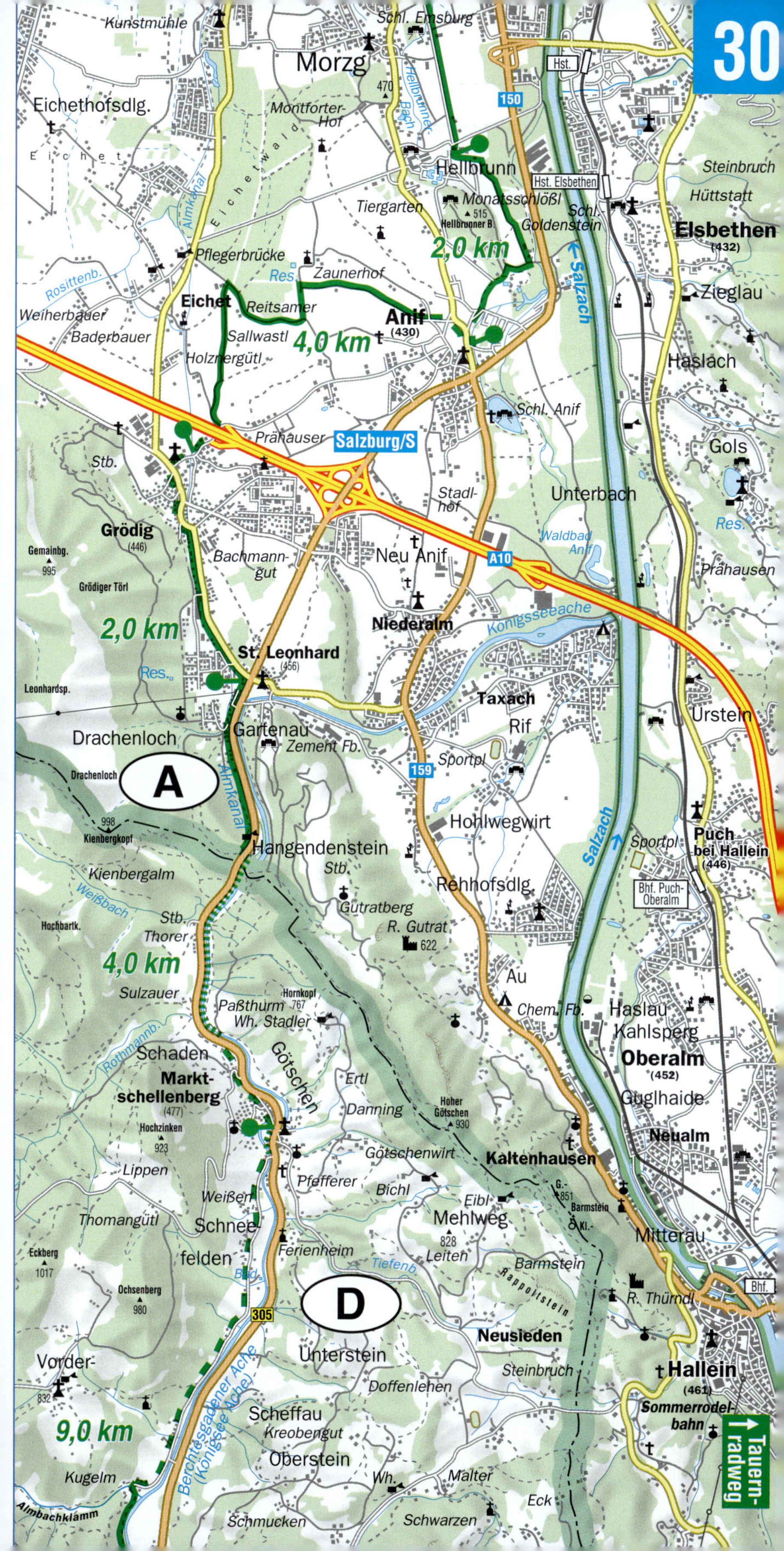
Morzg
Schl. Emsburg
Kunstmühle
Eichethofsdlg.
Montforter-Hof
Hellbrunn
Monatsschlößl
Tiergarten
Hst. Elsbethen
Elsbethen
(432)
Steinbruch
Hüttstatt
Schl. Goldenstein
2,0 km
Pflegerbrücke
Zaunerhof
Eichet
Reitsamer
Anif
(430)
Zieglau
Weiherbauer
Baderbauer
Sallwastl
4,0 km
Salzach
Haslach
Holznergütl
Schl. Anif
Prähauser
Salzburg/S
Gols
Stb.
Stadlhof
Unterbach
Grödig
(446)
Waldbad Anif
Res.
Bachmanngut
Neu Anif
A10
Prähausen
Grödiger Törl
Niederalm
Königsseeache
2,0 km
St. Leonhard
(456)
Taxach
Leonhardsp.
Urstein
Drachenloch
Gartenau
Rif
Zement Fb.
Sportpl
159
A
Almkanal
Hohlwegwirt
Hangendenstein
Puch bei Hallein
(446)
Kienbergalm
Stb.
Rehhofsdlg.
Bhf. Puch-Oberalm
Gutratberg
R. Gutrat
622
Thorer
4,0 km
Au
Sulzauer
Paßthurm
Hornkopf
767
Chem. Fb.
Haslau
Wh. Stadler
Kahlsperg
Schaden
Oberalm
(452)
Marktschellenberg
(477)
Götschen
Ertl
Guglhaide
Danning
Hoher Götschen
930
Hochzinken
923
Neualm
Götschenwirt
Lippen
Kaltenhausen
Pfefferer
Bichl
Weißen
Eibl
Mehlweg
Thomangütl
Schneefelden
828
Mitterau
Ferienheim
Leiten
Barmstein
Eckberg
1017
Tiefenb.
Bhf.
Ochsenberg
980
R. Thürndl
305
D
Neusieden
Unterstein
Hallein
(461)
Vorder-
Steinbruch
832
Doffenlehen
Sommerrodelbahn
Scheffau
Kreobengut
9,0 km
Berchtesgadener Ache (Königsee Ache)
Tauernradweg
Oberstein
Kugelm
Wh.
Malter
Almbachklamm
Eck
Schmucken
Schwarzen

Wir verlassen im Ortszentrum links die Bundesstraße 20 und fahren links durch die Hauptstraße, vorbei an schönen, alten Bürgerhäusern des heilklimatischen Kurotes. Am Ortsausgang kehren wir auf die Bundesstraße 20 zurück und folgen ihr für 2 km bis zur Staatsgrenze.

6 Auf der österreichischen Seite beginnt links ein begleitender Radweg, der uns bis zu einer ampelgeregelten Kreuzung im Ortsteil Gartenau bringt, wo wir links nach Grödig abbiegen. Links sehen wir die Seilbahn auf den Untersberg (1.805 m), der Radweg verläuft an der linken Seite der Straße.

● **Grödig** 446 m A **Karte 30**

(7.000 Einwohner, 600 Betten)

Tourismusverband A-5083 Grödig, Tel.+43(0)6246/73570, Fax 74795, E-Mail info@groedig.net - www.groedig.net

Tourismusverband Grödig, St. Leonhard, Tel. +43(0)6246/73570, Fax 74795

Hans-Jörg Kinneswenger, Oberfeldstraße 6c, Tel. +43(0)6246/72183

Wallfahrtskirche St. Leonhard, spätgotisch

Untersbergmuseum in Fürstenbrunn, Sa., So. u. Fr. 13–18 Uhr, Tel. +43(0)6246/76411 od. 73317
Nebenan Kugelmühle (im Sommer jeden Sa. um 14 Uhr in Betrieb)
Radio-Museum im Heimathaus, Mi. 16–19 Uhr u. n. Vereinb., Tel. +43(0)676/6757107

Untersbergseilbahn, Talstation in St. Leonhard, Tel. +43(0)6246/72477 od. +43(0)662/871217

Hotel Untersberg****, St. Leonhard, Dr. Friedrich Oedl Weg 1, E-Mail hoteluntersberg@salzburg.co.at - www.hoteluntersberg.at
Gasthof Schorn***, St. Leonhard, St. Leonhardstraße 1, Tel. +43(0)6246/72334, Fax 7233440, E-Mail info@gasthofschorn.at - www.gasthofschorn.at
Gasthof Esterer***, Fürstenbrunn, Glanstraße 31, Tel. +43(0)6246/73321, Fax 72999, E-Mail gasthofesterer@i-one.at - www.groedig.net

Im Süden Salzburgs gelegen gilt Grödig traditionell als Geheimtipp für Salzburg-Besucher, die im Grünen außerhalb der Stadt Quartier nehmen wollen.

Die Heimat der Mozartkugel

Der kleine Ort Grödig am Fuße des Untersberges ist die Wahlheimat der Mozartkugel. Der Salzburger Konditormeister Paul Fürst wird zurecht als ihr Erfinder bezeichnet, in seiner Konditorei in Salzburg am Alten Markt – und nur dort – gibt es also seit ca. 1890 das silber-blau verpackte Original. In der Schokoladefabrik in Grödig jedoch wird seit Jahrzehnten jene in Goldpapier verpackte Mozartkugel hergestellt, die als »Original Salzburger Mozartkugel« weltweit vermarktet wird und wahrscheinlich das meistgekaufte Salzburger Souvenir aller Zeiten ist.
4 Alle Nachahmungen unterscheiden sich dadurch, dass sie eine flache Stelle haben, auf der die Schokolade-Nougat-Marzipan-Kugel bei der Produktion aufliegt. Nur in Grödig gelingt es in einem geheimen Verfahren, eine völlig runde Mozartkugel herzustellen. Auch wenn die Markenrechte mittlerweile bei einem internationalen Konzern liegen, der auch lila Schokoladeriegel verkauft, ist die Produktion dieser weltbekannten Spezialität doch in Grödig geblieben. Übrigens, auch das von Konditor Fürst erfundene Original hat eine flache Auflagefläche...

Bei der kleinen Kreuzung zweigen wir auf den schmalen Weg entlang des Almkanals ab, queren eine Straße und biegen wieder rechts in die Schützenstraße ein, die unter der Autobahn durchführt. Gleich danach biegen wir links ab und folgen der Mozart-Radweg Beschilderung in den Vorort Eichet. Beim Waldrand biegen wir rechts ab, kommen an einem Bauernhof vorbei und bleiben immer auf Feldwegen, die schließlich von Westen her nach Anif führen.

Anif 430 m Karte 30

(4.300 Einwohner, 1.120 Betten)

Verkehrsverein A-5081 Anif, Tel. +43(0)6246/72365, Fax 7236550,
E-Mail tourist@info-anif.co.at - www.salzburgerland.com/anif

Verkehrsverein Anif, Tel. +43(0)6246/72365, Fax 7236550

Anif war der Wohnort des langjährigen Intendanten der Salzburger Festspiele Herbert von Karajan, der auch am Anifer Friedhof begraben liegt. Sein Grab ist bis heute eine Wallfahrtsstätte seiner Bewunderer aus aller Welt, seinen persönlichen Kontakten zum damaligen Vorstandsvorsitzenden des japanischen Konzerns SONY ist es zu verdanken, dass heute in Anif eine moderne Fabrik für CDs und DVDs steht, die der Region Hunderte high-tech-Arbeitsplätze verschafft hat.

Viele Gäste und Salzburger besuchen Anif wegen seiner bekannt guten Hotels und Gastronomie: das Friesacher gehört zu den traditionsreichsten Häusern rund um Salzburg, beim Schloßwirt treffen sich vor allem in der Festspielzeit viele prominente Besucher.

Der Mozart-Radweg führt im Ortszentrum vor dem Hotel Friesacher scharf links in eine Sackgasse Richtung Tiergarten, wir erhalten nun eine Gelegenheit mit dem Fahrrad auf Tuchfühlung mit Löwen und anderen Raubkatzen zu gehen. Wir fahren auf die Felswand zu, die einen Teil der Gehege des Zoos auf natürliche Weise begrenzt. Durch ein Tor begeben wir uns in die Gartenanlagen der fürsterzbischöflichen Sommerresidenz Hellbrunn und kommen links direkt am Löwenkäfig vorbei. Rechts sehen wir eine Weide mit den berühmten Przewalski-Pferden, den Vorfahren unserer domestizierten Reittiere. Wir fahren unter der Fußgängerbrücke des Tiergartens durch und rollen in die Parkanlage, links geht es zum Steintheater, wo an Sommerabenden Aufführungen stattfinden. Wir radeln auf Kieswegen auf die gelben Stallungen zu, weiter links befindet sich der in französischem Stil gehaltene Ziergarten des Lustschlosses, dahinter auch die beliebten Wasserspiele, einst vom Erzbischof zur feuchtfröhlichen Unterhaltung seiner Gäste eingerichtet.

8

Die Radroute führt nach dem Kinderspielplatz halbrechts weiter, links steht ein Pavillion (auf Englisch »gazebo« genannt), mit einiger Wahrscheinlichkeit treffen wir hier auf amerikanische oder japanische Touristen, die diesen aus dem Filmwelterfolg »The Sound of Music« kennen (siehe auch Seite 123). Der Pavillion stand ursprünglich im Garten von Schloss Leopoldskron, was dazu führte, dass Tausende Touristen auf den Spuren der Liebesszene zwischen der 16jährigen »Liesl« und ihrem Freund »Ralf« das Wohnviertel um Leopoldskron heimsuchten. Hier wurde die berühmte Musikszene zu »I am sixteen, goin' on seventeen« gedreht. Die Stadtverwaltung ließ den Stein des Anstoßes dann abbrechen und nach einigen Jahren am heutigen Standplatz in Hellbrunn wieder aufbauen, wo die Touristenströme keine Anrainer stören.

Hier biegen wir rechts ab, kommen auf den Parkplatz von Schloss Hellbrunn und biegen hier links in die schönste Allee der Mozartstadt ein.

Ausflugstipp: Schloss Hellbrunn

Das fürsterzbischöfliche Lustschloss Hellbrunn mit den Wasserspielen, den Parkanlagen und dem sehr um naturnahe Tierhaltung bemühten Tiergarten liegt direkt am Mozart-Radweg. Kühle Erfrischung bringt ein Besuch der Wasserspiele, ein trickreiches Ensemble von Grotten, Springbrunnen und überraschenden Inszenierungen, die alle mit der Kraft des Wassers betrieben werden. Einst zum Gaudium der Gäste der Salzburger Fürsterzbischöfe errichtet, gibt es heute hier im Halbstundentakt Führungen für meist begeistert kreischende Touristen. Auch der Tiergarten mit seinen den Naturräumen sehr nahekommenden Gehegen ist sehenswert. Neben einer umfangreichen Sammlung von Tieren aus dem alpinen Raum gibt es hier frei fliegende Geier, die im Untersberggebiet ihre Runden drehen und zur Fütterung regelmäßig zurückkehren. Aber auch so manch exotische Attraktionen sind zu bestaunen wie z.B. die weitläufigen Seilzüge, mit denen der schnelle Gepard zum Jagen nach seinem Futter ermuntert wird.

Die Hellbrunner Allee führt schnurgerade und autofrei Richtung Stadtzentrum. Wir passieren die Frohnburg, queren die Hofhaymer Allee, rechts steht mit dem Wasserschloss Freisaal der kleinste der früheren erzbischöflichen Prunkbauten. Im Stadtteil Nonntal kommen wir zu den Gebäuden der Pädagogischen Akademie, biegen kurz links ab und folgen dem Radweg zur Erzabt-Klotz-Straße, die wir überqueren. Durch Nebenstraßen kommen wir rechts auf die Radspur in der Nonntaler Hauptstraße, die gegen die Einbahn verläuft und biegen vor dem Justizgebäude links auf den Kajetanerplatz ein. Durch die verkehrsberuhigte Kaigasse kommen wir zum Mozartplatz, wo wir uns rechts halten und in den neuen Radweg am Salzachufer links einbiegen. Wir unterfahren die Staatsbrücke, links ginge es zur Getreidegasse und dem Mozart-Geburtshaus. Dann überqueren wir am neuerrrichteten **Makartsteg** die Salzach und fahren an der Seite des Hotels Sacher Salzburg zur ampelgeregelten Kreuzung der Schwarzstraße. Geradeaus kommen wir auf den Makartplatz, wo wir rechts beim Mozart-Wohnhaus den Ausgangspunkt des Mozart-Radweges erreichen.

Variante: Von Bad Reichenhall über Marzoll nach Salzburg

Wer den Weg zurück nach Salzburg abkürzen möchte, kann Berchtesgaden auslassen und von ***Bad Reichenhall*** *am kürzeren Wege über Marzoll nach Salzburg radeln.*

Dazu nehmen wir ebenfalls die Unterführung beim Bahnhof und folgen den Wegweisern Richtung Innenstadt. Wir kommen in die Tiroler Straße, die gleich nach links abbiegt und uns zu den Gebäuden der Alten Saline führt, wo heute das Salzmuseum und gelegentlich Ausstellungen untergebracht sind. Dann biegen wir links auf den Rathausplatz ein und biegen vor der mit wichtigen deutschen und bayerischen Herrschern bemalten Fassade rechts in die Poststraße ein. Diese geschäftige Straße ist für Radfahrer geöffnet, während die parallel verlaufende Ludwig-Straße im Kurbezirk Fußgängerzone ist. Bei der Weggabelung folgen wir den Schildern nach Marzoll und fahren durch den Adolf-Bühler-Weg, bis wir rechts in die Kurstraße abbiegen müssen. Beim Kurmittelhaus fahren wir links in die Salzburger Straße, kommen am Hotel Steigenberger vorbei und rollen an den Parkanlagen der Kuranstalten vorbei. (Stadtinformation siehe Seite 105)

Am Stadtrand von Bad Reichenhall biegen wir rechts in den Marzoller Weg ein, gleich darauf links in den Froschhamer Weg, der in einen Radweg übergeht. Über Wiesen und Felder kommen wir zu zwei Nachrangtafeln, wo wir sinngemäß geradeaus weiterfahren (nicht links in den Radweg einbiegen). Wir sind nun im 7 *Ortsteil Weißbach auf der Grenzlandstraße, der wir nach Marzoll folgen. Rechts sehen wir den Untersberg, vor uns taucht bald Schloss Marzoll auf. Hier biegen wir rechts in die kleine Straße ein, die zwischen Schloss und Hotel-Restaurant zum Grenzübergang nach Österreich führt.*

● *Wir erreichen die **Kreuzung mit der Großgmainer Landesstraße.** Hier biegen wir links auf den rechts neben der Straße verlaufenden Radweg Richtung Salzburg ein, die Mozart-Radweg Variante folgt ab hier der als Tauernradweg beschilderten Route.*

Großgmain *524 m* **Karte 27**

(2.421 Einwohner, 370 Betten)

Tourismusverband A-5084 Großgmain, Tel. +43(0)6247/8278, *Fax 82784, E-Mail info@tourist-grossgmain.co.at - www.salzburgerland.com/grossgmain*

Tourismusverband Großgmain, *Tel. +43(0)6247/8278*

Wallfahrtskirche Großgmain, *15. Jh., spätgotisch, 1731 barockisiert, Steingußmadonna 14. Jh., barocker Marienbrunnen*

Salzburger Freilichtmuseum, *landschaftstyp. Höfe aus allen Teilen Salzburgs, Ende März–Anf. Nov. Di.–So. 9–18 Uhr, So. Handwerksvorführungen, Tel. +43(0)662/850011*

Hotel Greiner**, *Fam. Schubert, Hochburgerhöhe 131, Tel. +43(0)6247/82230, Fax 8795, E-Mail office@hotel-greiner.com - www.hotel-greiner.com*

Bald kommen wir am Salzburger Freilichtmuseum vorbei. Auf 50 Hektar wurden hier im Landschaftsschutzgebiet am Fuße des Untersberges rund 60 alte Bauernhöfe und landwirtschaftliche Gebäude aus fünf Jahrhunderten aus allen Gauen des Landes Salzburg zusammengetragen und in vorbildlicher Weise wieder aufgebaut. Sogar ein authentisches Klassenzimmer einer alten Landschule ist hier zu sehen. Wer das Freilichtmuseum zu Fuß besichtigen will sollte sich für dieses lohnende Unterfangen mindestens 2 bis 3 Stunden Zeit nehmen.

Der Radweg führt weiter Richtung Salzburg, kurz vor der Autobahnunterführung biegen wir rechts auf eine Nebenstraße ein, die in mehreren Kurven malerisch auf eine kleine Unterführung zuhält, durch die wir in den Ortsteil Gois der Gemeinde Wals-Siezenheim gelangen.

SalzburgerLand

Kuppeln und Türme überragen die Salzburger Altstadt: Hier die Kuppel der Universitäts- (oder Kollegien-)kirche vor dem Dom und im Hintergrund Stift Nonnberg.

Wals-Siezenheim *430 m* **Karte 31**

(11.500 Einwohner, 1.300 Betten)

Tourismusverein A-5071 Wals-Siezenheim, Tel. +43(0)662/851067, *Fax 854747, E-Mail info@wals-siezenheim.com - www.wals-siezenheim.com*

Schloss Klessheim, *1700–1709 v. Fischer v. Erlach erbaut, Spielcasino, tgl. 15–3 Uhr, Schlosspark frei zugängl.*

Gasthof Kamml**, Fam. Kamml, Brückenstraße 105, A-5072 Siezenheim, Tel. +43(0)662/850267, Fax 85026713, E-Mail hotel@kamml.com - www.kamml.com*

Wir halten uns geradeaus und kommen wieder unter der Autobahn durch nach Viehhausen, wo wir scharf rechts abzweigen. Auf Nebenstraßen queren wir die Ortsteile Schweizersiedlung und Laschensky, wo wir links und nach ca. 500 m rechts in die Waldstraße abbiegen.

16

So kommen wir durch den Ortsteil Glansiedlung und erreichen die Brücke über die Glan, die wir überqueren und am rechten Ufer links auf den Radweg einbiegen. Immer geradeaus streben wir jetzt der Mozartstadt zu, bevor wir an den Südrand der Startbahn des Salzburg Airport »Wolfgang Amadeus Mozart« kommen, biegen wir rechts auf die schmale Straße durch das Landschaftsschutzgebiet Leopoldskron-Moos ein.

So erreichen wir die Moosstraße, biegen links auf den begleitenden Radweg ein, passieren das Maria Hilf Kirchlein und das ehemalige Moorbad und folgen dann der Radwegbeschilderung rechts Richtung Leopoldskron. Ein schmaler Weg führt in die Georg-von-Nissen Straße, wir biegen links zum Leopoldskroner Weiher ab und haben einen schönen Ausblick auf das einst fürsterzbischöfliche Schloss Leopoldskron, heute im Besitz einer amerikanischen Stiftung. In der Zwischenkriegszeit wohnte hier der Festspielgründer Max Reinhardt, der rauschende Feste für »seine« Künstler gab.

Weltberühmt wurde Schloss Leopoldskron als Filmkulisse für »The Sound of Music«, als Regisseur Robert Wise das Gebäude anstelle der für die Produktion unzugänglichen Trapp-Villa in Aigen zum Familiensitz der Trapps umfunktionierte.

The Sound of Music

Fragt man Amerikanische Touristen, welche Musik sie mit Salzburg verbinden, so antworten 70%: mit »The Sound of Music«. Bis heute flimmert das 1964 verfilmte Rogers & Hammerstein Musical alljährlich über die Fernsehschirme von Kalifornien bis Papua Neu Guinea, von London bis Kapstadt.

Nur in Österreich ist der Gewinner von nicht weniger als 5 Oscars nur wenigen bekannt. Das Österreichische Fernsehen ORF hat den Film erstmals zu Weihnachten 2000 ausgestrahlt, 35 Jahre nach seiner Premiere.

Warum das so ist? Vorurteile, die bis heute einer Familiensaga entgegengebracht werden, die Österreich jahrzehntelang beste Dienste geleistet hat. Zeigt die Geschichte doch den Weltkrieg-1-Helden Georg von Trapp mit seiner singenden Familie, wie er nach dem Anschluss an Hitler-Deutschland Österreich verlässt, um in die USA zu emigrieren.

Die historischen Fakten: Georg von Trapp hatte mit seiner ersten Frau, einer geborenen Whitehead, sieben Kinder. Lady Whitehead, Tochter des Erfinders des Schiffstorpedos und Millionenerbin, verstarb kurz nach der Geburt des siebenten Kindes. Die Familie übersiedelt vorerst nach Thumersbach bei Zell am See und später nach Salzburg/Aigen. Hier lernt Georg von Trapp die blutjunge Maria Auguste kennen, die eigentlich als Novizin ins Kloster Nonnberg eintreten möchte.

Sie zieht als Hauslehrerin in die Villa Trapp ein, heiratet später den verwitweten Freiherrn und gewinnt mit den singenden Kindern unter der musikalischen Leitung eines jungen Priesters einen Amateur-Musikwettbewerb im Rahmen der Salzburger Festspiele.

Nach dem Anschluss emigrieren die von Trapps mit inzwischen zehn Kindern aus freien Stücken in die USA, obwohl sie von den Nazis ehrenvoll zu einem Konzert bei Führers Geburtstag eingeladen sind und Georg von Trapp bei der Deutschen Marine als U-Boot Kapitän reaktiviert werden soll.

Als »The Trapp Family Singers« bezaubern sie Amerika und später alle Kontinente. Mit ihren Konzerten verbinden sie immer eine Botschaft für ihre Heimat Österreich und organisieren nach Kriegsende eine große Hilfsaktion für hungernde österreichische Familien.

Die bayerische Bavaria Film erwirbt die Rechte an Marias Biographie, produziert einen Kino-Zweiteiler mit Ruth Leuwerick und Hans Holt in den Hauptrollen und verkauft das Drehbuch schließlich an die amerikanischen Musical Autoren Rogers & Hammerstein. 1959 wird »The Sound of Music« am Broadway uraufgeführt, 1965 bricht die Verfilmung des Stoffs mit Julie Andrews und Christopher Plummer alle Kassenrekorde.

Der Song »Edelweiß« wird die zweitmeitsverkaufte Single Schallplatte der Musikgeschichte, nur Bing Crosby´s »White Christmas« geht öfter über den Ladentisch.

Bis heute pilgern Zehntausende Touristen aus aller Welt zu den Originalschauplätzen in Leopoldskron, Hellbrunn, Salzburg und den Seen des Salzkammergutes.

Die letzten Meter unserer Reise am Mozart-Radweg legen wir an der Uferpromenade des Leopoldskroner Weihers zurück, überqueren die Leopoldskroner Straße, fahren dann durch ein Landschaftsschutzgebiet am St. Peter Weiher vorbei.

Wir biegen rechts in die Sinnhubstraße ein, dann links in die Fürstenallee und weiter in die Nonntaler Hauptstraße, die uns bis zum Justizgebäude bringt, wo wir auf die Hauptroute des Mozart-Radweges treffen, die uns zum Ausgangspunkt ***Mozart-Wohnhaus*** *zurückbringt (siehe Seite 120).*

Auf Fluß und Schiene – Sommer 2003

Mit dem Oldtimer der Salzburger Lokalbahn zur Zillenfahrt auf der Salzach – ein gemeinsames Angebot des Fremdenverkehrsverbandes Oberndorf und der Salzburg AG/Salzburger Lokalbahn. Mit einem Oldtimerzug geht die Fahrt nach Muntigl. Dort wartet die Oberndorfer Schiffergarde mit ihren Plätten (Zillern) und lädt zu einer Schiffsreise auf der Salzach zum „Stille-Nacht-Ort" Oberndorf. Brot und Salz als traditionelles Gastgeschenk und ein Schnapserl dienen der Stärkung der Gäste.

Nostalgiefahrten mit der „Roten Elektrischen"

Jeden Samstag zwischen 24. Mai 2003 und 20. September 2003 fährt der Oldtimer der Salzburger Lokalbahn durch den nördlichen Flachgau! Die historischen, liebevoll restaurierten Garnituren stammen aus den Jahren 1886 bis 1911, ein Leckerbissen für jeden Eisenbahnfreund. In Muntigl haben die Züge Anschluß zur Zillenfahrt der Oberndorfer Schiffergarde.

Fahrzeiten:

Ab Salzburg Lokalbahnhof:	12.15 Uhr
Ab Lamprechtshausen:	13.15 Uhr
Ab Oberndorf:	13.30 Uhr
An Muntigl:	13.50 Uhr
An Salzburg Lokalbahnhof:	14.00 Uhr

Preise:
Kombiangebot Lokalbahn und Zillenfahrt:
Variante 1: Oldtimerfahrt von Oberndorf nach Muntigl, mit den Zillen der Schifferschützen nach Oberndorf. Erwachsene 2,50 €, Kinder 1,30 €.

Variante 2: Oldtimerfahrt Salzburg – Lamprechtshausen – Oberndorf – Muntigl. Anschließend Plättenfahrt und Rückfahrt mit dem Oldtimer von Oberndorf nach Salzburg.

Oldtimerfahrten ohne Salzachschiffahrt gibt es zum jeweils gültigen Regeltarif. Gruppenanmeldung oder Vorbestellung eines „privaten" Nostalgiezuges (Hochzeit, Geburtstag, etc.) unter:
Telefon: +43(0)662/4480-6180 od. 6176
E-mail: salzburger.lokalbahn@salzburg-at.at

Die Oldtimer der Salzburger Lokalbahn fahren auch zum beliebten Salzburger Bauernherbst, und zwar gratis! Die Sonderfahrt findet am 21. September statt, Abfahrt ist um 11.15 Uhr am Lokalbahnhof Salzburg, Ankunft in Lamprechtshausen um 11.58. Der Zug hält bei Bedarf an jeder Haltestelle, von Lamprechtshausen verkehren Gratis-Shuttlebusse zum Bauernherbst nach Dorfbeuern und zurück.

Mit der Dampflok durch den Flachgau

Auch heuer gibt es wieder Dampfzugfahrten in Zusammenarbeit von Salzburger Lokalbahn und der Österreichischen Gesellschaft für Eisenbahngeschichte. Am 13. Juli, 10. August, 7., 14. und 24. Dezember 2003 verkehren diese Züge zwischen Salzburg Itzling und Lamprechtshausen/Trimmelkam. Im Sommer Anschluß zur schmalspurigen Stierlingwaldbahn ab Haltestelle Irlach.

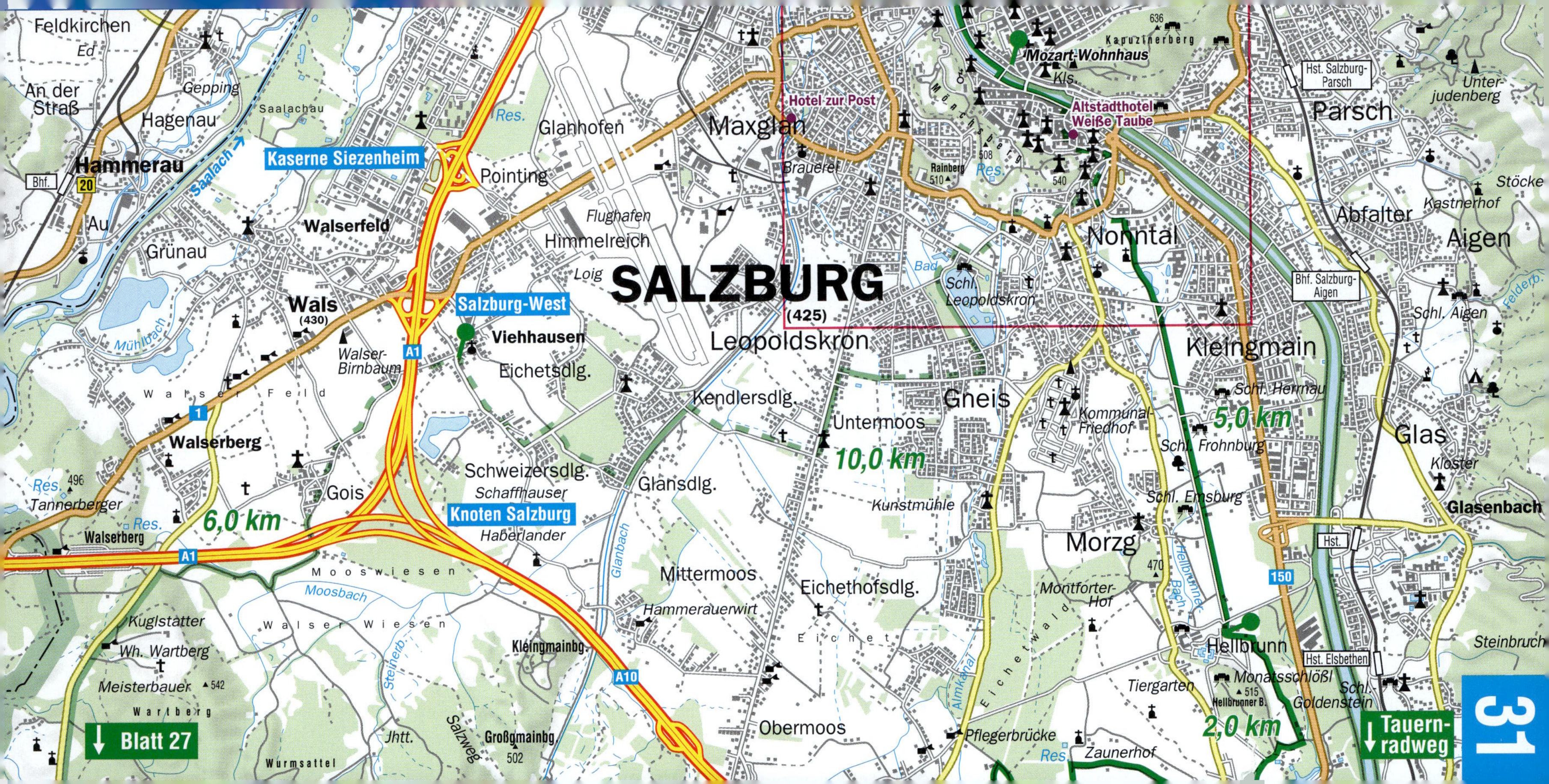
31
SALZBURG
(425)
Maxglan
Hotel zur Post
Altstadthotel Weiße Taube
Mozart-Wohnhaus
Kapuzinerberg
636
Mönchsberg
Rainberg
510
508
540
Brauerei
Parsch
Hst. Salzburg-Parsch
Unter-judenberg
Stöcke
Kastnerhof
Abfalter
Aigen
Bhf. Salzburg-Aigen
Schl. Aigen
Nonntal
Schl. Leopoldskron
Leopoldskron
Kleingmain
Schl. Hernau
5,0 km
Gneis
Kommunal-Friedhof
Schl. Frohnburg
Glas
Kloster
Glasenbach
Schl. Emsburg
Morzg
470
Hellbrunner Bach
Montforter-Hof
Hellbrunn
Hst. Elsbethen
Monatsschlößl
515
Hellbrunner B.
Schl. Goldenstein
Steinbruch
Tiergarten
2,0 km
Tauern-radweg
Zaunerhof
Pflegerbrücke
Eichetwald
Almkanal
Eichet
Eichethofsdlg.
Obermoos
Untermoos
10,0 km
Kunstmühle
Kendlersdlg.
Glansdlg.
Mittermoos
Hammerauerwirt
Glanbach
Flughafen
Himmelreich
Loig
Glanhofen
Pointing
Viehhausen
Salzburg-West
Eichetsdlg.
Schweizersdlg.
Schaffhauser
Knoten Salzburg
Haberlander
Kleingmainbg.
Großgmainbg.
502
Salzweg
Jhtt.
Steinerb.
Moosbach
Mooswiesen
Walser Wiesen
Wals
(430)
Walserfeld
Walser-Birnbaum
Walser Feld
Walserberg
Gois
6,0 km
Kaserne Siezenheim
Feldkirchen
Ed
An der Straß
Gepping
Hagenau
Saalachau
Saalach
Hammerau
Bhf.
20
Au
Grünau
Mühlbach
Res.
496
Tannerberger
Kuglstatter
Wh. Wartberg
Meisterbauer
542
Wartberg
Wurmsattel
Blatt 27
A1
A10
1
150

Variante: Verbindung Salzburg – Freilassing (8 km) Karte 1

Um zur Variante nach Inzell zu gelangen, kann man auch direkt von Salzburg nach Freilassing radeln. Dazu folgen wir dem Radweg auf dem rechten Salzachufer Richtung Norden bis zur Autobahnbrücke. Hier queren wir auf der Radspur im Unterbau der Brücke ans linke Ufer, dem wir bis zum sogenannten Saalachspitz folgen. Die Halbinsel zwischen Salzach und Saalach ist Landschaftsschutzgebiet und bei der Bevölkerung von Salzburg als Erholungsraum mit vielen Sportanlagen
9,5 sehr beliebt. Nach einem Blick auf die Mündung der Saalach in die Salzach radeln wir am orographisch rechten Saalachufer zurück bis zur Brücke über die Saalach, auf die wir auffahren (im Frühjahr 2003 wurde diese Brücke gerade umgebaut, ein Radweg ist Teil der neuen Gestaltung ab Herbst 2003). Auf bayrischer Seite angekommen, folgen wir dem Radweg neben der Bundesstraße Richtung Freilassing, bei der Kreuzung mit der Laufener Straße endet der Radweg, wir fahren auf der Salzburger Straße in das Zentrum, passieren zwei ampelgeregelte Kreuzungen und verlassen Freilassing auf der Münchener Straße. Hier treffen wir auf die Verbindungsroute Laufen – Inzell – Kössen des Mozart-Radweges (siehe Variante, Seite 129).

Variante: Verbindung Chiemgauer Alpen

Von Laufen über Freilassing, Inzell und Ruhpolding nach Reit im Winkl und Kössen

Wer den Mozart-Radweg kürzen oder auf zwei Teilstrecken aufteilen möchte, dem sei diese Variante empfohlen. Die Route erfordert ein gewisses Maß an Sportlichkeit, da zwischen Teisendorf und Ruhpolding einige recht hügelige Abschnitte zu überwinden sind. Rund die Hälfte dieser Route verläuft über Kies- und Schotterwege, der Rest auf asphaltierten Nebenstraßen und Radwegen. Die prächtigen Bergblicke zur Staufengruppe, zum Sonntagshorn und zum Wilden Kaiser machen diese Routenführung für Bergfreunde besonders attraktiv.

● Von der Salzachbrücke aus Oberndorf kommend, biegen wir in Laufen (Stadtinformation siehe Seite 50) am Ende des Marienplatzes rechts ab, folgen der Rottmayr Straße und biegen dann links zum Parkplatz an der Salzachschleife. Hier können wir auf den Uferweg einbiegen, auf dem wir nun die gesamte Salzachschleife nach rechts ausfahren. Bald kommen wir unter der Salzachbrücke durch und folgen nun auf Kies dem Uferdamm der Salzach Richtung Süden.

Nach 3,5 km sehen wir etwas abseits rechts Schloss Triebenbach. Danach biegen wir vom Uferdamm scharf rechts auf eine Schotterstraße ab, die an einem Bauernhaus vorbei in den Ortsteil Triebenbach führt. Hier halten wir uns links und fahren auf einer schmalen Asphaltstraße um das Schloss herum, biegen dann rechts ab und halten auf die Unterführung unter der Bundesstraße 20 zu. Danach biegen wir rechts ab, gleich darauf biegen wir links ab und schließlich bei der Nachrangtafel links in die Landstraße Richtung Surheim.

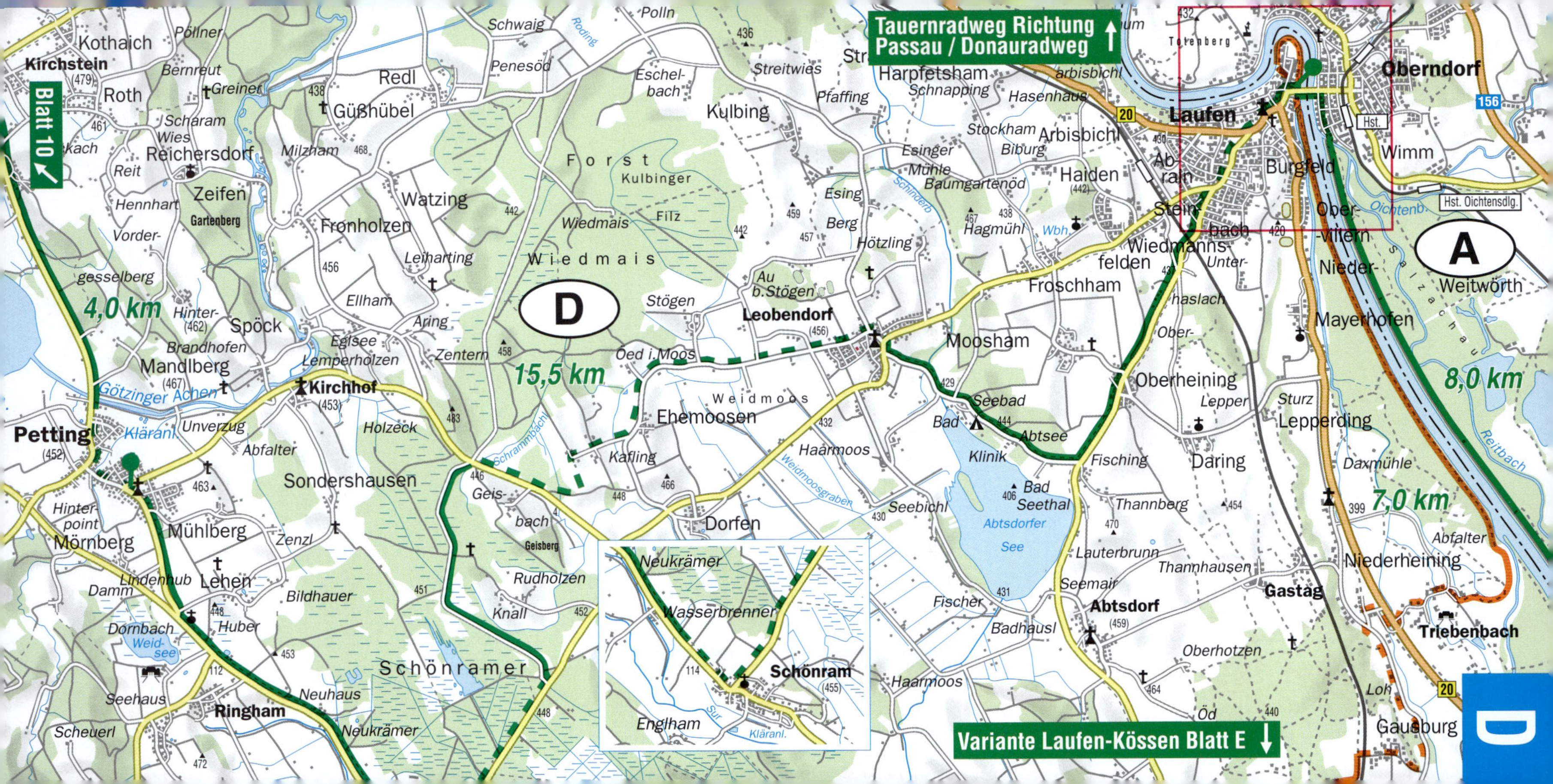

Tauernradweg Richtung Passau / Donauradweg
Variante Laufen-Kössen Blatt E
Blatt 10
D
A
4,0 km
15,5 km
8,0 km
7,0 km
Laufen
Oberndorf
Kirchstein
Kothaich
Roth
Reichersdorf
Zeifen
Petting
Kirchhof
Leobendorf
Moosham
Froschham
Oberheining
Abtsdorf
Gastag
Triebenbach
Ringham
Schönram
Dorfen
Ehemoosen
Abtsdorfer See
Schönramer
Wiedmais
Forst
Weidmoos

Die Mozarts auf Triebenbach

Der weithin sichtbare, wuchtige Turm von Schloss Triebenbach markiert die fast in Vergessenheit geratene frühere Hofmark, deren Zentrum hier war. Als Hofmark bezeichnete man eigene geschlossene Rechtsbezirke für das Niedergericht innerhalb der landesherrlichen Hochgerichtsbarkeit. Diese Einrichtung stammte aus dem Mittelalter und verschwand mit der Auflösung des Deutschen Reiches 1803. Im Herrschaftsbereich der Salzburger Fürsterzbischöfe gab es elf solche Hofmarken, in denen die dort ansässigen Adelsfamilien eine gewisse Selbstständigkeit erhalten konnten.

Der letzte Hofmarksinhaber Joachim Ferdinand von Schidenhofen und Stumm war mit der Familie Mozart gut befreundet. Der salzburgische Hofrat und Landschaftskanzler hatte oft Mitglieder der Familie Mozart zu Gast, die in regem Schriftverkehr in meist glücklicher Erinnerung von diversen Aufenthalten auf Triebenbach berichten. Wolfgang Amadeus Mozart schreibt seiner Schwester Nannerl von einer Italien-Reise, dass er hoffe, sie würde sich »ergötzen in Triebenbach mit schiessen und (wenn es das Wetter zulässt) mit spazieren gehen«. Anna Maria Mozart und Tochter Nannerl haben wohl auch im besonderen während der Reisen der männlichen Mozarts oft geruhsame Tage auf Triebenbach verbracht. Wolfgang Amadeus Mozart bedauert, erst zu spät von der Hochzeit des Herrn von Schidenhofen mit der Münzmeister's Tochter Maria Anna Constantia Daubrawa von Daubrawaick erfahren zu haben, sonst hätte er gerne »ihm neue Menuette darzu componiert«.

7 Es gibt in den Briefen keine Hinweise, ob auf Triebenbach auch musiziert wurde, es darf aber davon ausgegangen werden, denn Herr von Schidenhofen scheint nach seinen Tagebuchaufzeichnungen sehr musikinteressiert gewesen zu sein. Jedenfalls haben die Mozarts offensichtlich unbeschwerte Tage in Triebenbach zugebracht und dürften mit dem letzten Hofmarksherrn herzlich befreundet gewesen sein.

Schloss Triebenbach ist nach wechselhaften Eigentümergeschichten heute in einem nicht besonders attraktiven Zustand. Die vielgerühmte Zirbenholztäfelung aus der Renaissance wurde Anfang des 20. Jahrhunderts an einen Münchner Händler verkauft, die Wandmalereien im sogenannten Theatersaal durch unsachgemäße Überarbeitung stark beeinträchtigt. Wehrgänge, Stallungen und andere Anbauten wurden im 19. Jahrhundert von den damaligen Eigentümern zur Steingewinnung abgetragen.

Die folgenden Kilometer auf asphaltierten Nebenstraßen sind von herrlichen Ausblicken in die Berge südlich von Salzburg geprägt: Wir sehen den Watzmann, umrahmt von Untersberg, Hagen- und Tennengebirge und Osterhorngruppe im Osten sowie vom Staufen im Westen.

Wir nehmen die erste Abzweigung rechts nach Gausburg, ein kurzer Anstieg führt in die bäuerliche Siedlung mit einem sehenswerten alten Holzbauernhaus. Am Ortsende unterfahren wir die Eisenbahn und biegen gleich links auf einen asphaltierten Feldweg ein. Durch ein Wäldchen kommen wir nach Hausen, kurven durch den Ort und fahren bei der Nachrangtafel rechts. Nach 100 Metern nehmen wir links die Abzweigung Richtung Stützing/Saaldorf. Mit herrlichem Blick zum Watzmann drehen wir nach links, biegen vor dem nächsten Bauernhof rechts ab und dann bei der Nachrangtafel in Stützing wieder links. Bergab rollen wir in eine kleine Siedlung, fahren bei der Nachrangtafel rechts Richtung Saaldorf, bald beginnt links neben der Straße ein Radweg.

● **Saaldorf-Surheim** 430 m **Karte E**

(5.200 Einwohner, 220 Betten)

Touristikverband Abtsdorfer See, D-83410 Laufen, Schloßrondell 2, Tel. +49(0)8682/1810 od. 809208, Fax 809314,
E-Mail info@abtsdorfersee.de - www.abtsdorfersee.de

Gasthaus Neuwirt, Pfarrer Rehrlstraße 5, D-83416 Saaldorf,
Tel. +49(0)8654/7137

Gasthof Sonnenheim, Weiherstraße 16, D-83416 Saaldorf, Tel. +49(0)8654/2626

Taxi Schöppf, Tel. +49(0)8654/2255

Abtsdorfer See, D-83410 Laufen, Tel. +49(0)8682/369 od. 9951

Freizeitgelände am Abtsdorfer See
Strandbad am Abtsdorfer See
Brodhausen (ca. 4 km)

St. Stephan, D-83416 Surheim, gotisch mit Römerstein
St. Georg, D-83416 Saaldorf-Surheim, im Ortsteil Sillersdorf, 15. Jh., Opferstein vermutl. vorchristl. Zeit

Gasthof Sonnenheim, Fam. Steinwendner, D-83416 Saaldorf, Weiherstraße 16, Tel. +49(0)8654/2626, Fax 64712, E-Mail sonnenheim-saaldorf@t-online.de - www.sonnenheim-saaldorf.de

3,5

Diesem folgen wir bis zu eingezäunten Fischteichen, wo wir links Richtung Breitenloh/Haasmühle abbiegen. Wir fahren geradeaus bis zu einem Sägewerk, danach biegen wir rechts auf einen asphaltierten Radweg ab, der malerisch über Wiesen und durch ein Wäldchen an die Bahntrasse zurückführt. Wir nehmen die Unterführung und biegen an der anderen Seite rechts über ein unbeschranktes Nebengleis in die Breslauer Straße ein, die uns nach Freilassing führt.

An der Namensgebung der Straßen erkennen wir, dass in diesem Stadtteil nach dem Zweiten Weltkrieg Vertriebene aus den Ostgebieten angesiedelt wurden. Die Breslauer Straße führt zu einem Lagerhaus, wir halten uns links, queren dann bei Nachrang die Industriestraße und nehmen danach die zweite Straße rechts, die Obere Feldstraße. Sie führt auf Wohnblocks am Stadtrand von Freilassing zu, hier beginnt rechts ein Radweg, dem wir bis zur Einmündung in die Münchener Straße folgen.

● Freilassing 500 m **Karte E**

(15.000 Einwohner, 380 Betten)

D-83395 Freilassing-Tourismus e.V., Bahnhofstraße 2, Tel. +49(0)8654/2312 od. 63090, Fax 1795, E-Mail vv.freilassing@t-online.de - www.erlebnisregion-bgl.de

Gasthaus Mirtlwirt, Laufener Straße 57, Tel. +49(0)8654/9621

Rad'l Peter, Münchener Straße 8, Tel. +49(0)8654/63406
Fahrräder Wolfgang Raab, Hauptstraße 12, Tel. +49(0)8654/64320

Gasthof Rieschen, Laufener Straße/Ecke Auenstraße 2, Tel. +49(0)8654/8222

Taxi Schöpf, Tel. +49(0)8654/2255
Taxi Dusch, Tel. +49(0)8654/1310
Taxi Kreuzpointner, Tel. +49(0)8654/2214

Ainringer Campingplatz, Tel. +49(0)8654/8487

Städt. Freibad Freilassing, Wasserburger Straße, Tel. +49(0)8654/9826
Erlebnisbad Ainring, Tel. +49(0)8654/8506

BADYLON, Laufener Straße 22, Tel. +49(0)8654/49380

Stadtpfarrkirche St. Rupert, spätgotisch, Wahrzeichen v. Freilassing, Tel. +49(0)8654/66090
St. Mariä Himmelfahrt, 1440 erbaut, gotisch, dreischiffige Pfeilerhalle, Barockaltar, Tel. +49(0)8654/66090
St. Peter, 15. Jh., gotisch, Barockaltar, Tel. +49(0)8654/66090
St. Korbinian, 1970 erbaut, Flügelaltar Prof. Böhner-Rittweg, Tel. +49(0)8654/576390
Luth. Kreuzkirche, 1957 erbaut, Mosaik-Kruzifix H. Ober, 12 Apostel Bronzerelief, Tel. +49(0)8654/3070

Stadtmuseum, Lindenstraße 5a, Mi.–Sa. 9–12 Uhr u. n. Vereinb., Tel. +49(0)8654/63090

Grundschule, Georg-Wrede-Platz 1, Jahrhundertwendegebäude, Tel. +49(0)8654/9702

Gasthof Rieschenwirt**, Fam. Moriggl, Laufenerstraße/Ecke Auenstraße 2, Tel. +49(0)8654/8222, Fax 58008, E-Mail info@rieschen.de - www.rieschen.de
Weißbräu Freilassing, Bräuhausstraße 5, Tel. +49(0)8654/9725, Fax 2961
Hotel Gasthof Moosleitner****, Fam. Niederbuchner, Wasserburger Straße 52, Tel. +49(0)8654/63060, Fax 630699, E-Mail toni@moosleitner.com - www.moosleitner.com

Die Stadt Freilassing ist seit der neuen Grenzziehung nach dem Wiener Kongress 1815 Grenzstadt zu Salzburg. In den Siebziger- und Achtzigerjahren des 20. Jahrhunderts entwickelte sich Freilassing zum Einkaufsparadies für die Salzburger – große Kaufhäuser, Supermärkte und Shopping Center zeugen von dieser Boom-Zeit. Nach dem Beitritt Österreichs zur Europäischen Union verschwanden die Preisunterschiede, die Salzburger Shopping-Touristen bleiben seither zunehmend aus, Freilassing hat wieder das Flair und die Ruhe einer bayrischen Kleinstadt in unmittelbarer Nachbarschaft der Mozartstadt.

In Freilassing folgen wir rechts dem begleitenden Radweg in der Münchener Straße, kommen an Einkaufszentren vorbei und fahren unter der Bahnunterführung durch. Wir folgen jetzt der Wasserburger Straße, der begleitende Radweg endet und wir müssen vorübergehend auf der stark befahrenen Landstraße fahren (Radweg im Bau). Dann erreichen wir ein Freibad und biegen kurz darauf links auf den Feldweg nach Sillersdorf ein.

Einseitige Kühe

Über eine seltsame Sichtung »einseitiger Kühe« berichtet Wolfgang Amadeus Mozart im sogenannten Wasserburger Brief gleich am Beginn der schicksalshaften Reise mit seiner Mutter nach Paris im Jahre 1777. Demnach hätte er in Schign bei Freilassing eine Anzahl Kühe gesehen, »worunter eine merkwürdig war – denn sie war einseitig, welches wir noch niehmals gesehen haben (...)«. Vermutlich stand das gute Tier parallel zur Straße und gab so eine eindimensionale Silhouette ab.

Ebenfalls in Schign begegnete Mozart dem Kaufmann Johann von Grimmel aus Memmingen, der den Musiker erkannte, weil er ihn im Jahr zuvor im erzbischöflichen Schloss Mirabell in Salzburg hatte musizieren hören. Er versuchte, Mozarts Mutter zu überreden, doch ein Konzert in Memmingen zu geben, dort würde es mehr Ertrag geben als an so manchem Hofe. Mutter Mozart erinnert daran in einem post scriptum zum Brief ihres Sohnes aus München und schenkt den Verheißungen des Memminger Kaufmanns Glauben, denn »an solche Orte kommt selten wer, darum sind sie froh, wenn sie wen haben können«.

Auf Kies erreichen wir den kleinen Ort Sillersdorf, halten uns geradeaus und folgen dem Feldweg nach Patting, wo wir am Ortseingang links abbiegen und den Ort auf Nebenstraßen südlich umfahren. An einem großen Laufstall vorbei folgen wir der kleinen Straße bergauf auf ein Wäldchen zu, wo wir links bergauf den Forstweg nach Hörafing nehmen. Nach einer Kuppe im Wald erreichen wir offenes Gelände, sehen vor uns jetzt die Staufengruppe mit dem Hochstaufen (1.771 m) und fahren bergab bis zur Nachrangtafel, wo wir links auf die Landstraße nach Hörafing einbiegen.

Durch den kleinen Ort fahren wir geradeaus durch, queren die Bahntrasse und biegen dann in die stark befahrene Landstraße rechts ein. Nach 40 Metern zweigen wir vorsichtig links Richtung Kumpfmühle ab. Die asphaltierte Nebenstraße führt bergab zur Mühle, kurz danach biegen wir rechts Richtung Leitenbach ab und haben jetzt einen längeren Anstieg vor uns. Die Strecke, der wir nun folgen, ist auch als Fernwanderweg »Via Julia« beschildert. So kommen wir nach Roßdorf, fahren links am Ort vorbei und biegen bei der Nachrangtafel rechts Richtung Teisendorf ab. Kurz vor der Einmündung in die Bundesstraße 304 biegen wir links auf den Radweg ab, unterfahren die Bundesstraße 304

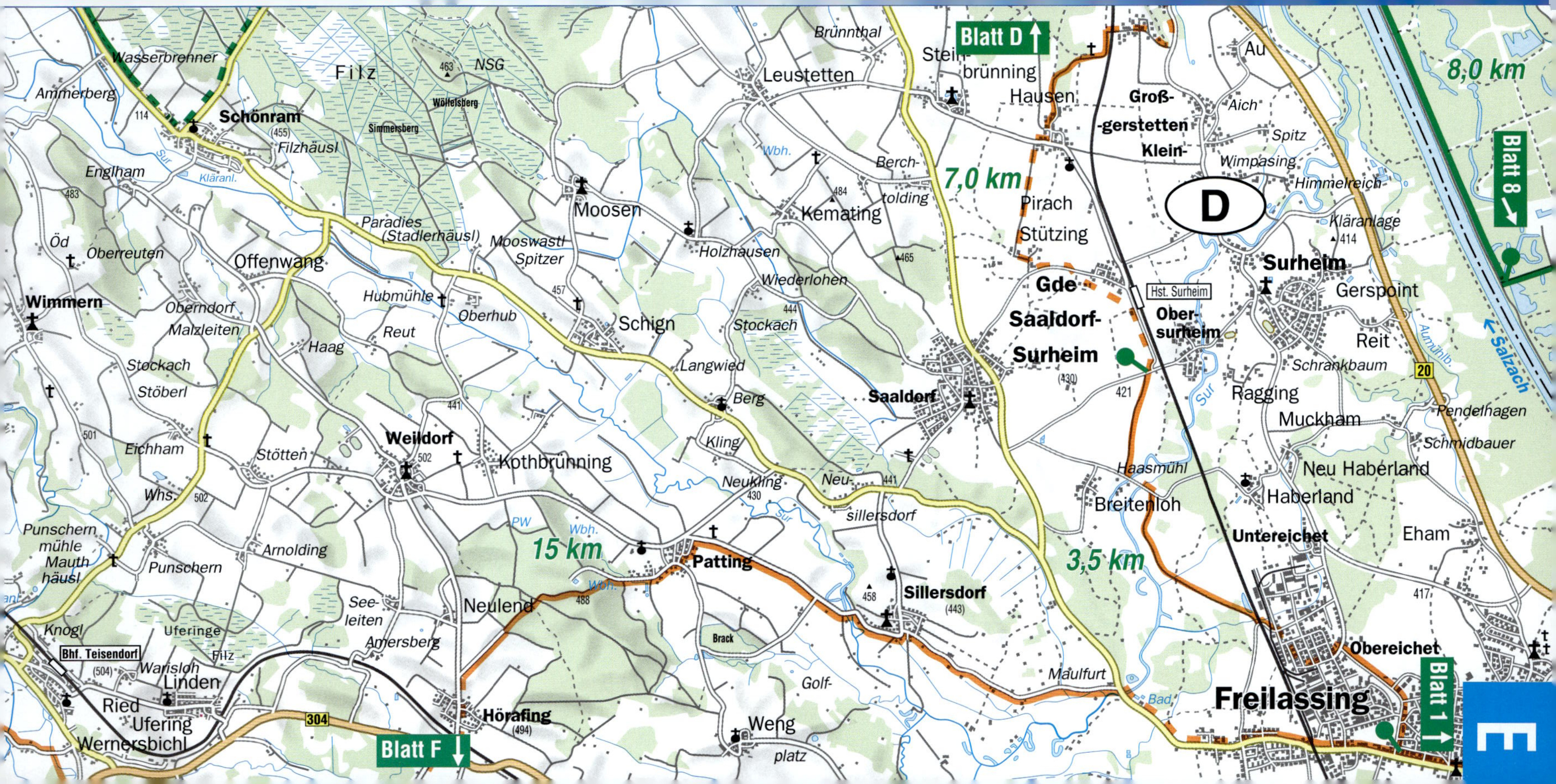
Blatt D
Blatt 8
Blatt 1
Blatt F
E
D
8,0 km
7,0 km
3,5 km
15 km
Salzach
Freilassing
Obereichet
Untereichet
Surheim
Gerspoint
Reit
Schrankbaum
Ragging
Muckham
Neu Haberland
Haberland
Eham
Pendelhagen
Schmidbauer
Kläranlage
Himmelreich
Wimpasing
Spitz
Aich
Au
Groß-
-gerstetten
Klein-
Hst. Surheim
Ober-
surheim
Gde
Saaldorf-
Surheim
Saaldorf
Haasmühl
Breitenloh
Stein-
brünning
Hausen
Pirach
Stützing
Berch-
tolding
Kemating
Brünnthal
Leustetten
Holzhausen
Wiederlohen
Stockach
Langwied
Berg
Kling
Neukling
Neu-
sillersdorf
Sillersdorf
Patting
Brack
Golf-
platz
Weng
Maulfurt
Bad
Moosen
Schign
Mooswastl
Spitzer
Paradies
(Stadlerhäusl)
Filz
NSG
Wölfelsberg
Simmersberg
Filzhäusl
Schönram
Wasserbrenner
Ammerberg
Englham
Kläranl.
Sur
Öd
Oberreuten
Wimmern
Offenwang
Oberndorf
Malzleiten
Haag
Reut
Hubmühle
Oberhub
Weildorf
Kothbrünning
Stötten
Eichham
Stockach
Stöberl
Whs.
Punschern
mühle
Mauth
häusl
Punschern
Arnolding
See-
leiten
Amersberg
Neulend
Hörafing
Uferinge
Filz
Knogl
Bhf. Teisendorf
Warisloh
Linden
Ried
Ufering
Wernersbichl
304
20

15

und folgen der Nebenstraße nach Teisendorf. Wir nehmen die Abzweigung links nach Wörlach und folgen dem Kiesweg, vor uns liegt Teisendorf und die alles überragende Brauerei Wieninger. Auf der Roßdorfer Straße erreichen wir die südliche Einfahrtsstraße und gelangen in das Zentrum der Marktgemeinde. An der Brauerei vorbei fahren wir geradeaus und gelangen zur Marktstraße, in die wir links einbiegen.

● **Teisendorf** 500 m **Karte F**

(3.000 Einwohner, 1.200 Betten)

Tourismusbüro D-83317 Teisendorf, Poststraße 14, Tel. +49(0)8666/295, Fax 986596, E-Mail tourismus@teisendorf.de - www.teisendorf.de

Fahrradgeschäft Helmut Berger, Poststraße 24, Tel. +49(0)8666/8917
Zweirad-Fachgeschäft Josef Prantler, Obermoos, Tel. +49(0)8666/7264

Schwimmbad, Alte Reichenhaller Straße, beheizt, Tel. +49(0)8666/929916

Pfarrkirche St. Andreas

Bergbaumuseum Achthal, Erzbergbau mit Schaustollen, Mai–Ende Sept., Tel. +49(0)8666/7149 od. 1029

Geologischer Lehrgarten mit Mooreiche, Alte Reichenhaller Straße, frei zugängl.
Privatbrauerei M. C. Wieninger, größte Privatbrauerei Bayerns, n. Vereinb., Tel. +49(0)8666/8020

Landhotel Seidl, Holzhausen 2, Tel. +49(0)8666/8010, Fax 801102, E-Mail info@landhotelseidl.de - www.landhotelseidl.de
Marlies Strehhuber, Lochmühle 1, D-83364 Neukirchen, Tel. +49(0)8666/355, Fax 986801

Der Markt Teisendorf gehörte bereits zu Zeiten des ersten Salzburger Fürsterzbischofes Arno um 800 zum Bistum Salzburg, der Baustil der Bürgerhäuser an der Marktstraße zeugt mit seinem »Salzburger Stil« von der jahrhundertealten geschichtlichen Verbundenheit mit Salzburg. Eine moderne Madonnen Statue in der Marktstraße erinnert daran, dass an dieser Stelle im Jahre 1800 Teisendorf kampflos den anrückenden Franzosen übergeben wurde, 1945 übergab der damalige Bürgermeister die Gemeinde ebenfalls kampflos den Amerikanern. So wurde Teisendorf zweifach vor großen Zerstörungen bewahrt.

Jedenfalls sollten wir uns vor der Weiterfahrt in einem der Gasthöfe Teisendorfs stärken, denn nun liegen einige Kilometer ohne gastronomische Versorgung vor uns.

Wir biegen an der Ortsausfahrt links Richtung Freidling ab, nehmen gleich die Nebenstraße halbrechts und treten bergauf zu einer insgesamt rund 3 km langen Steigung an. Bei einer kleinen Kapelle vorbei kommen wir in den Ortsteil Freidling. Nach einer kurzen Abfahrt biegen wir nach Allerberg ab, und es geht wieder recht steil bergauf zu den hübschen Bauerngütern von Allerberg. Eine weitere Steigung bringt uns nach Haslach, wo wir an die Autobahn München-Salzburg gelangen.

Wir fahren unter der Autobahn durch und müssen im Ortsteil Fuchssteig nochmals kräftig in die Pedale treten, um eine Anhöhe zu erreichen, von hier beginnt nun eine lange Abfahrt, immer links der Autobahn bleibend. Wir durchqueren die Ortsteile Spittenreut und Atzlbach. Geradeaus fahren wir nun auf einen Wald zu, eine neuerliche Steigung bringt uns auf die Anhöhe von Schwarzenberg. Der kleine Ort Neukirchen liegt rechts der Autobahn im Tal.

Subvariante Neukirchen:

Wer die aussichtsreiche, aber etwas anstrengende Route über Schwarzenberg nicht fahren möchte, biegt rechts nach Neukirchen ab, unterfährt die Autobahn und kommt nach Neukirchen. Gleich danach geht es zurück unter der A8 durch auf eine Nebenstraße, an der bald ein Radweg bis Weiher verläuft. Hier biegt man links ab und trifft bei der Mühle in Frauenstätt wieder auf die Hauptroute.

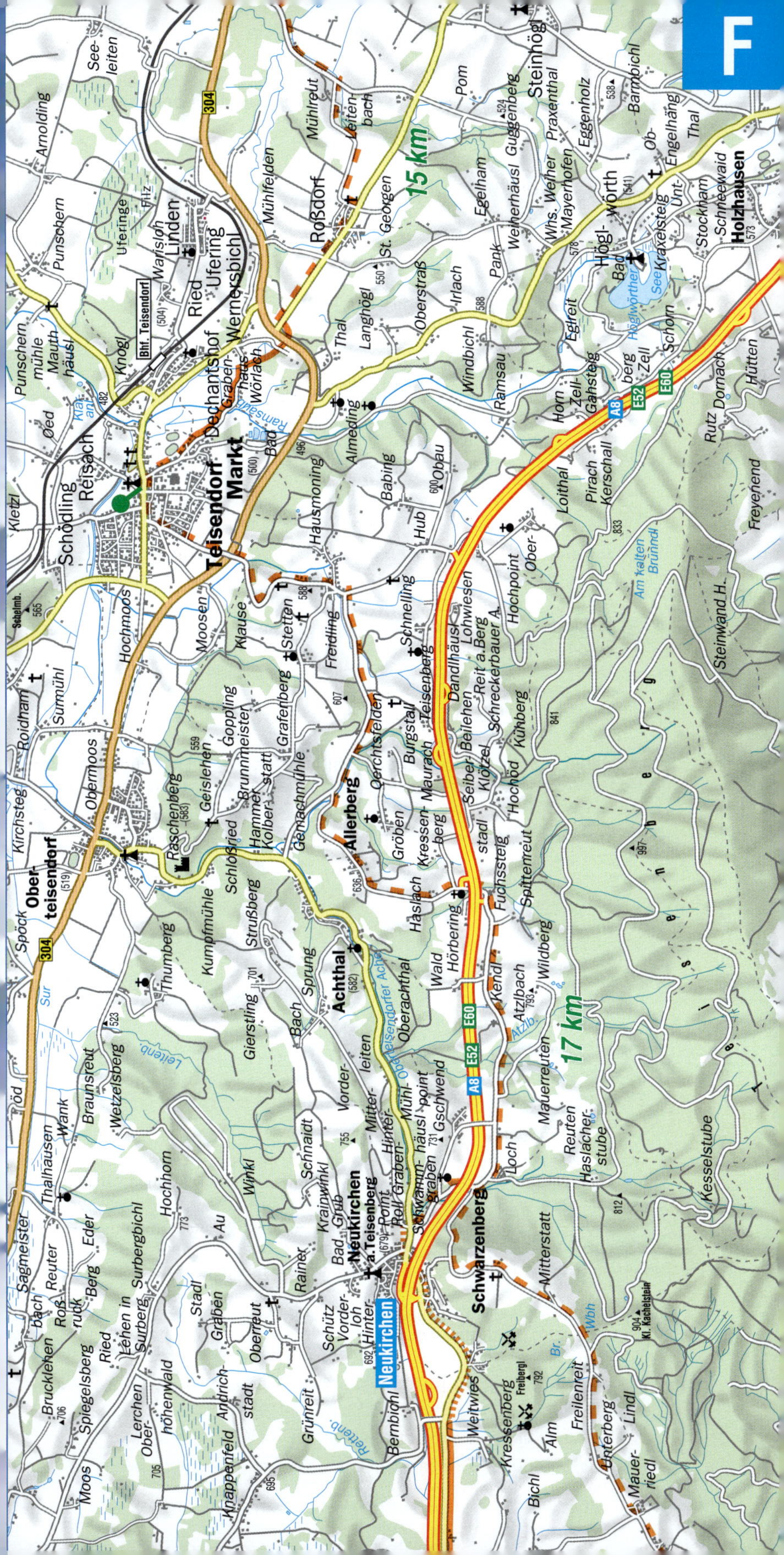

F
15 km
17 km
Teisendorf
Markt
Neukirchen
Neukirchen a.Teisenberg
Oberteisendorf
Achthal
Allerberg
Schwarzenberg
Holzhausen
Roßdorf
Linden
Ried
Ufering
Wernersbichl
Dechantshof
Reisach
Schödling
Hochmoos
Obermoos
Raschenberg
Hausmoning
Almeding
Stetten
Freidling
Schnelling
Teisenberg
Höglwörth
Höglwörther See
Anger
Steinhögl
Thumberg
Surberg
Bhf. Teisendorf
A8
E52
E60
304

Nach ca. 2 km Anstieg erreichen wir eine Kuppe, von wo aus eine lange Abfahrt beginnt. Durch die Siedlungen Oberunterberg, Wald, Krutzling sowie am Café Alpenblick vorbei rollen wir ins Tal der Traun.

17 Vor dem Sägewerk und vor der Traunbrücke biegen wir links auf den gekiesten Weg, der malerisch Richtung Hammer, Gemeinde Siegsdorf, führt. Jetzt befinden wir uns auf dem Traun-Altz-Radweg, kommen am radfreundlichen Gasthof Hörterer vorbei und wechseln im Ortsteil Hammer durch die Unterführung an die andere Seite der Bundesstraße 306. Vor dem Gasthaus Hirschklause biegen wir links auf den Salinenweg ein und folgen wieder der Traun, kommen an Fischteichen vorbei und biegen bei der Nachrangtafel rechts ein.

● Siegsdorf 615 m Karte G

(8.242 Einwohner, 2.121 Betten)

Touristinformation D-83313 Siegsdorf, Rathausplatz 2, Tel. +49(0)8662/ 498745, Fax 498750, E-Mail info@siegsdorf.de - www.siegsdorf.de

Ski & Sport Treff, Kardinal-v.-Faulhaber-Platz 4, Tel. +49(0)8662/2616

FA Ederbike, Bahnhofplatz, Tel. +49(0)8662/2433 od. +49(0)171/2779954

Alpen-Campingplatz Hochberg, Tel. +49(0)8662/9586

Schwimmbad, Schwimmbadweg, beheizt, Tel. +49(0)8662/9769

Pfarrkirche Maria Unbefleckte Empfängnis, 1779 erbaut, Deckengemälde F. J. Soll, Tel. +49(0)8662/9248
Wallfahrtskirche Maria Eck, Minoritenkloster (882 m), um 1640 erbaut, barock, Tel. +49(0)8662/7058
Ev. Kreuzkirche, 1966 mit moderner Holzbauweise erbaut, Tel. +49(0)8662/667441
St. Johann in Vogling, erstm. 9. Jh. erwähnt, gotische Ausstattung, Tel. +49(0)8662/7058

Naturkunde- u. Mammutmuseum, Auenstraße 2, 250 Mio. Jahre
7,5 Entwicklungsgesch. S-O-Bayerns, Ostern–Okt. Di.–So. 10–18 Uhr (während Ferien in Bayern tgl. offen), Tel. +49(0)8662/13316

Landgasthof Hörterer/Hammerwirt***, Fritz Hörterer, Hammer, Schmiedstraße 1, Tel. +49(0)8662/6670, Fax 7146, E-Mail hammerwirt@hoerterer.de - www.der-hammerwirt.de
Hotel-Gasthof Edelweiß, Gottfried Hunklinger, Hauptstraße 21, Tel. +49(0)8662/9296, Fax 12722

Wir kommen zu einer Weggabelung: Geradeaus geht es am Traun-Altz-Weg weiter, wir nehmen den Kiesweg rechts Richtung Inzell, der am Bach entlang führt. Bald sehen wir den spitzen Kirchturm von Niederachen bei Inzell, auf den wir zuhalten, links liegt eine Mooslandschaft mit Birkenwald. Bei der Kirche von Niederachen können wir links ins Zentrum von Inzell abbiegen, der Mozart-Radweg verläuft geradeaus weiter Richtung Ruhpolding. Ab hier folgen wir der Beschilderung »Chiemgau Rad- und Wanderweg« auf grünen Tafeln mit weißer und oranger Schrift.

Gleich nach der Kirche links liegt der Gasthof Neimoar, Geburtshaus des Komponisten Anton Cajetan Adlgasser (siehe »Ein bayrischer Komponist zu Zeiten Mozarts in Salzburg«).

● Inzell 693 m Karten H, I

(4.200 Einwohner, 6.000 Betten)

Inzeller Touristik GmbH., Rathausplatz 5, D-83334 Inzell, Tel. +49(0)8665/98850, Fax 988530, E-Mail info@inzell.de - www.inzell.de

Sport Kötzinger, Reichenhaller Straße 21, Tel. +49(0)8665/310
Shell Tankstelle, Reichenhaller Straße 24, Tel. +49(0)8665/929363

Badepark Inzell, Schwimmbadstraße, Tel. +49(0)8665/1633

Badepark Inzell, Schwimmbadstraße, Tel. +49(0)8665/1633

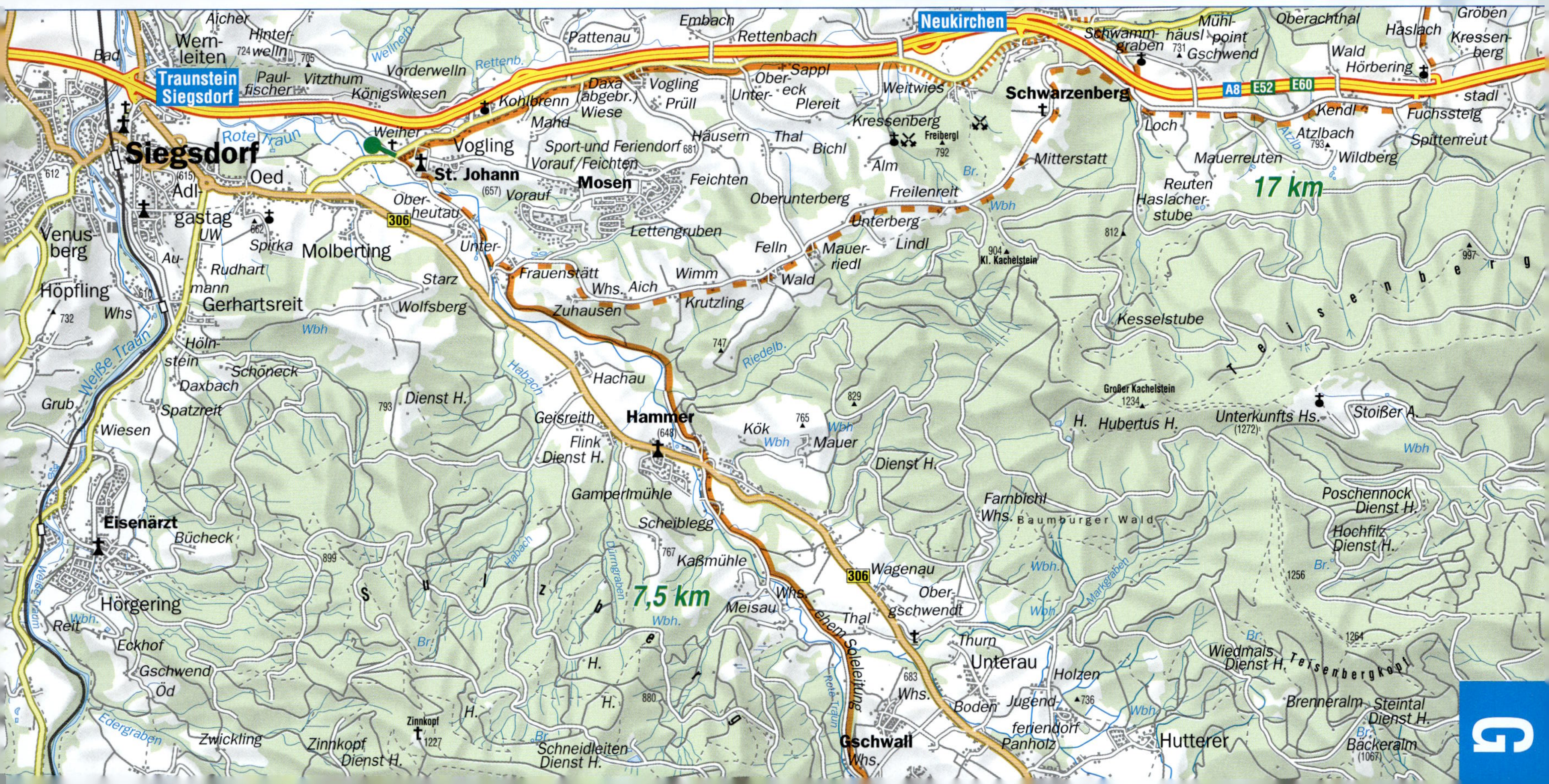

Siegsdorf
Traunstein Siegsdorf
Neukirchen
Schwarzenberg
St. Johann
Mosen
Hammer
Gschwall
Eisenärzt
Hörgering
Unterau
Hutterer
Molberting
Gerhartsreit
Vogling
Weiher
Oed
Adlgastag
Venusberg
Höpfling
Wemleiten
Aicher
Bad
Vitzthum
Vorderwelln
Königswiesen
Kohlbrenn
Pattenau
Embach
Rettenbach
Sappl
Kressenberg
Freibergl
Weitwies
Mitterstatt
Freilenreit
Unterberg
Lindl
Fellin
Wald
Krutzling
Wimm
Frauenstätt
Zuhausen
Lettengruben
Feichten
Oberunterberg
Sport-und Feriendorf Vorauf/Feichten
Hachau
Geisreith
Kök
Mauer
Dienst H.
Gamperlmühle
Scheiblegg
Kaßmühle
Meisau
Wagenau
Obergschwendt
Thal
ehem. Soleleitung
Kesselstube
Großer Kachelstein
Kl. Kachelstein
Hubertus H.
Unterkunfts Hs.
Stoißer A.
Baumburger Wald
Poschennock Dienst H.
Hochfilz Dienst H.
Wiedmais Dienst H.
Teisenbergkopf
Brenneralm
Steintal Dienst H.
Bäckeralm
Holzen
Jugendferiendorf Panholz
Zinnkopf
Zinnkopf Dienst H.
Schneidleiten Dienst H.
Zwickling
Gschwend
Öd
Eckhof
Reit
Bücheck
Spatzreit
Daxbach
Schöneck
Hölnstein
Wolfsberg
Starz
Weiße Traun
Rote Traun
Haslach
Gröben
Kressenberg
Hörbering
Fuchssteig
Spittenreut
Wildberg
Atzlbach
Kendl
Loch
Mauerreuten
Reuten Haslacherstube
Oberachthal
Mühlpoint
Gschwend
Schwammgraben
Häusl
A8
E52
E60
306
17 km
7,5 km
Teisenberg
Sulzberg

Pfarrkirche St. Michael, barock, Rokoko Gnadenstuhl, Friedhofsgräber 16./17. Jh., Tel. +49(0)8665/219
Liebfrauenkirche, im Ortsteil Niederachen, barock, Tel. +49(0)8665/219
St. Nikolaus, im Ortsteil Einsiedl, Kern des Langhauses aus 1200,
Lebensbaum, Heiligenfiguren u. Glasgemälde, Tel. +49(0)8665/219
Ev. Christuskirche, 1993 erbaut, Tel. +49(0)8665/1727

Gasthof Schmelz***, Fam. Kessler, Schmelzer Straße 132, Tel. +49(0)8665/9870, Fax 1718
Hotel Chiemgauer Hof, Unterreitmeier, Lärchenstr. 5, Tel. +49(0)8665/6700, Fax 67070, E-Mail chiemgauerhof@chiemgau-online.de - www.chiemgauerhof.cho.de
Gästehaus am Schmelzer Bach, Andreas Kessler, Schmelzer Straße 101, Tel. +49(0)8665/9870, Fax 1718

Wer heute den Namen Inzell hört, denkt an Eisschnelllauf und Anni Friesinger, die Olympiasiegerin von Salt Lake City 2002. Das Eisstadion am Südende des Ortes ist für Spitzenathleten aus aller Welt Trainingszentrum und Austragungsstätte großer internationaler Wettkämpfe. Gleich nebenan befindet sich der Zwingsee, im Sommer bei Wassersportlern sehr beliebt.

Der Name Inzell erinnert an Mönche, die zur Zeit der Christianisierung hier rodeten. Geschichtlich spielte Inzell eine große Rolle in der Glanzzeit des Salzhandels. Hierher wurde vor Jahrhunderten Salz aus der Saline Reichenhall über Saumpfade getragen und in der Salzfaktorei weiter Richtung München gehandelt. Später entstand hier eine der ersten Pipelines der Welt, die Soleleitung von Reichenhall nach Inzell (siehe »Die Wege des Salzes«). Bergbau und Bodenschätze bestimmten später den Wohlstand Inzells, der Ortsteilname »Schmelz« und die Knappenkapelle am Fahrriesboden erinnern daran. Das »Tolpatschen-Marterl« am Dorfbrunnen ist eine Erinnerung an die grauenvolle Zeit der Kriege zwischen Österreich und Bayern im 18. Jahrhundert, in denen Inzell wiederholt Belagerungen und Plünderungen ausgesetzt war. Heute basiert der Wohlstand des Ortes in erster Linie auf dem Tourismus, mit rund 800.000 Gästenächtigungen im Jahr ist Inzell einer der ganz großen bayerischen Fremdenverkehrsorte.

Ein bayerischer Komponist zu Zeiten Mozarts in Salzburg

Sein Nachfolger im Amt als hochfürstlicher Hof- und Domorganist zu Salzburg war niemand geringerer als Wolfgang Amadeus Mozart. Als er am 21. Dezember 1777 an den Folgen eines Schlaganfalles, den er auf der Orgelbank im Dom erlitten hatte, verstarb, hinterließ er ein reiches musikalisches Werk: neben Klaviersonaten, Schuldramen und mehreren Oratorien eine 1766 mehrfach aufgeführte italienische Oper »La Nitteti«. Anton Cajetan Adlgasser aus Inzell war zu seiner Zeit einer der meistgeschätzten Musiker in den Diensten der Salzburger Fürsterzbischöfe. Seine Kindheit verbrachte Adlgasser in Inzell, das heutige Gasthaus »Neimoar« ist sein Geburtshaus. Er war Leopold Mozart freundschaftlich verbunden, der ebenfalls in den Diensten der Bischöfe stand und dem zweifach verwitweten Adlgasser bei drei Hochzeiten als Trauzeuge fungierte. Adlgasser reiste zwar nicht so viel wie die Mozarts, wurde aber immerhin für ein Jahr vom Fürsterzbischof Graf Schrattenbach nach Italien entsandt, wo er wichtige Inspirationen für sein musikalisches Schaffen sammelte. Bei seinem Schlaganfall während eines Gottesdienstes an der Orgel war Leopold Mozart zugegen und berichtete ausführlich, wie Adlgasser infolge von Lähmungserscheinungen die Orgel nicht mehr korrekt spielen konnte und sich doch nicht überreden lassen wollte, seinen Platz zu verlassen: »...mit der rechten und linken Hand so darein griff, als wenn ein Hund über die Orgel lief, alles glaubte, er wäre besoffen, beym dritten Psalmen giengs noch schlechter, konnte er gar mit den Fingern der linken Hand nicht mehr spielen,...«. Adlgasser verstarb noch am selben Abend.

2003 widmet die Inzeller Bauernbühne dem Leben und Wirken Adlgassers volksnah ein Theaterstück.

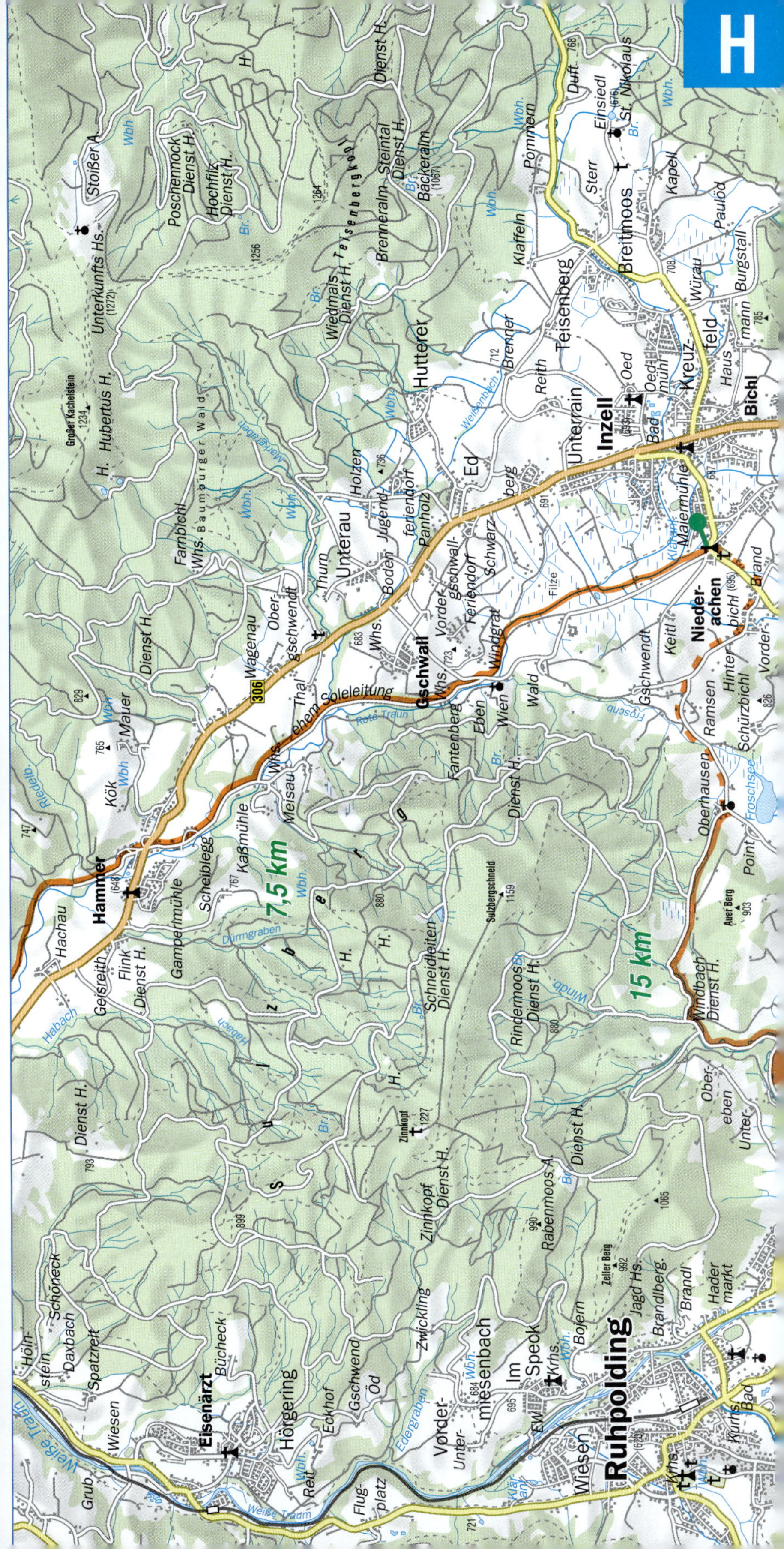
H
Ruhpolding
Inzell
Hammer
Gschwall
Eisenärzt
Niederachen
Bichl
Kreuzfeld
Breitmoos
Teisenberg
Hutterer
Unterau
Unterrain
7,5 km
15 km
306
ehem. Soleleitung
Rote Traun
Weiße Traun
Froschsee
Zinnkopf
Sulzbergschneid
Großer Kachelstein
Unterkunfts Hs.
Hörgering
Miesenbach
Speck
Wiesen
Flugplatz
Oberhausen
Windbach
Maiermühle

15

Der Mozart-Radweg führt von der Kirche in Niederachen halbrechts auf der Schmelzer Straße weiter und zweigt dann bei einem Wegkreuz rechts in die Froschseerstraße ab. Nach rund 2 km Steigung kommen wir erst in ein Hochtal und sehen dann links den Froschsee liegen, vor uns haben wir einen schönen Blick auf das Sonntagshorn (1.961 m). Auf der Kuppe oberhalb des Sees biegen wir rechts auf die Fortstraße nach Infang/Ruhpolding ab. Es folgt eine weitere Steigung von ca. 1,5 km auf Schotter, bevor eine erst recht steile, dann angenehm lange Abfahrt beginnt.

Bei allen Kreuzungen halten wir uns links Richtung Infang, wo dann wieder eine Asphaltstraße entlang eines kleinen Baches bergab bis an die Einfahrt von Ruhpolding führt. Bei der Nachrangtafel biegen wir erst links und dann gleich wieder rechts auf den Feldweg Richtung Reit im Winkl ein. Wir folgen weiter dem kleinen Bach, den wir mehrfach queren. Der Kiesweg führt quer durch das Gelände des Golfclubs, schließlich queren wir nach links auf einer Holzbrücke, fahren ein kurzes Stück auf Asphalt, um gleich wieder rechts auf einen Kiesweg abzubiegen, der an die Weiße Traun führt.

Bei den Traunschwellen, wo der Fluss eine besonders schöne Färbung hat, queren wir rechts über die Brücke und folgen nun dem Kiesweg am orographisch linken Ufer flussaufwärts. Den Ort Ruhpolding haben wir südlich umfahren.

● **Ruhpolding** 670 m **Karten H, I**

(6.500 Einwohner, 6.000 Betten)

Tourist-Info D-83324 Ruhpolding, Hauptstraße 60, Tel. +49(0)8663/88060, Fax 880620, E-Mail tourismus@ruhpolding.de - www.ruhpolding.de

Shell Tankstelle, Seehauser Straße 9, Tel. +49(0)8663/1336
Ingo Schmucker, Grashofstraße 16, Tel. +49(0)8663/2227

Radl Sepp, St. Valentin 1, Tel. +49(0)8663/5607

Ortnerhof, Ort 5, Tel. +49(0)8663/1764

Schwimmbad, Brander Straße 1, Tel. +49(0)8663/41990

Erlebnis & Wellnessbad Vita Alpina, Brander Straße 1, Tel. +49(0)8663/41990

Pfarrkirche St. Georg, Rokokoausstattung, roman. Madonna 12. Jh. St. Valentin, Netzgewölbe, Fresken im gotischen Chor

Jagdschloss, Heimatmuseum, Di.–Fr. 14–17 Uhr, Tel. +49(0)8663/41230

Holzknechtmuseum, Mai–Sept. tgl. 10–17 Uhr, Tel. +49(0)8663/639
Museum für bäuerl. u. sakrale Kunst, größte Paramentensammlung Europas, Di–Sa. 9.30–12 Uhr u. 14–16 Uhr, So. 9–12 Uhr, Tel. +49(0)8663/5078
Hammerschmiedemuseum, über 350 J. alte funktionstüchtige Glockenschmiede, 15. Mai–15. Okt. Mo.–Fr. 10–12 Uhr u. 14–16 Uhr, 1. Juli–15. Sept. tgl. 10–16 Uhr, Tel. +49(0)8663/2309

Rauschbergbahn, Kabinenbahn, ganzj., Tel. +49(0)8663/5945
Unternbergbahn, Sessellift, ganzj., Tel. +49(0)8663/9878

Märchen- u. Familienpark, Schaukristallbergwerk, Rutschenparadies, Babyland, 12. März–2. Nov. tgl. 9–18 Uhr, Tel. +49(0)8663/1413

Hotel Steinbach****, Josef Mono, Am Westernberg, Tel. +49(0)8663/5440, Fax 370, E-Mail info@steinbach-hotel.de - www.steinbach-hotel.de
Ferienhotel Ortnerhof***, Theo Stegmeier, Ort 6, Tel. +49(0)8663/88230, Fax 9699, E-Mail hotel@ortnerhof.de - www.ortnerhof.de
Gästehaus Reitmaier***, Herr Reitmaier, Brandstätterstraße 66, Tel./Fax +49(0)8663/1293
Hotel Am Taubensee***, Margrit Staller, Knogl 11, Tel. +49(0)8663/88070, Fax 880740, E-Mail hotel-am-taubensee@t-online.de - www.ruhpolding.de/hotelamtaubensee
Aparthotel Sonnenhof****, Herr Hohlweck, Hauptstraße 70, Tel. +49(0)8663/5410, Fax 54160, E-Mail sonnenhof-ruhpolding@t-online.de - www.hotel-sonnenhof-ruhpolding.de

Ruhpolding
Inzell
15 km
23,5 km
Zell
St. Valentin
Grashof
Fuchsau
Waich
Laubau
Holzknecht-museum
Niederachen
Sulzbach
Bichl
See
Kohlgrub
Oberhausen
Ramsen
Windbach Dienst H.
Deutsche Alpenstraße
Rauschberg
Inzeller Kienberg
Unternberg
Menkenberg
Haßlberg
Westerberg
Brand
Wasen
Schwaig
Mühlwinkl
Buchschachen
Märchen-Freizeit park
Taubensee
Froschsee
Zwölferspitz
Simandlmais Alm
Maiermühle
305

Hotel Zum Fuchs***, Helmut Fuchs, Brandstätter Straße 38a, Tel. +49(0)8663/88000, Fax 880040, E-Mail hotel_zum_fuchs@t-online.de - www.ruhpolding.de/fuchs

Hotel Ruhpoldinger Hof***, Fam. Reiter, Hauptstraße 30, Tel. +49(0)8663/1212, Fax 5777, E-Mail ruhpoldinger-hof@t-online.de - www.ruhpolding.de/hotel-ruhpoldinger-hof

Landhaus-Pension Traunbachhäusl, H. Lehmann, Schwimmbadstraße 29, Tel. +49(0)8663/88880, Fax 888822, E-Mail traunbachhausl@t-online.de - www.ruhpolding.de/traunbachhausl

Landhotel Maiergschwendt***, Fam. Heigenhauser, Maiergschwendt 1, Tel. +49(0)8663/88150, Fax 881560, E-Mail landhotel.ruhpolding@t-online.de - www.ruhpolding.de/landhotel

Gästehaus Burghartswieser**, Anton Burghartswieser, Christl-Probst-Straße 10, Tel. +49(0)8663/1531, Fax 1531, E-Mail anton.burghartswieser@t-online.de - www.pension-burghartswieser.de

Wie Inzell steht auch Ruhpolding international für Nordischen Wintersport: Hier befindet sich das Deutsche Leistungszentrum für Biathlon, wo alljährlich Weltcupbewerbe durchgeführt werden. Die beiden Ruhpoldinger Biathleten Fritz Fischer und Ricco Groß sind mehrfache Weltmeister und Olympiasieger.

Im Sommer ist Ruhpolding eine beliebte Sommerfrische mit dem Golfplatz und einer Fülle von Sportangeboten. Das großzügig angelegte Freibad liegt gleich neben der »Vita Alpina«, einem Erlebnisbad »mit Südseezauber«, wie der Prospekt verheißt.

Der Mozart-Radweg führt auf Kies weiter der Weißen Traun entlang, quert die Bundesstraße und führt am Ortsteil Waich vorbei zum Alpengasthof Fritz am Sand. Der Radweg zweigt hier links ab, quert die Traun und folgt einer Forststraße am südöstlichen Talrand. Kurvig durch malerischen Wald führt er schließlich zu einer T-förmigen Einmündung, wir biegen rechts und kurz darauf links ab Richtung Biathlonzentrum. Weiter auf Kies erreichen wir nach einigen Kurven die Sportanlage, vor uns liegen zum Greifen nahe die fünf Skisprungschanzen, links das Bundes-Biathlon-Leistungszentrum. Die Wege hier im bewaldeten Tal dienen im Winter als Loipen für den Biathlonsport.

Ausflugstipp: Holzknechtmuseum

Wer beim Gasthof Fritz am Sand den Radweg verlässt und ca. 500 m auf der stark befahrenen Bundesstraße bleibt, kommt in den Ortsteil Laubau, wo sich links das Holzknechtmuseum befindet. Hier wird die Geschichte der Holzarbeiter erzählt, die für den Salzbergbau das Pölzholz lieferten und große Mengen von Holz schlägerten, das zum Feuern der Sudpfannen gebraucht wurde. Im Garten vor dem Museum steht eine original Sole-Hebeanlage, wie sie von den Baumeisterbrüdern Reiffenstuel errichtet wurde. Nach dem Museumsbesuch kann man den Salinenweg immer geradeaus weiterfahren, am Ende der Asphaltstraße biegt man rechts ab und ist wieder auf der Hauptroute des Mozart-Radweges.

Die Wege des Salzes

Häufig treffen wir am Mozart-Radweg auf sogenannte Salzwege, die heute touristisch sowohl von Wanderern als auch von Radfahrern genutzt werden. Historisch lebte der Raum um die großen Salzbergwerke und Solequellen im bayerischen Reichenhall und im Salzburgischen Hallein über die Jahrhunderte vom Weißen Gold. Das keltische Wort »hall« bedeutet Salz, Orte mit »hall« im Namen haben immer eine Vergangenheit im Zusammenhang mit Salz.

Besonders wichtig für die Salzgewinnung waren reiche Holzvorkommen, denn das Holz wurde als Brennstoff für die Sudpfannen, in denen das Salz aus der Sole durch Verdunstung des Wassers gewonnen wurde, gebraucht. Auch als Pölzmaterial für die Bergwerke spielte Holz eine große Rolle.

J
23,5 km
305
Weitsee
Mittersee
Lodensee
Förchensee
Seehaus
Whs.
Schießstand
Trainingsbahn
Wildfütterung
Kühbach Dienst H.
Sichernalm
Seetraun
Deutsche Alpenstraße
Fuchswiese
Bundesleistungszentrum Ski nordisch
Zirmbergrücken
Spitzau Dienst H.
Ortnerstube Dienst H.
Zirmberg
1105
Seekopf
1173
Saurüsselkopf
1270
Fahsteigen Dienst H.
Fischbach
Fischbachschneid
Fahsteigenschneid
1322
Richtstrichkopf
1499
1578
Kreuzschneid
1690
Ochsenlahnerkopf
1500
1375
Grenzkendlk.
Wildalphorn
1758
884
Langer Hausgraben
1170
1175
Dürrnbachhorn
Wimmer Alm Dienst H.
(1233)
Hausgrabenkopf
1412
1642
1597
Lembergschneid
Whs.
Dürrnbach Alm
1323
1490
1354
Lemberg
Löden Alm Dienst H.
771
Wilde Hausgraben
Dienst H.
Seefischerkaser Dienst H.
756
757
Dürrfeldkreuz
Bürgl
865
832
792
Antenzagl
1416
Simandlmais Alm
Brander Alm Dienst H.
Ostertalgraben
Ostertal
Schlösselschneid
Seehauser (Hoch) Kienberg
1416
Sulzgrabenkopf
1521
Kreuzstein Jagd Hs.
1479
Hörndl Alm
Hörndlwand
Gurnwandkopf
1691
(verfallen) Dienst H. Elsental
Hochkienberg Alm (verfallen)
Kienberg
Sulzenmoosgr.
1030
Dienst H. Jagd H.
Röthelmoos Alm
Röthelmoosb.
Gr. Wappbach
Tempelberg
Kl. Wappb.
Stuhlleitenbr.
1267
Kleinwappbach Dienst H.
Stuhlkopf
1264
Rehwaldkopf
1395
1217
Rehwaldstube Dienst H.
Gschwendb.
Hochschartten
1474
Jagd H.
(1033)
Rachelspitz
1415
Feldl Dienst H.
Rachelberg Alm Dienst H.
Gräben Dienst H.
Weißgraben
Rachelberggr.
St. Pankratiusau
Reitberg
1143
Pötsch Alm
1076
Jochberg Dienst H.
Sotter Alm
Jochberg
1257
Mühlprachkopf
1332
Alzbach
1039

Jahrhundertealte Staatsverträge zwischen Bayern und Salzburg (später Österreich) regelten die gegenseitigen Holznutzungsrechte. Bis heute sind die größten Waldbesitzer im Pinzgauer Saalachtal die bayerischen Saalforste.

Der enorme Holzverbrauch machte es notwendig, Sudpfannen in holzreiche Gebiete außerhalb der wichtigsten Solequellen in Reichenhall zu verlegen. So wurden in Traunstein und Rosenheim Salinen errichtet, die über hölzerne Pipelines über Dutzende Kilometer mit Sole versorgt wurden. Größtes Problem beim Bau dieser Soleleitungen war die Überwindung von Höhenunterschieden. Bereits im 17. Jahrhundert wurde eine erste derartige Pipeline zwischen Reichenhall und Traunstein errichtet. Die 238 m Höhenunterschied zwischen Reichenhall und Inzell waren eine große Herausforderung für die Ingenieurskunst dieser Zeit. Die Baumeister Simon und Hans Reiffenstuel lösten das Problem schließlich, indem sie sogenannte Hebewerke errichteten: Mit bis zu sieben Meter hohen hölzernen Wasserrädern wurde die Sole bergauf befördert, als Antrieb fungierten zugeleitete Gebirgsbäche. 8.500 Rohre aus Holz, sogenannte »Deichln«, wurden auf der 31 km langen Strecke bis Traunstein verlegt.

Die Holzbringung im Gebirge war ebenfalls eine besondere Kunst. Ideal war der Transport zu Wasser unter Ausnutzung von Gebirgsbächen und -seen. Da diese jedoch mitunter zu wenig Wasser führten, wurden sogenannte »Klausen« angelegt, Staubereiche für die Baumstämme, die dann ruckartig geöffnet wurden und so mit einer Flutwelle die hölzerne Fracht zu Tale beförderten.

Heute ist durch den Einsatz fossiler Brennstoffe der Bedarf an dezentralen Salinen entfallen, auf bayerischem Gebiet wird nur mehr in der Saline Bad Reichenhall, einer der modernsten ihrer Art in Europa, Sole versottet. Der geschichtsträchtige Salzbergbau in Hallein wurde Ende der Achtzigerjahre des vorigen Jahrhunderts wegen mangelnder Rentabilität völlig eingestellt, die ehemalige Saline dient nun den Salzburger Festspielen als Aufführungsstätte.

23,5

Beim Biathlonzentrum und den Sprungschanzen biegen wir rechts ab, unterfahren die Bundesstraße 305 und nehmen den neuen Radweg, der rechts neben der Straße verläuft. Vor uns liegt jetzt die landschaftlich besonders reizvolle Fahrt durch das Trauntal mit seinen kleinen Seen, der Radweg ist auf der gesamten Strecke bis Reit im Winkl gekiest. Beim Gasthaus Seehaus wechseln wir an die linke Seite der Straße und fahren am Ufer des malerischen Forchensees entlang. Der Weg bleibt links neben der Straße bis zum Lödensee und kurvt dann an die linke Talseite. Etwas oberhalb des Talbodens radeln wir am Mittersee vorbei und genießen dann eine prächtige Aussicht auf den Weitsee. Es gibt mehrere Parkplätze, wo man unter der Bundesstraße 305 zu den Seeufern durchfahren kann. Wir radeln ständig leicht bergauf, schließlich folgt ein steilerer Anstieg bis zu einer Kuppe, von wo aus wir nach Seegatterl abfahren. Hier ist auch die Wasserscheide zwischen Traun und Großache.

In Seegatterl kommen wir an den Parkplatz, von wo man links mit einem Linienbus zur Winkelmoosalm (1.160 m) auffahren kann. Für Mountain-Biker führt eine ausgeschilderte Route in das Almgebiet (ca. 5 km). Im Winter gibt es von dort eine Liftverbindung in das Heutal bei Unken im Pinzgau.

Der Radweg bleibt links neben der Straße, quert dann an die linke Talseite, nun folgt eine 5 km lange Abfahrt entlang der Lofer. So erreichen wir den Ortsrand von Reit im Winkl, bleiben nun auf Asphalt am linken Ufer und folgen dem Steinbachweg. Wir queren die Blindauerstraße und fahren geradeaus über den Busparkplatz zum gekiesten Weg am linken Ufer der Lofer. Diesem folgen wir bis zu einer Holzbrücke, wo wir rechts abbiegen und dann geradeaus auf zwei Einfamilienhäuser zuhalten. Ein kurzes Steilstück bringt uns zu einer Siedlung, wo wir gleich links auf einen Wanderweg abbiegen, bei der nächsten Weggabelung den rechten Weg Richtung Ortsmitte nehmen und nach einem kurzen Anstieg durch den Wald auf eine Wiese abfahren. Hier dreht der schmale Kiesweg nach rechts und wir sehen das Ortszentrum von Reit im Winkl vor uns.

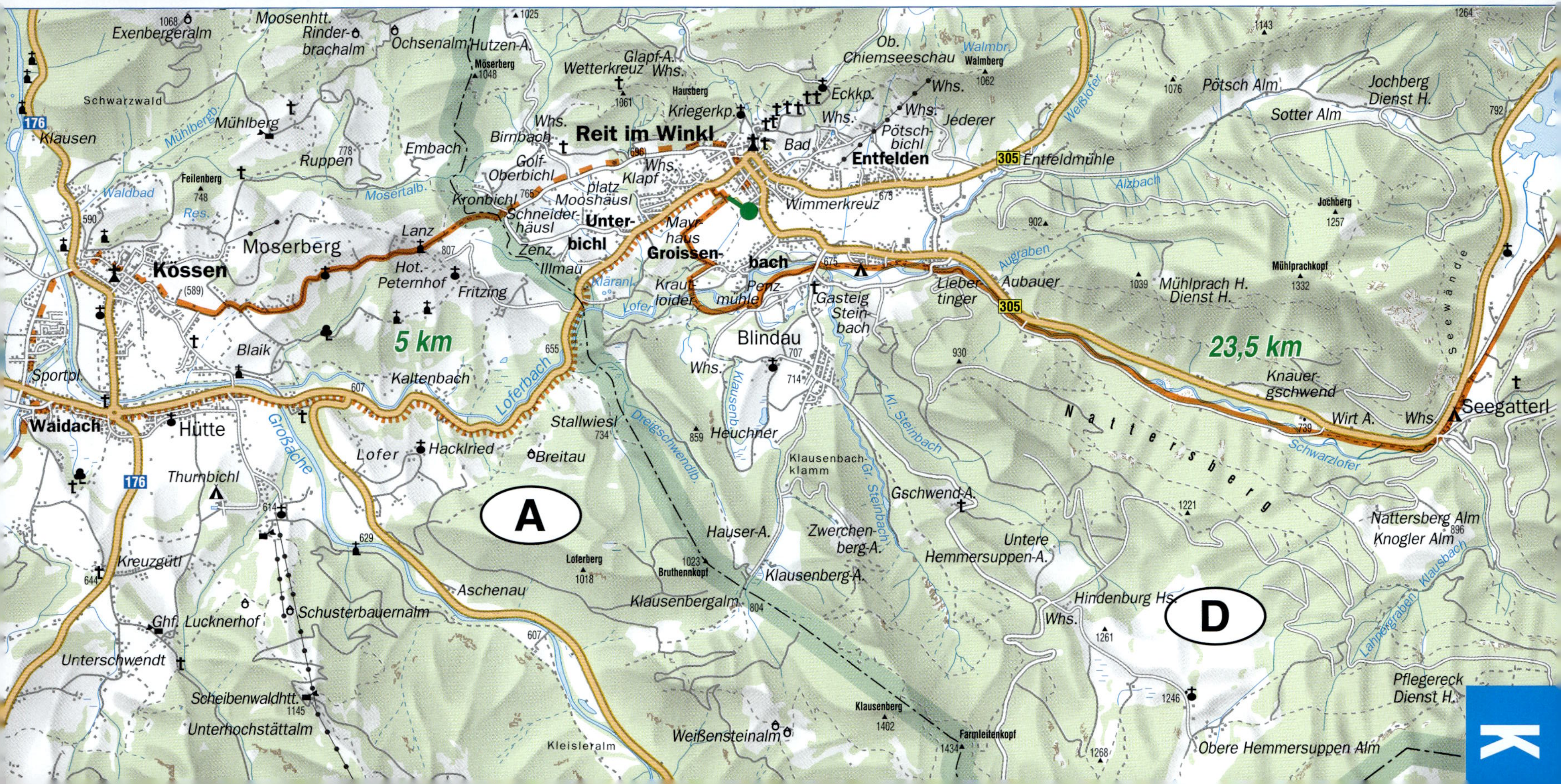
Reit im Winkl
Kössen
Waidach
Hütte
Entfelden
Blindau
Seegatterl
Moserberg
Groissenbach
Unterbichl
5 km
23,5 km
A
D
K
176
305
Exenbergeralm
Moosenhtt.
Rinderbrachalm
Ochsenalm
Hutzen-A.
Möserberg 1048
Glapf-A.
Wetterkreuz
Whs.
Hausberg 1061
Kriegerkp.
Eckkp.
Ob. Chiemseeschau
Walmberg 1062
Walmbr.
Jederer
Pötschbichl
Bad
Entfeldmühle
Pötsch Alm
Sotter Alm
Jochberg Dienst H.
Jochberg 1257
Mühlprachkopf 1332
Mühlprach H. Dienst H.
Aubauer
Liebertinger
Weißlofer
Alzbach
Augraben
Seewände
Schwarzwald
Klausen
Mühlberg
Mühlbergb.
Ruppen
Embach
Birnbach
Golf-Oberbichl
Kronbichl
Schneiderhäusl
Mooshäusl
Klapf
platz
Zenz
Illmau
Mayrhaus
Wimmerkreuz
Kraut-loider
Penzmühle
Gasteig
Steinbach
Kläranl.
Lofer
Feilenberg 748
Waldbad
Res.
Mosertalb.
Lanz
Hot.-Peternhof
Fritzing
Blaik
Sportpl.
Kaltenbach
Loferbach
Großache
Stallwiesl
Hacklried
Breitau
Thurnbichl
Kreuzgütl
Ghf. Lucknerhof
Unterschwendt
Scheibenwaldhtt.
Unterhochstättalm
Schusterbauernalm
Aschenau
Loferberg 1018
Bruthennkopf
Klausenbergalm
Hauser-A.
Klausenberg-A.
Zwerchenberg-A.
Dreigschwendlb.
Heuchner
Klausenb.
Klausenbach-klamm
Kl. Steinbach
Gr. Steinbach
Gschwend-A.
Untere Hemmersuppen-A.
Hindenburg Hs.
Nattersberg
Knauergschwend
Wirt A.
Schwarzlofer
Nattersberg Alm
Knogler Alm
Lahnergraben Klausbach
Pflegereck Dienst H.
Obere Hemmersuppen Alm
Klausenberg 1402
Farmleitenkopf
Weißensteinalm
Kleisleralm

Reit im Winkl 696 m A Karte K

(3.500 Einwohner, 5.000 Betten)

Tourist-Information D-83242 Reit im Winkl, Rathausplatz 1, Tel. +49(0)8640/80020, Fax 80029, E-Mail info@reit-im-winkl.de - www.reit-im-winkl.de

Skihütte, Tiroler Straße 2, Tel. +49(0)8640/8111
Sport Mühlberger, Chiemseestraße 15, Tel. +49(0)8640/985013

Reit im Winkl, im Ortsteil Groißenbach, Tel. +49(0)8640/98210
Seegatterl (5 km entf. an Deutscher Alpenstraße), Tel. +49(0)8640/98210

Schwimmbad, Schwimmbadstraße 15, 105 m Riesenwasserrutsche, Tel. +49(0)8640/8355

Schwimmstadl, Am Hauchen 1, Tel. +49(0)8640/8837

Pfarrkirche St. Pankratius, neubarock 1912/13, Tel. +49(0)8640/97520
Kapelle St. Maria, 1742 erbaut, barock
St. Johann im Gebirg, auf d. Winkelmoosalm, 1966 erbaut

Skimuseum, im Schulgebäude, Mo., Di. 15–17 Uhr
Schnaps-Museum, Dorfstraße 10, histor. Destillation, Film, Probiertheke, Kräuterlabor, Mo.–Fr. 10–18 Uhr, Sa. 10–13 Uhr, So. u. Ftg. 13–16 Uhr, Tel. +49(0)8640/797766

Dürnbachhorn Sessellift, 1-Pers. Beförderung (nicht bei Regen), Tel. +49(0)8640/8148

Pension Oberschmied, Fam. Schuster-Dorozalla, Hausbergstraße 1, Tel. +49(0)8640/98120, Fax 981250
Sonnhof's Ferienresidenz, Fam. Schneider, Gartenstraße 3, Tel. +49(0)8640/98800, Fax 988025, E-Mail sonnhof.reit@t-online.de - www.sonnhof.de

Der Ortsname leitet sich vom Begriff »Rute« ab, mit dem früher Gebiete bezeichnet wurden, die gerodet wurden. Ein brennender Ast und das Rodungsbeil im Ortswappen bestätigen dies. Bekannt wurde der Ort Mitte des 19. Jahrhunderts nach einem Besuch König Max' von Bayern, den die idyllische Lage des Ortes und die urige Gastfreundschaft begeisterte. Heute ist Reit im Winkl eine beliebte Sommerfrische und ein sanfter Wintersportort mit Wanderwegen und Langlaufloipen. Die Langlauf-Olympiasiegerin von Salt Lake City 2002, Evi Sachenbacher, stammt aus Reit.

Der Mozart-Radweg führt auf dem Kiesweg Richtung Ortszentrum, wir fahren bis zur Kreuzung mit der Birnbacherstraße, biegen links ab und folgen dieser an die nördlich Hangseite des Ortes. In einer langen Linkskurve verlassen wir das Ortszentrum und radeln bis zur Abzweigung rechts steil bergauf nach Oberbichl. An Bauernhöfen vorbei kommen wir auf einen Kiesweg, der über die Grenze nach Österreich und auf das prächtige Areal des Golfplatzes Reit im Winkel/Kössen führt. Wir kommen an einer Golfbahn vorbei, sehen links das Golfhotel und erreichen den asphaltierten Moserbergweg, der nun teilweise recht steil bergab nach Kössen führt. Kurvig und an vielen schmucken Bauernhöfen vorbei zieht dieser Weg bis in das Zentrum von Kössen (Ortsinformation Kössen siehe Seite 94).

Im Dorf biegen wir in die Fußgängerzone ein, die zur Alleestraße führt. Diese überqueren wir und fahren auf einer Nebenstraße über die Großache, danach links durch Erlau und an die Bundesstraße 172, die wir überqueren. Im Ortsteil Waidach halten wir uns rechts Richtung Golfplatz Kaiserwinkl.

Hier folgen wir der MTB Beschilderung Richtung Walchsee, radeln entlang des Kaltenbaches auf asphaltierten Nebenstraßen bergauf und passieren Driving Range und Clubhaus des 18-Loch-Golfplatzes Kaiserwinkl. Hügelig geht es an einem Sägewerk vorbei bis zu einer Kuppe, wo wir auf die Hauptroute des Mozart-Radweges treffen und links nach Bichlach abbiegen.

L
Blatt K
Blatt 20
Blatt 22
Kössen
Hütte
Waidach
Sportpl.
Erlau
Egg
Golfplatz
Leitwang
Kreuzgütl
Unterschwendt
Schlecht
Schwendt
Kohlstatt
Hackeralm
Fischbach
Mühlau
Brand
Gabichl
Niederbichl
Kohlenb.
Unter-
Krw.
Lein
Ober-
Gages
Hechenbichl
Bichlach
Schwarzenbach
Aucken
Gruber
Traxl
Holzen
Durchen
Lippen
Kranzach
Am See
Hot. Panorama
Josefstal
Ried
Weißenbach
Hallbruck
Riedl
Gundharting
Res.
Außerkapelle
Glasalm
Staffner
Riedlberg
Welzenalm
Grünbacheralm
Edenalm
Staffenb.
Horaualm
Horauer Spitze
Ottenalm
Ramsbach
Stall
Kranzingerberg
Hausberg
Halbwart
Whs.
Winkel
Walchsee
Walchsee
Kohlentaler B.
Brennkopfl
Maurach
Bründling-A.
Schwaigs
Schwemm
Ankerwald
Miesberg
Außerbichl
Klein-
Groß-
moosen
Sattler
Oed
Bichl
Am Berg
Liesfeld
Erzbach
Lippenalm
Ebersberg
Schwarzenbachalm
Raineralm
Gachenalm
Stefflbauernalm
Gagesalm
Iglgrubenalm
Ampferbodenalm
Gruberalm
Brandalm
Kitzbichl
Hitscher-A.
Staudinger B.
Stauding
Kaiserer
Pötting
Aufing
Durchholzen
Sonnleiten
Schmiederer-A.
Gruberberg
Aschinger-A.
Zahmer Kaiser
Feistenau
Greider
Chiemkogel
Rettenschöss
Fleckner
Mannerstätt
Miesberg
Außerfelden
Seetal
Wolfing
Köllenberg
176
172
5 km
5 km
8,5 km
13 km

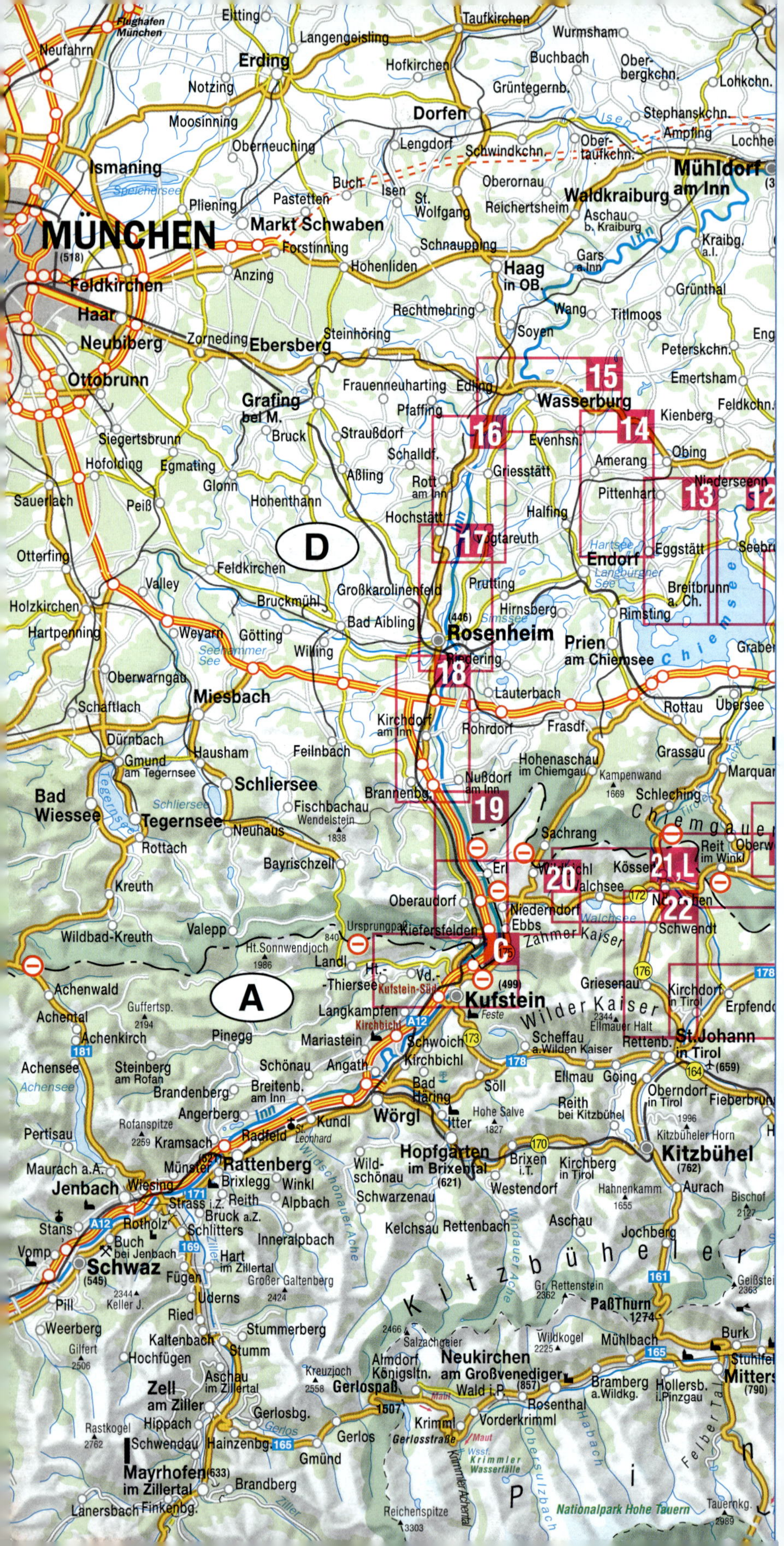

Flughafen München
Neufahrn
Eitting
Langengeisling
Erding
Taufkirchen
Wurmsham
Hofkirchen
Buchbach
Ober-bergkchn.
Lohkchn.
Notzing
Grüntegernb.
Moosinning
Dorfen
Isen
Stephanskchn.
Oberneuching
Lengdorf
Schwindkchn.
Ober-taufkchn.
Ampfing
Lochhe
Ismaning
Speichersee
Oberornau
Mühldorf am Inn
Buch
Isen
St. Wolfgang
Waldkraiburg
Pastetten
Reichertsheim
Aschau b. Kraiburg
Pliening
MÜNCHEN
(518)
Markt Schwaben
Inn
Kraibg. a.I.
Forstinning
Schnaupping
Gars a.Inn
Anzing
Hohenlinden
Haag in OB.
Feldkirchen
Grünthal
Haar
Rechtmehring
Wang
Titlmoos
Soyen
Neubiberg
Zorneding
Ebersberg
Steinhöring
Eng
Peterskchn.
Ottobrunn
Frauenneuharting
Edling
15
Emertsham
Grafing bei M.
Wasserburg
Pfaffing
Feldkchn.
Kienberg
Bruck
Straußdorf
16
14
Siegertsbrunn
Schalldf.
Evenhsn.
Obing
Amerang
Hofolding
Egmating
Rott am Inn
Griesstätt
Niederseeon
Glonn
Pittenhart
13
12
Sauerlach
Peiß
Aßling
Hohenthann
Halfing
Hochstätt
Hartsee
Eggstätt
Seebr.
D
17
Vogtareuth
Endorf
Otterfing
Langbürgner See
Breitbrunn a. Ch.
Valley
Feldkirchen
Prutting
Großkarolinenfeld
Hirnsberg
Rimsting
Holzkirchen
Bruckmühl
Simssee
Hartpenning
Bad Aibling
(446)
Rosenheim
Prien am Chiemsee
Weyarn
Götting
Chiemsee
Grabe
Seehammer See
Wilting
Oberwarngau
Riedering
18
Miesbach
Lauterbach
Schaftlach
Kirchdorf am Inn
Rottau
Übersee
Rohrdorf
Frasdf.
Dürnbach
Grassau
Gmund am Tegernsee
Hausham
Feilnbach
Hohenaschau im Chiemgau
Kampenwand
Marquar
Tegernsee
Schliersee
Nußdorf am Inn
1669
Bad Wiessee
Schliersee
Fischbachau
Wendelstein
1838
Brannenbg.
19
Schleching
Chiemgauer
Tegernsee
Rottach
Neuhaus
Sachrang
Reit im Winkl
Oberw
Bayrischzell
Erl
Walchsee
Kössen
21, L
Kreuth
Oberaudorf
20
172
22
Wildbad-Kreuth
Valepp
Ursprungpaß
Niederndorf
Ebbs
Schwendt
840
Kiefersfelden
Walchsee
Zahmer Kaiser
Ht. Sonnwendjoch
1986
C
175
176
Achenwald
Landl
Ht.-Thiersee
Vd.-
Griesenau
178
Kirchdorf in Tirol
Erpfend
A
Kufstein-Süd
(499)
Kufstein
Feste
Wilder Kaiser
Achental
Guffertsp.
2194
Langkampfen
Kirchbichl
A12
2344
Ellmauer Halt
Rettenb.
St. Johann in Tirol
Achenkirch
Pinegg
Mariastein
Schwoich
173
Scheffau a. Wilden Kaiser
181
Achensee
Schönau
Angath
Kirchbichl
178
164
(659)
Steinberg am Rofan
Ellmau
Going
Achensee
Breitenb. am Inn
Bad Häring
Söll
Oberndorf in Tirol
Fieberbrunn
Brandenberg
Inn
Reith bei Kitzbühel
Angerberg
Wörgl
Itter
Hohe Salve
1827
1996
Pertisau
Kundl
Kitzbüheler Horn
Rofanspitze
2259
Kramsach
Radfeld
St. Leonhard
Hopfgarten im Brixental
170
Brixen i.T.
Kitzbühel
Maurach a.A.
Münster
(521)
Rattenberg
Wildschönauer Ache
Wildschönau
(621)
Kirchberg in Tirol
(762)
Jenbach
Wiesing
171
Brixlegg
Winkl
Westendorf
Aurach
Hahnenkamm
1655
Strass i.Z.
Reith
Alpbach
Schwarzenau
Bischof
2127
Stans
A12
Rotholz
Bruck a.Z.
Windauer Ache
Aschau
Schlitters
Kelchsau
Rettenbach
Vomp
Buch bei Jenbach
Inneralpbach
Jochberg
169
Schwaz
(545)
Hart im Zillertal
Kitzbüheler
Fügen
Großer Galtenberg
2424
Gr. Rettenstein
2362
161
Geißstein
2363
Pill
2344
Keller J.
Uderns
Paß Thurn
1274
Weerberg
Ried
Stummerberg
2466
Salzachgeier
Wildkogel
2225
Mühlbach
Burk
Gilfert
2506
Kaltenbach
Stumm
Neukirchen am Großvenediger
165
Stuhlfel
Hochfügen
Almdorf
Königsltn.
(857)
Mitters
(790)
Zell am Ziller
Aschau im Zillertal
Kreuzjoch
2558
Gerlospaß
Wald i.P.
Bramberg a. Wildkg.
Hollersb. i. Pinzgau
Mabt
Rosenthal
Rastkogel
2762
Hippach
Gerlosbg.
Gerlos
1507
Krimml
Vorderkrimml
Habach
Schwendau
Hainzenbg.
165
Gerlos
Gerlosstraße
Maut
Felber Tal
Mayrhofen im Zillertal
(633)
Gmünd
Wssf. Krimmler Wasserfälle
Obersulzbach
Brandberg
Krimmler Achental
Ziller
Lanersbach
Finkenbg.
Reichenspitze
3303
Nationalpark Hohe Tauern
Tauernkg.
2989